2022 上海民营经济

SHANGHAI MINYING JINGJI

上海市工商业联合会
上海市发展和改革委员会
上海市市场监督管理局
上海市统计局
上海市民营经济研究会

复旦大学出版社

主办单位

上海市工商业联合会

上海市发展和改革委员会

上海市市场监督管理局

上海市统计局

上海市民营经济研究会

《2022上海民营经济》编委会、编辑部成员名单

《2022上海民营经济》编委会成员

主　　　任：寿子琪
副 主 任：顾　军　　王霄汉　　陈学军
　　　　　朱　民　　赵福禧
编　　　委：施登定　　阮　青　　陈彦峰
　　　　　汤汇浩

《2022上海民营经济》编辑部成员

主　　　编：施登定
副 主 编：苏宗文　　王　静　　王　倩
　　　　　余庆华　　刘　云
成　　　员：陈　菁　　王晓琳　　曹美芳
　　　　　刘　清　　李　琳

目 录

运行分析

专题一　2021年度上海市民营经济运行分析报告 3
专题二　2022年上半年上海市民营经济运行分析报告 13

发展环境

专题三　支持上海民营经济高质量发展和民营企业发展壮大 25
专题四　上海市助企纾困"21条""50条"等系列政策落实情况调研报告 31
专题五　上海市个体工商户状况及对策研究 41
专题六　关于促进五个新城民营经济健康发展的调研报告 63
专题七　"发挥民营企业作用　打造浦东社会主义现代化建设引领区"研究报告 74

产业研究

专题八　浦东新区民营企业营商环境评价量化分析 99
专题九　充分发挥市场主体作用，加快推动上海生物医药产业高质量发展 160
专题十　助推民营经济抢占绿色低碳新赛道　赋能上海高质量发展研究 171
专题十一　发展流量经济　打造有影响力的平台型企业研究 185
专题十二　黄浦区文创园区创新发展研究 201
专题十三　宝山区民营科创企业人才现状及政策建议 216
专题十四　关于进一步提升民营企业科技创新能力的研究 237

政策理论

专题十五　推动民营企业敢闯的政策和制度环境建设研究 257
专题十六　以推进企业文化建设为抓手助力民营经济领域思想引领路径的研究 265
专题十七　发挥党建引领作用　助推民营企业廉洁生态建设 280

2022
运行分析
上海民营经济

专题一

2021年度上海市民营经济运行分析报告

2021年,是党和国家历史上具有里程碑意义的一年。这一年,我们开启了全面建设社会主义现代化国家、向第二个百年奋斗目标进军新征程。面对纷繁复杂的国内国际形势和各种风险挑战,在以习近平同志为核心的党中央的领导下,各地区各部门统筹疫情防控和经济社会发展,加大实体经济支持力度,我国国内生产总值(GDP)现价总量为114.9万亿元,经济增速8.4%,位居主要经济体前列,主要工农业产品产量持续增长,综合国力、社会生产力和国际影响力进一步增强。上海市经济持续稳定恢复,主要经济指标运行在合理区间,呈现稳中加固、稳中有进、稳中向好的态势,实现地区生产总值4.32万亿元,同比增长8.1%,两年平均增长4.8%,经济发展韧性增强,新兴动能加快成长,社会民生持续改善,实现了"十四五"发展的良好开局。

国家及上海市一系列政策举措服务民营经济高质量发展。《关于平台经济领域的反垄断指南》《公平竞争审查制度实施细则》相继发布,国家反垄断局正式挂牌,为防止资本无序扩张打出"组合拳"。为推动标准引领民营经济高质量发展、促进"两个健康",民营经济标准创新大会在上海举行。上海市民营企业面对风险挑战,迎难而上,苦修内功,展现了应有的发展韧性和大局意识。民营经济持续稳定恢复,全年实现经济增加值1.23万亿元,同比增长7.4%,在全市生产总值中的比重为28.5%,民营经济税收收入占比达36.3%。经济运行呈现出以下主要特点:一是经济持续稳定恢复,全市占比保持高位;二是工业经济引领发展,服务业稳步恢复;三是对外贸易表现抢眼,三大需求协调发展;四是创业热度持续高涨,创新动能不断积聚。

同时,民营经济也面临着疫情反复、原材料价格上涨、市场需求不足等困难,部分企业经营成本上升、资金紧张制约发展。为进一步促进民营经济健康运行,本报告提出如下建议:坚定发展信心,落实助企惠企政策;加大金融支持,引导企业提质增效;加大服务力度,持续优化投资环境。

一、上海市民营经济运行的主要特点

民营经济是国民经济的重要组成部分。2021年,上海市民营经济持续稳定恢复,主要经济指标运行在合理区间,呈现稳中加固、稳中有进、稳中向好的态势,全年实现增加值1.23万亿元,同比增长7.4%,在全市生产总值中的比重达28.5%(见表1-1)。

表1-1 2021年上海市民营经济主要指标

指　　标	2021年绝对值	2021年增速(%)	增速较全市(±百分点)	占全市比重(%)
经济增加值(亿元)	12 297.65	7.4	−0.7	28.5
第一产业	87.64	-	-	87.7
第二产业	2 719.72	10.1	+0.7	23.8
第三产业	9 490.29	6.8	−0.8	30.0
工业总产值(亿元)	9 171.78	14.0	+3.7	23.2
工业主营业务收入(亿元)	10 289.60	18.3	+5.0	23.0
工业利润总额(亿元)	741.97	7.6	+1.3	24.3
建筑业总产值(亿元)	2 818.23	11.8	+0.2	30.5
服务业营业收入(亿元)	18 961.98	23.9	−3.4	41.3
服务业营业利润(亿元)	1 462.16	36.6	+5.0	35.1
社会消费品零售额(亿元)	4 445.49	8.4	−5.1	24.6
进出口总额(亿元)	11 034.27	32.5	+16.0	27.2
出口	4 893.41	28.5	+13.9	31.1
进口	6 140.86	35.8	+18.2	24.7
固定资产投资(亿元)	-	10.3	+2.2	-
工业投资	-	27.9	+19.7	-
房地产投资	-	7.7	+0.3	-
新设企业数量(万户)	50.47	9.6	−0.8	95.7
新设企业注册资本(亿元)	17 670.15	0.4	+5.0	68.8
税收收入(亿元)	5 150.75	7.8	−6.8	36.3
招工人数(万人次)	277.99	11.9	+0.3	68.4
退工人数(万人次)	260.95	14.6	+3.1	67.3

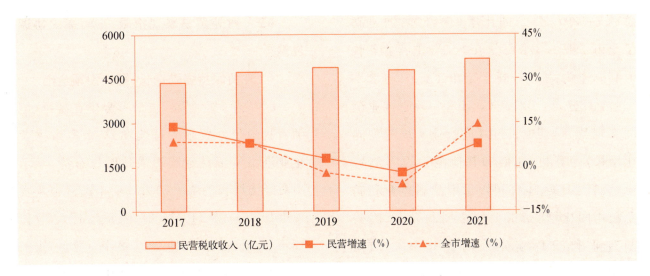

图1-1 上海市民营企业税收收入及增长情况

（一）经济持续稳定恢复，全市占比保持高位

2021年，上海市统筹疫情防控和经济社会发展，民营经济运行持续稳定恢复，呈现稳中加固、稳中有进、稳中向好的态势，全年实现增加值1.23万亿元，同比增长7.4%，略低于全市平均0.7个百分点，两年平均增长4.2%。服务业增加值占民营经济增加值的比重达到77.2%，与上年持平，高于全市平均3.9个百分点。

全年民营经济增加值在全市生产总值中的比重为28.5%，连续两年保持在28%以上，为全市经济发展做出重要贡献。民营经济税收收入由降转增，首次突破5 000亿元大关，达到5 150.75亿元①（见图1-1），同比增长7.8%，增速低于全市平均6.8个百分点。其中，私营企业、非国有控股企业上缴税收同比增速分别达到24.5%和15.5%。税收收入占全市比重超过三分之一，达36.3%。

（二）工业经济引领发展，第三产业稳步恢复

1. 工业生产较快增长，企业效益稳步提升

2021年，上海市民营经济实现第二产业增加值2 719.72亿元，同比增长10.1%，增速快于各产业平均水平2.7个百分点，两年平均增长5.0%。工业生产呈现较快增长态势，全年规模以上工业总产值9 171.78亿元，同比增长14.0%，增速高于全市工业3.7个百分点，占全市工业的比重为23.2%，较上年提高2.2个百分点。

工业效益稳步提升。全年规模以上工业主营业务收入首破万亿元大关，达到10 289.60亿元，同比增长18.3%，增速高于全市工业5.0个百分点；规模以上工业利润

---

① 民营经济税收收入：不含海关代征的增值税、消费税、证券交易印花税。统计范围包括私营企业、集体企业、个体经营以及非国有控股的联营企业、有限责任公司、股份有限公司。

总额741.97亿元,同比增长7.6%,增速高于全市工业1.3个百分点。工业主营业务收入利润率为7.2%,高于全市工业平均水平0.4个百分点。分行业看,33个工业行业全面实现盈利,其中超过六成行业实现盈利同比增长,计算机、通信和其他电子设备制造业,文教、工美、体育和娱乐用品制造业利润总额均同比增长56.6%,金属制品业、医药制造业利润总额分别同比增长34.1%和32.6%。

2. 服务业稳步恢复,盈利面进一步扩大

2021年,上海市民营经济实现服务业增加值9 490.29亿元,同比增长6.8%,两年平均增长4.1%。全年民营服务业企业实现营业收入18 961.98亿元[①],同比增长23.9%,占全市服务业比重41.3%,略低于上年0.1个百分点;营业利润1 442.16亿元,同比增长36.6%,占全市服务业比重35.1%,较上年提高2.0个百分点;营业收入利润率7.7%,较上年提高1.0个百分点,略低于全市平均1.4个百分点。分行业看,9个服务业行业全面实现营业收入同比增长,较上年增加4个,8个行业实现盈利,较上年增加2个;其中,交通运输、仓储和邮政业营业收入增长较快,同比增速达到40.2%,信息传输、软件和信息技术服务业,居民服务业营业利润增长较快,增速分别达到59.1%和43.9%。民营批发零售业和住宿餐饮业逐步恢复,限额以上企业实现营业收入分别为49 151.54亿元和548.85亿元,同比分别增长8.2%和20.5%。

(三)对外贸易表现抢眼,三大需求协调发展

1. 外贸保持强劲增长,继续引领全市

2021年,尽管全球疫情形势仍在蔓延,但随着我国稳外贸政策持续发力,上海市民营企业进出口贸易延续了强劲增长态势,显示出对经济增长的强大动力。全年民营企业实现进出口总额11 034.27亿元[②],同比增长32.5%,增速较上年提高21.2个百分点,快于全市平均16.0个百分点;其中出口额增长28.5%,进口额增长35.8%。对外贸易占全市比重进一步提高,民营进出口总额占全市比重达到27.2%,较上年提高3.2个百分点。其中,出口额占比为31.1%,进口额占比为24.7%,分别较上年提高3.4和3.2个百分点。

2. 消费持续复苏,投资平稳增长

2021年,上海市民营限额以上社会消费品零售额[③]4 445.49亿元,同比由上年微降0.1%转为增长8.4%,但增速仍低于全市平均5.1个百分点;民营限额以上社会消费品零售额占全市比重为24.6%,较上年提高0.8个百分点。全年民营固定资产投资同比增长10.3%,增速较上年提高1.0个百分点,高于全市平均2.2个百分点。从投资结构看,工业投资同比大增27.9%,房地产投资同比增长

---

① 服务业营业收入、营业利润:统计范围为规模以上服务业企业,不包括房地产业,下同。
② 民营企业进出口数据:统计范围为私营企业、集体企业和个体工商户。
③ 民营社会消费品零售额、固定资产投资数据:范围包括私营、集体、私营控股和集体控股企业等。

图 1-2 上海市民营新设市场主体户数

7.7%,增速分别高于全市 19.7 和 0.3 个百分点。

(四) 创业热度持续高涨,创新动能不断积聚

1. 新设主体持续增长,创业热情依旧高涨

2021年,上海市新设民营市场主体 50.47 万户①(见图 1-2),月均达到 4.21 万户,同比增长 9.6%,新设民营市场主体占全市新设市场主体比重为 95.7%,依旧保持高位。新设民营市场主体注册资本 17 670.15 亿元,同比增长 0.4%,占全市新设市场主体注册资本比重为 68.8%,较上年提高 3.4 年百分点。

2. 招、退工同步增长,就业形势总体稳定

2021年,上海市经备案的民营企业招工数为 277.99 万人次②,同比增长 11.9%,增速高于全市平均 0.3 个百分点;退工数为 260.95 万人次,同比增长 14.6%,增速高于全市平均 3.1 个百分点(见表 1-2)。从占比情况看,民营企业招工数占全市比重为 68.4%,退工数占全市比重为 67.3%,分别较上年提高 0.2 和 1.8 个百分点。招退工相抵后,民营企业全年净招工 17.04 万人次,占全市净招工人次的 90.2%。

表 1-2 2021 年民营企业劳动用工备案情况

指标	招工情况		退工情况	
	招工数(人次)	同比增速(%)	退工数(人次)	同比增速(%)
全市	4 064 762	11.6	3 875 718	11.5
民营	2 779 924	11.9	2 609 493	14.6

3. 营商环境不断优化,促进总部经济发展

2021年,上海市围绕民企总部和贸易型总部,鼓励指导各区出台配套政策,积极营造

---

① 民营市场主体户数、注册资本:统计范围包括私营企业、个体工商户和农民专业合作社。
② 民营企业招、退工数据:统计范围包括私营企业、城镇集体、股份制、有限责任公司及个体经营户,其中股份制和有限责任公司根据全市情况推算。

良好的总部营商环境。市商务委会同市工商联成立"上海市民营企业总部服务中心",强化民企总部政策咨询与诉求处理机制;建立"长三角民营企业总部服务中心",更好地服务于虹桥国际中央商务区民企总部,更高水平满足民企总部提升能级需求。尽管疫情仍有蔓延,但总部经济动力强劲。全年共认定民企总部114家,其中全国民企500强2家、贸易型总部18家;达到百亿能级以上企业18家(含千亿能级1家),占比15.8%;批发零售业、制造业、软件与信息服务业企业占比超七成。自2019年以来,已累计认定民企总部四批次388家。

4. 企业创新亮点频现,发展动能不断积聚

在全球民航业受疫情巨大冲击下,均瑶集团旗下航空板块实现经营现金流为正,与东航集团、中国电信共同研发空地互联服务,后续将实现互联网在吉祥航空飞机的全覆盖。在2021年11月召开的2020年度国家科学技术奖励大会上,上海牵头或合作完成的48项科技成果荣获国家科学技术奖,其中获奖通用项目的民营企业共10家,数量比前两年均有所增加。民营经济已逐渐成为体现上海经济活力、创新能力的骨干力量。由联影医疗牵头,与新型研发机构、医院深度合作并研制的高场磁共振医学影像设备打破美德垄断,荣获国家科技进步奖一等奖。奥盛集团自主研发、制造和建设的全球首条超千米级高温超导电缆商业化示范段成功投运,集团承接的国家"十四五"重大科技专项碳纤维桥梁缆索成功完成200万次疲劳试验,日前通车的世界上主跨最长的桥梁土耳其1915恰纳卡莱大桥,其主缆全部来自奥盛集团。

二、上海市民营经济运行存在的主要问题和相关建议

(一)民营经济运行存在的主要问题

民营企业面对疫情反复、原材料价格上涨、市场需求不足等困难,部分企业经营成本上升、资金紧张制约发展。

1. 企业成本压力有所加剧

2021年以来,国际大宗商品价格大面积持续飙升,使上海市民营制造业企业成本压力骤升,1—10月民营制造业购进价格指数均值达到64.4。由于民营制造业企业整体市场地位不高,议价能力较弱,原材料价格上涨对其影响更大,1—10月有61.5%的民营制造业企业表示生产经营受到原材料成本高的影响(10月该比例更是达到2018年以来最高值74.8%),在制造业企业反映的问题困难中居首位,居二、三位的分别是劳动力成本高(46.9%)和物流成本高(45.4%)。从非制造业企业看,有50.7%的民营企业表示劳动力成本高,在其反映的各类问题困难中居第二位。

2. 需求不足、资金紧张制约企业发展

尽管需求低迷情况较2020年有所缓和,但仍是制约民营企业发展的重要因素之一,

且非制造业企业这一问题表现更为突出。调查显示,1—10月,分别有37.3%的制造业企业和53.2%的非制造业企业表示受到市场需求不足影响,在其各自反映的问题困难中分别居第五位和第一位。从PMI指数看,1—10月,上海市民营非制造业新订单指数均值为46.9,整体呈现收缩态势,较全市均值低2.1点。同时,有39.8%的非制造业企业和41.2%的制造业企业表示遇到资金紧张问题,在其各自反映的问题困难中分别居第三位和第四位。

3. 芯片短缺影响汽车、电子等行业

国际芯片供不应求导致国际汽车、电子等行业停工待产,并对我国产业链安全造成影响。调研显示,二季度后上海市整车企业由于芯片供应问题一度影响生产,并对民营零配件供应商形成连锁反应,目前芯片问题已有所缓解但供应仍不稳定。民营电子信息制造业也逐步受到影响,10月PMI跌至41.5,较上月大降18.1点,下阶段能否重回扩张区,取决于芯片及原材料供给问题的缓解程度。

(二)进一步促进民营经济发展的建议

1. 坚定发展信心,落实助企惠企政策

面对风险挑战,要坚持毫不动摇地巩固和发展公有制经济,毫不动摇地鼓励、支持、引导非公有制经济发展,更好发挥财政资金惠企利民的作用,鼓励民营企业看清局势、坚定信心,放心大胆发展。一是进一步调整优化支出结构,统筹利用各类专项资金,发挥财政资金引导带动作用,落实各项助企惠企政策,聚力支持民营中小企业实施技术改造、提质增效发展。二是更好落实国家各项减税政策,坚持减税和补贴协同发力,着力降低民营企业的经营成本。三是做好政府采购服务,预留专门面向中小企业的采购份额,促进各类创新要素向中小企业集聚。多渠道听取民营企业意见和建议,及时解决企业诉求。

2. 加大金融支持,引导企业提质增效

推动金融系统向民营小微企业合理让利,更加注重发挥政策性融资担保的作用。用好再贷款再贴现政策,引导金融机构加大对民营企业科技创新、绿色发展等领域的信贷投放,推动优质民营企业提质增效、发展壮大。推进落实碳达峰碳中和实施意见及配套政策措施,积极引导民营资本进入绿色低碳新赛道。发展知识产权质押融资,引导民营企业与数字经济、智能制造等技术创新结合,加快转型升级。探索在金融监管的KYC、风控和合规等方面实现多层次化,在丰富民营和中小企业融资渠道的同时满足金融监管需求。完善金融信用体系,利用大数据、区块链等技术手段完善中小企业信用信息,探索以金融科技促进解决民营企业与金融机构之间信息不对称、抵质押物登记衔接等问题。

3. 加大服务力度,持续优化投资环境

着力解决投资痛点堵点,全力激发社会投资活力。一是全面推动城市数字化转型。用好1 000亿元以上的"新基建"优惠利率信

贷专项,引导社会资本加大"新基建"投入。加快在未来医院、智能工厂、智能交通领域布局实施一批新型基础设施重大示范项目。二是发展壮大新兴产业能级。发挥好技改专项资金、创业投资引导基金的撬动引导作用,推进先进制造业高质量发展。加快推动能源绿色低碳发展。三是强化土地全生命周期管理。完善产业用地标准,全面推进产业用地高质量利用,优化存量工业用地转型机制,优化产业用地全生命周期绩效监管。

三、附录——2021年上海市民营工业经济运行分析

2021年,全市经济持续稳定恢复,呈现稳中加固、稳中有进、稳中向好态势。上海市民营经济工业生产呈现平稳较快增长态势,全年第二产业增加值同比增长10.1%,两年平均增长5.0%。工业企业效益实现稳步增长,工业投资迅猛增长(见表1-3)。

表1-3 2021年民营规模以上工业主要指标

指标	民营工业		全市工业	
	绝对值(亿元)	同比增长(%)	绝对值(亿元)	同比增长(%)
工业总产值	9 171.78	14.0	39 498.54	10.3
主营业务收入	10 289.60	18.3	44 820.66	13.3
利润总额	741.97	7.6	3 052.33	6.3

(一)工业生产较快增长

2021年,上海市民营工业生产呈现较快增长态势,全年规模以上工业总产值9 171.78亿元,同比增长14.0%,增速高于全市工业3.7个百分点,民营工业总产值占全市工业的比重为23.2%,较上年提高2.2个百分点。

分行业看,33个工业行业中有26个行业规模以上工业总产值同比增长,较上年增加13个,7个行业同比下降。

其中,计算机、通信和其他电子设备制造业(837.76亿元,33.1%)、电气机械和器材制造业(1 237.14亿元,16.5%)、专用设备制造业(777.82亿元,18.4%)、通用设备制造业(966.98亿元,13.0%)、汽车制造业(755.86亿元,13.0%)和化学原料和化学制品制造业(801.26亿元,11.3%)等行业工业总产值同比增加量居前,对工业生产较快增长起到了重要的拉动作用。

而纺织服装、服饰业(130.75亿元,-11.5%)、黑色金属冶炼和压延加工业(102.82亿元,-9.4%)、纺织业(114.19亿元,-7.4%)、农副食品加工业(211.57亿元,-1.6%)和铁路、船舶、航空航天和其他运输设备制造业(40.07亿元,-4.1%)等行业工业总产值同比缩减量居前。

(二)主营收入由降转增

2021年,民营企业规模以上工业主营业务收入首次突破1万亿元大关,达到

10 289.60亿元，同比由上年下降0.4%转为增长18.3%，增速高于全市工业5.0个百分点。民营工业主营业务收入占全市工业的比重为23.0%，较上年提高2.0个百分点。

分行业看，33个工业行业中有29个行业实现主营业务收入同比增长，较上年增加15个，仅4个行业同比下降。

其中，电气机械和器材制造业（1 472.91亿元，29.5%）、计算机、通信和其他电子设备制造业（922.71亿元，31.0%）、化学原料和化学制品制造业（876.32亿元，20.7%）、专用设备制造业（898.83亿元，17.8%）、通用设备制造业（1 018.25亿元，13.7%）、汽车制造业（859.31亿元，13.0%）等行业主营业务收入同比增加量居前。

而皮革、毛皮、羽毛及其制品和制造业（92.84亿元，-13.9%）、纺织业（122.75亿元，-4.5%）、纺织服装、服饰业（153.20亿元，-2.2%）和金属制品、机械和设备修理业（9.52亿元，-1.6%）等4个行业主营业务收入较上年有所减少。

（三）企业效益稳步提升

2021年，民营企业实现规模以上工业利润总额741.97亿元，占全市规模以上工业的比重为24.3%，同比增长7.6%，增速高于全市工业1.3个百分点。工业主营业务收入利润率为7.2%，高于全市工业平均水平0.4个百分点。

分行业看，33个工业行业中有21个行业实现盈利增长，较上年增加2个，其余12个行业盈利同比萎缩，无亏损行业。

盈利增长的行业中，医药制造业（91.44亿元，32.6%）、计算机、通信和其他电子设备制造业（45.93亿元，56.6%）、电气机械和器材制造业（85.04亿元，15.0%）、文教、工美、体育和娱乐用品制造业（28.06亿元，56.6%）、专用设备制造业（105.28亿元，9.6%）和金属制品业（28.96亿元，34.1%）等行业利润增加额排名靠前，支持民营工业利润总额同比增长。

而盈利缩减金额靠前的行业包括汽车制造业（30.84亿元，-31.0%）、纺织业（8.41亿元，-60.0%）、橡胶和塑料制品业（45.12亿元，-9.6%）、酒、饮料和精制茶制造业（4.20亿元，-41.8%）、非金属矿物制品业（22.82亿元，-10.2%）和家具制造业（3.77亿元，-34.1%）等，一定程度上抑制了利润总额的增长速度。

（四）工业投资迅猛回升

上海市持续优化投资环境，加大服务企业力度，提高投资建设便利度，着力解决投资痛点堵点，激发社会投资活力取得成效。2021年，上海市民营工业投资同比大幅增长27.9%，增速较上年提高20.6个百分点，高于全市工业投资增速19.7个百分点（见图1-3）。

图 1-3　上海市民营工业投资增速及与全市比较

（供稿单位：上海市工商业联合会，主要完成人：施登定、王倩、刘佳、韩莹、徐玲玲）

专题二

2022年上半年上海市民营经济运行分析报告

2022年以来,国际形势复杂严峻,美欧等主要经济体通胀率屡创新高,世界经济增长放缓态势明显。我国各地区各部门认真贯彻落实党中央、国务院决策部署,高效统筹疫情防控和经济社会发展,扎实推进稳经济一揽子政策措施落地见效,2022年上半年实现国内生产总值562 642亿元,同比增长2.5%,经济总体呈现稳定恢复态势。我市面对复杂严峻的外部环境和本土突发疫情等超预期因素带来的严重冲击,在以习近平同志为核心的党中央坚强领导下,加快推进经济恢复重振进程,上半年地区生产总值19 349.31亿元,同比下降5.7%,主要经济指标触底后环比明显回升,生产需求边际改善,全市经济运行逐步回归正常,国民经济呈现回稳向好的积极态势。

2022年上半年,面对空前严峻复杂的新一波疫情冲击,我市民营经济遭受的影响远超2020年。在市委市政府的坚强领导下,广大民营企业积极投身抗疫,努力化解各项难题,推进复工复产、复商复市,经济发展逐步回稳。与2021年同期相比,民营经济运行呈现以下特点:一是对外贸易增速回落,投资、消费大幅萎缩;二是产业发展遭遇冲击,行业利润明显分化;三是税收、新设主体同比减少,就业形势稳中趋紧。当前,民营经济运行存在的突出问题,主要表现为:整体形势弱于全市,企业发展信心不足;停工减产、物流受阻导致供应链不畅、订单流失;需求不足、成本高企令小微企业面临生存困难。为帮助民企走出困境、促进民营经济健康发展,本报告建议做好"三稳",即稳市场预期,进一步提振企业发展信心;稳产业链供应链,进一步加大政策支持力度;稳市场主体,进一步加大助企纾困力度。

一、上半年我市民营经济运行的主要特点

2022年3月以来突发的疫情对上海经济社会发展产生了巨大冲击,民营经济也遭遇了前所未遇的困境。在市委市政府的坚强领导下,广大民企积极投身大上海保卫战,严格落实防疫措施,守牢安全生产底线,努力化解各项难题,助力全市复工达产、复商复市,经济运行逐步回归正常(主要指标详见表2-1)。

表2-1 上半年民营经济主要指标

指　　标	金额(亿元)	全市占比(%)	同比增速(%)	增速较全市(±百分点)
进出口总额	5 331.61	28.4	4.7	—
出口	2 577.59	34.9	17.8	+13.0
进口	2 754.02	24.2	−5.1	−1.4
固定资产投资	1 076.04	—	−22.5	−2.9
工业	134.26	—	−32.0	−10.9
房地产业	818.86	—	−23.7	−6.9
社会消费品零售额	2 160.45	28.5	−26.1	−10.0
服务业营业收入	9 059.81	41.9	−1.5	—
服务业营业利润	418.68	30.3	−18.5	+4.6
工业总产值	3 919.72	22.8	−13.0	−3.3
工业主营业务收入	4 556.63	23.0	−6.5	−1.5
工业利润总额	241.93	21.7	−24.1	+3.8
建筑业总产值	837.85	22.9	−23.6	−14.6
税收收入	2 567.78	33.8	−16.6	−3.8
招工人数(万人次)	104.00	72.1	−29.2	−1.4
退工人数(万人次)	110.02	71.3	−20.9	+0.5

(一) 对外贸易增速回落,投资、消费大幅萎缩

1. 进出口增速有所回落,总体形势好于全市

受突发疫情影响,我市对外贸易一度遭遇巨大冲击,在连续出台重点外贸企业白名单等政策措施支持下,上半年进出口总额同比降幅仅0.6%,其中民营企业作为外贸主力军,实现进出口总额5 331.61亿元①,同比增长4.7%,但增速较2021年同期大幅回落了30.7个百分点。分进、出口看,民企出口额同比增长17.8%,增速较2021年同期回落6.7个百分点,高于全市13.0个百分点;进口额由2021年同期增长45.1%转为下降5.1%,降

---

① 民营企业进出口数据:统计范围为私营企业、集体企业和个体工商户。

幅高于全市1.4个百分点。从占比情况看,上半年民营企业进出口总额占全市比重为28.4%,较2021年同期提高1.4个百分点,其中出口额占比34.9%,较2021年同期提高3.9个百分点,进口额占比24.2%,较2021年同期下降0.4个百分点。

2. 投资、消费由增转降,降幅高于全市水平

上半年,民营经济实现固定资产投资1 076.04亿元,同比下降22.5%①,降幅高于全市平均2.9个百分点。从投资结构看,房地产投资同比下降23.7%,工业投资同比大降32.0%,降幅分别高于全市平均6.9和10.9个百分点。上半年,民营经济实现限额以上社会消费品零售额2 160.45亿元②,同比增速由2021年同期增长32.0%转为下降26.1%,降幅高于全市平均10.0个百分点。民营限额以上社会消费品零售额占我市全社会消费零售总额比重为28.5%,较2021年同期提高3.3个百分点。

(二)产业发展遭遇冲击,行业利润明显分化

1. 服务业小幅萎缩,数字经济快速发展

2022年上半年,我市民营规模以上服务业实现营业收入9 059.81亿元③,同比下降1.5%,同期全市为增长2.1%;营业利润418.68亿元,同比下降18.5%,降幅低于全市平均4.6个百分点;营收利润率为4.6%,较2021年同期下降1.5个百分点,低于同期全市平均水平1.8个百分点。民营服务业营业收入占全市服务业的比重为41.9%,较2021年同期提高0.5个百分点,营业利润占比30.3%,较2021年同期提高1.6个百分点。分行业看,仅交通(交通运输、仓储和邮政业)和信息(信息传输、软件和信息服务业)2个行业营收增长率为正,其余7个行业为负(详见表2-2);从盈利情况看,信息传输、软件和信息服务业贡献了八成以上的营业利润,营收利润率12.9%,高于全市平均5.8个百分点,其余3个行业利润同比萎缩,1个行业(教育)扭亏为盈,4个行业利润为负。

批发零售业、住宿餐饮业营业收入由增转降。上半年,民营限额以上批发零售业实现营业收入23 568.03亿元,同比下降19.0%,降幅高于全市8.9个百分点,营收利润率仅0.7%;限额以上住宿餐饮业实现营业收入245.89亿元,同比大降32.3%,降幅高于全市0.1个百分点,营业利润-36.57亿元。

2. 工业生产同比萎缩,医药行业获利最多

上半年,我市民营经济实现规模以上工业总产值3 919.72亿元④,同比下降13.0%,降幅高于全市工业3.3个百分点;规模以上主

---

① 民营固定资产投资、社会消费品零售额:统计范围包括私营、集体、私营控股和集体控股企业。
② 民营经济社会消费品零售额、固定资产投资、工业总产值:统计范围均包括私营、集体、私营控股和集体控股企业。
③ 民营服务业营业收入、营业利润:统计范围为规模以上服务业企业,不包括房地产业。
④ 民营工业总产值、主营业务收入、利润:统计范围均包括私营、集体、私营控股和集体控股企业。

表2-2　上半年民营服务业情况

	营业收入	同比增速	营业利润	同比增速
规上服务业	9 059.81	－1.5	418.68	－18.5
交通运输、仓储和邮政业	3 458.50	11.3	33.61	－18.7
信息传输、软件和信息技术服务业	2 696.27	2.5	348.84	7.7
租赁和商务服务业	1 821.07	－15.9	47.74	－59.6
科学研究和技术服务业	644.49	－8.2	－6.99	－
水利、环境和公共设施管理业	59.14	－22.1	－0.48	－
居民服务、修理和其他服务业	91.07	－23.9	－0.14	－
教育	59.17	－55.9	1.95	－
卫生和社会工作	123.32	－10.8	－7.13	－
文化、体育和娱乐业	106.78	－14.5	1.28	－38.0

营业务收入4 556.63亿元，同比下降6.5%，降幅高于全市工业1.5个百分点。民营工业总产值、主营业务收入占全市工业的比重分别为22.8%和23.0%，分别较2021年同期提高0.2和0.9个百分点。33个工业行业中，32个行业规模以上工业总产值同比下降，27个行业主营业务收入同比下降，医药制造业实现规模以上工业总产值209.28亿元，同比增长11.5%，主营业务收入223.87亿元，同比增长16.6%。

工业利润同比大降。上半年，我市民营工业实现规模以上利润总额241.93亿元，下降24.1%，降幅低于全市工业3.8个百分点。33个工业行业中，5个行业出现亏损，22个行业盈利萎缩，仅5个行业实现盈利增长，其中医药制造业实现利润总额49.09亿元，同比增长41.0%。

（三）税收、新设主体减少，就业形势稳中趋紧

1. 税收再现同比下降，降幅大于全市平均

在综合实施退税减税、降费让利、房租减免等助企纾困措施的背景下，1—6月，我市民营经济完成税收收入2 567.78亿元[1]（见表2-3），同比下降16.6%，降幅大于全市平均3.8个百分点；税收收入占全市比重为33.8%，较2021年同期下降1.5个百分点。

---

[1] 民营经济税收收入：不含海关代征的增值税、消费税、证券交易印花税。统计范围包括私营企业、集体企业、股份合作企业、个体经营以及私营控股、集体控股企业（联营企业、有限责任公司、股份有限公司）。

表2-3 上半年民营经济税收情况

指标	全 市		民 营		
	指标值	同比增速	指标值	同比增速	占全市比重
税收收入(亿元)	7 599.46	−12.8%	2 567.78	−16.6%	33.8%

2. 招、退工同步萎缩,就业形势稳中趋紧

2022年上半年,我市经备案的民营企业招工数为104.00万人次①(见表2-4),同比下降29.2%,降幅高于全市平均1.4个百分点;退工数为110.25万人次,同比下降20.9%,降幅低于全市平均0.5个百分点。从占比情况看,民营企业招工数占全市比重为72.1%,退工数占全市比重为71.3%,招退工相抵后净退工6.02万人次,占全市净退工人数的58.9%。

3. 遭遇疫情冲击,新设主体大幅萎缩

受疫情影响,2022年二季度,在我市注册登记的新设民营市场主体数量为4.53万户②(见表2-5),同比锐减68.7%;新设民营市场主体注册资本合计1 290.38亿元,同比锐减75.0%。从占比情况看,民营新设市场主体数量占比为96.0%,注册资本金额占比为64.2%,分别较2021年同期下降0.2和7.9个百分点。

表2-4 上半年民营企业劳动用工备案情况

指标	招工情况		退工情况	
	招工数(人次)	同比增速	退工数(人次)	同比增速
全市	1 441 829	−27.8%	1 544 131	−21.4%
民营	1 040 035	−29.2%	1 100 249	−20.9%

表2-5 二季度新设民营市场主体主要指标

指标	全 市		民 营		
	指标值	同比增速	指标值	同比增速	占全市比重
新设市场主体(万户)	4.72	−68.6%	4.53	−68.7%	96.0%
新设主体注册资本(亿元)	2 009.67	−71.9%	1 290.38	−75.0%	64.2%

---

① 民营企业招、退工数据:统计范围包括私营企业、城镇集体、股份制、有限责任公司及个体经营户,其中股份制和有限责任公司根据全市情况推算。

② 民营市场主体户数、注册资本:统计范围包括私营企业、个体工商户和农民专业合作社。

二、上半年我市民营经济运行存在的主要问题和相关建议

（一）民营经济运行存在的主要问题

1. 整体形势弱于全市，企业发展信心不足

受疫情影响，1—6月，我市民营制造业PMI均值为45.8，低于全市4.3点。分月看，4月疫情形势最为严峻，生产近乎停滞，指数一度降至23.5，5月、6月在我市统筹生产发展与疫情防控的政策支持下，企业逐步复工复产，指数分别回升至45.5和64.3，但仍低于全市平均水平。民营非制造业PMI均值为45.6，较全市低1.2点。分月看，1、2月指数在扩张区运行且高于全市，但3—6月指数均运行于收缩区且低于全市。

近期调查显示，50.5%的受访民营企业感觉当前经济较之前更加困难，仅32.0%感觉经济在慢慢好转；82.1%表示国际局势影响民营经济发展信心，其中31.4%认为影响很大；91.7%表示未来一段时期没有扩大投资的计划。关于当前企业发展最大的担忧和烦恼，排名前三位的依次为"疫情可能反复"（76.9%）、"国际形势复杂多变"（48.3%）、"市场需求低迷不振"（35.6%）。

2. 停工减产、物流受阻导致供应链不畅、订单流失

在疫情封控下，我市民营企业经营遭遇巨大冲击，产业链供应链受困，对外订单流失严重。4月生产近乎停滞，制造业生产指数与新订单指数大幅收缩至个位数，5月情况有所好转，生产指数与新订单指数大幅回升至44.1和34.8，但整体产能仍处于低位。6月，进口指数、出口订单指数分别大幅回升至47.2和45.5，但仍在收缩区运行。停工减产、物流受阻，不仅严重影响我市企业生产经营，还影响到全国各地尤其是长三角地区的相关产业，如由于原材料配送物流一度几乎停滞，浙江、江苏和安徽均有上下游企业表示受到影响，无法对沪正常采购和供货，导致产业链供应链中断。

3. 需求不足、成本高企令小微企业面临生存困难

2022年以来，我市民营企业仍然面临较大成本压力、市场需求不足、资金紧张等困难。调查显示，上半年制造业民营企业反映最多的问题困难排名前三位分别是"原材料成本高"（57.8%）、"物流成本高"（53.5%）和"劳动力成本高"（41.8%）；而非制造业民营企业反映最多的问题困难分别是"市场需求不足"（53.7%）、"劳动力成本高"（45.9%）和"资金紧张"（42.4%）。

受本轮疫情影响，二季度我市部分民营企业出现营业收入和主要产品订单量下降，综合成本高企、应收账款累计余额增长，进一步加剧了企业流动资金紧张的状况。调查显示，营业收入同比下降的企业占比达到67.4%（其中39.0%企业下降超过15%），营收持平的企业占比为21.1%；主要产品订单

量下降的企业占比达到60.4%（其中27.6%企业下降超过15%），订单量持平的企业占比为29.2%；综合成本同比上升和持平的企业分别占46.7%和33.6%；应收账款累计余额同比增长和持平的企业分别占38.2%和44.5%。

（二）进一步促进民营经济发展的建议

下阶段，要深入贯彻党中央"疫情要防住、经济要稳住、发展要安全"的要求，高效统筹疫情防控和经济社会发展，积极提振企业发展信心，疏通产业链供应链堵点，助力企业纾困解难，为企业恢复、经济重振创造更多有利条件。

1. 稳市场预期，进一步提振企业发展信心

一是切实加强预期引导，加大宏观政策调节力度。要用政策红利的切实落地让广大企业充分认识到，疫情带来的冲击是短期的，我国经济稳中向好、长期向好的基本面没有变，上海支撑高质量发展的要素条件没有变，民营经济始终是推动经济社会发展的重要力量也没有变，越是困难越要坚定信心、真抓实干。加大宏观政策调节力度，减税降费、出口退税等财政措施要加大对困难行业和重点领域扶持，更注重精准和可持续，综合使用货币政策工具要更注重保持流动性合理充裕，支持稳岗、复工达产的就业政策要提质加力，扩内需、促消费的鼓励措施要更有针对性，同时抓紧谋划增量政策工具，抓实抓细疫情防控各项工作。在各项政策支持下，民营经济运行一定能够克服疫情影响，逐步企稳回升、健康发展。二是持续优化营商环境，激发民间投资活力。坚持"两个毫不动摇"，加大政策支持，在交通、能源、水利、农业、信息、环保等经济社会发展的关键领域，精准有序实施一批既利当前又利长远、投资潜力大带动能力强的示范项目，吸引民间资本参与。支持民营企业紧跟国家发展战略，加大研发投入，提升科技创新能力，在数字化、智能化、绿色低碳转型等新兴领域打造国际竞争和合作新优势，增强发展后劲。深化"放管服"改革，在招投标中对民间投资一视同仁，提高办事效率，保护民间投资合法权益，支持民间资本发展平台经济和创业投资。鼓励金融机构采用续贷、展期等支持民间投资，对符合条件的项目提供政府性融资担保。

2. 稳产业链供应链，进一步加大政策支持力度

一是加快建设全国统一大市场，发挥上海在长三角产业、物流协同方面的龙头带动作用。加快培育更加全面的内需消费体系，畅通国内大循环，通过改革巩固和扩展市场资源优势，形成大工厂和大市场协同效应。以大宗消费为抓手，落实减税和补贴政策，支持大型商贸企业和电商平台发放消费优惠券，支持文创、旅游、体育产业发展，优化购物节方案，鼓励发展夜间经济，提振疫后消费信心。加大精准服务企业力度，针对企业诉求快速响应，切实解决企业生产经营中遇到的困难。发挥上海龙头带动作用，建立健全长三角区域产业链供应链协作机制,合力保供强链,优先保障重点企业核心零部件和原材料供应。建立交通运输保障重点企业和人员白名单制度,建立健全物资应急保障机制,协调解决货物跨省运输问题,保障物流畅通。二是增强企业市场竞争力,稳固国际产业链供应链地位。坚持问题导向,全力帮助外贸企业增强市场竞争力,降低汇率成本和海运成本、加快出口退税进度、确保国内国际物流通道安全畅通,实现保订单、拓市场、稳产业。完善支持政策,推动贸易创新,鼓励汽车、生物医药等高附加值产品开拓国际市场,鼓励跨境电商、海外仓、市场采购等外贸新业态发展。出台便利跨境电商出口退换货的政策措施,支持符合条件的跨境电商企业申报高新技术企业,研究制定跨境电商知识产权保护指南。鼓励多元主体建设海外仓,支持企业优化海外仓布局,完善全球服务网络。支持外贸综合服务企业发挥带动作用,推动跨境电商与其他业态联动互促、融合发展,不断拓宽贸易渠道,推动内外贸一体化发展。

3. 稳市场主体,进一步加大助企纾困力度

一是减轻企业负担。延长一批税收优惠政策,重点面向中小微企业和个体工商户加大减税降费政策力度,在国家规定减免幅度内按照顶格执行;优化纳税服务,加快新的组合式税费政策落地执行,在可能的范围内力求做到免申即享、"一键办理"。进一步推动房租减免政策落地,对为承租企业减免租金的小微园、创业园、孵化器、创业基地、大型民企等市场主体给予运营补贴;对企业自购房产用于生产经营的,给予相应的城镇土地使用税和房产税减免。加大企业防疫支出补贴力度,降低企业用能成本,稳定原材料价格,以进一步降低企业运营成本。二是加大金融支持。从支持企业复工复产到助力实体经济恢复发展,充分发挥金融行业的输血功能,精准问需于企,做到靶向发力"快、准、实"。对还款困难的小微企业,积极做好融资连续性安排,通过展期、无缝续贷等给予企业后续资金支持。鼓励金融机构在风险可控的前提下尽可能降低小微企业短期贷款门槛,有效运用政策性融资担保为企业增信,进一步扩大普惠金融覆盖面,加大普惠信贷投放力度。鼓励金融机构向实体经济让利,进一步降低企业融资成本。三是做好援企稳岗。面向受疫情影响经营困难的中小微企业、个体工商户,通过一揽子政策组合,稳企业、保就业、惠民生。具体包括:阶段性减免企业社会保险缴费,加大国企分红比例补充上海社保基金,用以补贴不裁员、少裁员中小微企业用工人员的部分社保缴费。对餐饮、零售、文化旅游、交通运输、会展等长期受到疫情影响的特困行业,出台专项扶持政策,提供中长期低息纾困贷款,适当放宽资金使用限制,帮助企业应对疫情影响。支持市场主体加快产品创新研发,如推出绿色智能产品、研发创新数字防疫设备等,对于列入市创新产品目录的,通过政府首购订购和产业链供需对接,帮助中小

企业开拓市场。

三、附录——2022年上半年我市民营工业经济运行分析

面对复杂多变的国内外环境以及2022年3月以来突发疫情带来的严峻考验，我市民营工业运行总体呈现收缩态势。2022年上半年，规模以上工业总产值、主营业务收入、工业利用总额等主要指标均呈现下降态势，工业投资动力不足。

（一）工业生产同比下降，降幅高于全市

2022年上半年，我市民营经济实现规模以上工业总产值3 919.72亿元①，同比下降13.0%，降幅高于全市工业3.3个百分点（见表2-6）。民营工业总产值占全市工业的比重为22.8%，较2021年同期提高0.2个百分点。

表2-6 上半年民营规模以上工业主要指标

指标	民营工业		全市工业	
	绝对值（亿元）	同比增长（%）	绝对值（亿元）	同比增长（%）
工业总产值	3 919.72	-13.0	17 154.73	-9.7
主营业务收入	4 556.63	-6.5	19 800.5	-5
利润总额	241.93	-24.1	1 113.1	-27.9

从分行业产值指标看，33个工业行业中，仅医药制造业（209.28亿元，11.5%）实现规模以上工业总产值同比增长，其余32个行业规模以上工业总产值同比下降，较2020年同期增加3个。其中，通用设备制造业（371.45亿元，-19.7%）、化学原料和化学制品制造业（347.67亿元，-17.0%）、专用设备制造业（325.39亿元，-17.1%）、金属制品业（191.15亿元，-24.7%）、非金属矿物制品业（150.23亿元，-28.4%）和橡胶和塑料制品业（222.59亿元，-11.3%）等行业产值同比减量居前。

（二）主营业务收入同比下降，降幅高于全市

上半年，我市民营工业实现规模以上主营业务收入4 556.63亿元，同比下降6.5%，降幅高于全市工业1.5个百分点。民营工业主营业务收入占全市工业的比重为23.0%，较2021年同期提高0.9个百分点。

33个工业行业中，27个行业主营业务收入同比下降，较2020年同期减少1个。其中，通用设备制造业（400.26亿元，-14.0%）、非金属矿物制品业（179.58亿元，-25.4%）、专用设备制造业（390.91亿元，-11.1%）、金属制品业（215.87亿元，-16.5%）、化学原料和化学制品制造业（394.10亿元，-8.8%）和汽车制造业（367.86亿元，-7.7%）收入减量居前。

仅电气机械和器材制造业（723.45亿元，11.8%）、医药制造业（223.87亿元，16.6%）

---

① 民营经济工业总产值：统计范围包括本市私营、集体、私营控股和集体控股企业。

等6个行业实现主营业务收入同比增长。

（三）利润总额同比下降，降幅低于全市

上半年，我市民营工业实现规模以上利润总额241.93亿元，同比下降24.1%，降幅低于全市工业3.8个百分点。

33个工业行业中，家具制造业、铁路船舶航空航天和其他运输设备制造业等5个行业出现亏损，较2020年同期增加3个，28个行业实现不同程度盈利，其中22个行业盈利萎缩，仅5个行业实现盈利增长。

专用设备制造业（32.13亿元，-40.2%）、通用设备制造业（17.46亿元，-41.4%）、电气机械和器材制造业（23.71亿元，-32.3%）、汽车制造业（6.28亿元，-61.0%）、化学原料和化学制品制造业（26.78亿元，-19.1%）和金属制品业（7.26亿元，-36.6%）等行业利润总额同比减量居前。

实现盈利增长的行业包括医药制造业（49.09亿元，41.0%）、有色金属冶炼和压延加工业（4.83亿元，94.3%）、电力、热力生产和供应业（1.56亿元，3.3倍）、水的生产和供应业（2.14亿元，14.7%）和印刷和记录媒介复制业（1.68亿元，2.2%）等。

（四）疫情导致不确定性上升，工业投资大幅萎缩

2022年上半年，受突发疫情影响，全市工业投资同比下降21.1%，民营经济受到的冲击更大，民营工业投资同比大降32.0%，降幅高于全市平均10.9个百分点。

（供稿单位：上海市工商业联合会，主要完成人：施登定、王倩、刘佳、韩莹、徐玲玲）

2022 发展环境

上海民营经济

专题三

支持上海民营经济高质量发展和民营企业发展壮大

"十四五"以来,上海民营经济进入发展成长新阶段,在上海社会主义现代化国际大都市建设中的重要性日益提升。为进一步落实习近平总书记重要讲话精神,推动民营经济健康发展,上海围绕新时代民营经济发展时代特点与发展任务,在创新、开放、改革、政策、制度等领域加大引导扶持力度,增强民营企业家创新创业信心,增强民营企业创新发展活力,推动上海民营经济高质量发展和民营企业发展壮大。

一、上海民营经济发展情况和主要特点

民营经济是推动经济高质量发展、建设现代化经济体系的重要主体。近年来,上海围绕国家战略部署,通过"放管服"改革、减税降费、缓解企业融资难融资贵等一系列举措,不断优化民营企业营商环境,在助推民营经济发展方面取得积极成效。

(一)多措并举支持民营经济和民营企业发展壮大

1. 各项政策相继出台,全面支持民营经济健康发展

2018年,为深入贯彻习近平总书记关于民营经济发展的重要指示精神和党中央决策部署,上海市委、市政府发布《关于全面提升民营经济活力大力促进民营经济健康发展的若干意见》,围绕降低成本、市场环境、核心竞争力等出台27条举措,全力支持民营经济发展壮大,促进民营企业做强做优。随后,《上海市鼓励设立民营企业总部的若干意见》《关于加大支持本市中小企业平稳健康发展的22条政策措施》等专项文件相继出台,支持民营经济健康发展。

2. 积极应对疫情冲击,全力扶持民营企业复工复产

面对近几年新冠肺炎疫情冲击,上海积极通过减税、降费、减租等政策"组合拳",对受疫情影响较大、生产经营出现暂时困难的民营企业,尤其是中小微企业给予大力支持,上海民营经济增加值、企业招工数、进出口贸易额领先恢复。2022年1—7月,上海民营企

业进出口贸易额达6 560亿人民币,同比增长9.36%,远高于国有企业－13.18%、外资企业3.3%的增长速度。

3. 贯彻落实国家战略部署,积极拓展民营经济发展空间

浦东社会主义现代化建设引领区、上海自贸试验区及临港新片区建设等国家战略,均为民营经济提供了前沿创新与开放发展的新空间。长三角一体化发展、虹桥国际开放枢纽建设,成为民营企业打通国内国际两个市场、充分利用国内国际两种资源的战略基地。建设具有世界影响力的社会主义现代化国际大都市,为民营企业创新创业提供了丰富的市场场景。

(二)民营经济成为上海经济社会发展的重要力量

1. 民营经济对经济社会发展贡献度稳步提升

民营经济为全市经济发展做出重要贡献,2015—2021年,民营经济增加值在全市生产总值的比重从26.7%提升至28.5%。2021年,上海新设民营市场主体50.47万户,月均达4.21万户,同比增长9.6%,新设民营市场主体占全市新设市场主体比重95.7%。民营经济持续稳定恢复,呈现稳中加固、稳中有进、稳中向好态势,2021年全年实现增加值1.23万亿元,同比增长7.4%。

2. 民营经济是推动就业、创新、投资的重要主体

2021年,全市经备案的民营企业招工数为277.99万人次,占全市招工数比重68.4%;上海新认定高新技术企业7 015家①,其中民营企业占比超八成。截至2021年底,全市累计"专精特新"中小企业4 435家,其中民营企业占比超九成。社会资金参与城市建设、产业发展和社会事业的广度不断拓展,民间投资占全社会固定资产投资的比重保持三成以上,2021年达32.8%。

3. 民营经济的成长带动效应逐步增强

2021年,全市共21家民营企业入选全国工商联发布的民企500强目录,入选家数比2015年增加7家②。民营企业家是上海企业家的主要来源和重要组成部分,上海有4位企业家入选改革开放40年百名杰出民营企业家,2019—2020年度评选的20位上海市优秀企业家中50%来自民营企业。

(三)民营经济发展的新时代特征日益显现

1. 新生代民营企业快速生长

十九大以来,我国进入创新驱动经济发展新阶段,上海民营经济依托国际大都市创新资源优势,在信息技术、生物经济、数字经济等新兴产业领域蓬勃发展,涌现出联影、药明康德、拼多多、哔哩哔哩等众多新一代民营企业及一批年轻民营企业家,创新经济推动上海民营企业发展进入新阶段。

2. 民营企业总部机构加速集聚

更多民营企业选择上海作为开拓国际、

---

① 截至2021年底,上海有效期内高企数量增长至20 035家。
② 根据胡润百富2020年中国民营500强,上海入选66家,上榜门槛价值评估230亿元。

布局全国、实现企业发展能级跨越提升的重要城市,贸易、研发、管理、营销等民营企业功能性总部加速在上海集聚。388家经认定的民营企业总部集聚上海,占全国销售收入10亿元以上民营企业数量的12.6%①。

3. 民营企业国际化发展提速

民营企业已成为对外投资主力军,2020年非金融类对外直接投资备案中方投资额中民营企业达104.30亿美元,占全市69.0%,同比增长30.7%。海外华侨、留学人员来沪创业热情持续高涨,至2021年9月来沪工作和创业的留学人员达22万余人,留学人员在沪创办企业5800余家②。

二、上海民营经济发展面临瓶颈与发展思路

上海具有民营经济发展所需要的创新资源优势、人才资金要素优势、市场应用场景优势等,同时也存在原材料价格上涨、商务运营成本较高、疫情下市场需求不足等困难。上海民营经济发展需要结合上海加快建设社会主义现代化国际大都市的发展要求,走出独特的自主创新发展之路。

(一)发展瓶颈

1. 主体数量仍有待扩大

人均市场主体数量方面,截至2021年底,上海每千人拥有市场主体数127.7家,低于深圳241.9家/千人、苏州215家/千人③。上海自贸试验区成立以来,上海新注册市场主体数量呈加速增长趋势,但市场主体活跃度仍有待提高。

2. 头部领军企业不够突出

过去三十年,上海存在国企大而不强、外企强而不为、民企长而不大的现象。根据全国工商联发布的2021年民企500强目录,上海企业未进入前40强,上海民企前三家新城控股、复星集团、东方希望分别位列第42、46、52位。

3. 民营制造业经济相对较弱

上海民营经济企业业务领域多集中于房地产、有色金属、批发业等综合类产业,民营制造业经济相对弱小,在新兴产业领域产业与科技创新优势不明显,尚未成为引领上海创新潮流的主体。

4. 创新创业成长成本较高

根据经济学人智库《2021年全球生活成本》调查,上海排名第19位,在内地城市排行最前,国际上仅次于英国伦敦。2021年,上海科研设计用地平均成交价格348.3万元/亩,工业用地平均成交价格90.3万元/亩,仓储用地平均成交价格66.66万元/亩,明显高于周

---

① 根据《中国销售10亿以上重点企业汇总集》,截至2020年底,10亿规模以上企业数量约3070家。根据全国工商联连续组织开展的第24次上规模民营企业调研,共8602家年营业收入5亿元以上的企业参加。
② 数据来源:上海海归300指数(RISE300)。
③ 根据深圳发布数据,深圳市市场主体380.4万户,每千人市场主体数量为241.9家,市场主体活跃度达75.8%,总量和创业密度继续稳居全国第一。上海市截至2021年12月20日,上海共有市场主体318.97万户,每千人拥有市场主体数127.7家。截至2021年12月,苏州市场主体数量突破274万家,每千人拥有市场主体数215家。

边地区。

（二）发展思路

1. 支持具硬核创新能力的民营经济发展

随着我国经济全面进入创新成长阶段，上海创新型经济的比较优势日益显现，需积极围绕"3+6"产业布局方向，打造上海民营经济新十强，大力支持具有硬核创新能力的民营经济发展。

2. 积极吸引优秀民营企业集聚上海

上海要加快建设社会主义现代化国际大都市，需要为民营经济在沪创新成长提供金融、贸易、科技、法律、咨询管理、对外交流等全方位服务，成为民营企业布局全国、走向国际、招募全球人才、提升现代管理的理想地。

3. 培育都市型中小企业创新经济

丰富的城市消费场景和日新月异的新科技，为中小企业创新创业创造机遇。上海需要进一步完善中小企业发展促进服务体系，不断丰富城市经济业态，形成"小而美、小而强"的城市中小企业经济风景线。

三、促进民营经济高质量发展的政策建议

（一）支持民营企业自主创新发展，勇当创新创业主力军

创新是引领发展的第一动力，民营企业是创新经济的最活跃力量。上海高端的创新资源、系统的创新生态、丰富的创新场景、开放的创新环境，将日益成为企业创新发展的"母港"，推动民营企业发展成为上海创新经济发展最具潜力的主力军。

1. 充分发挥民营企业创新主体作用

鼓励民营企业开展产品创新、技术创新和管理创新。鼓励行业龙头民营企业建设应用基础研究机构，推动研发链条前移。鼓励民营企业开展关键核心技术攻关和自主研发，加快疫情防控关键技术和药品科研攻关。支持民营企业申请发明专利和国际商标。定期发布应用场景项目清单，鼓励民营企业参与人工智能、区块链、前沿材料、5G等领域开展新技术新产品新模式创新。

2. 加快完善民营企业创新创业体制机制

充分发挥上海人才、技术、资金、信息等创新资源要素综合优势，加快建设促进创新创业服务体系。支持民营企业特别是科创型民营企业积极参与"新基建"。依托各类创新创业载体和创新孵化器，探索建立创新创业人才灵活就业服务平台。依托产业园区建设，强化头部企业和中小企业互动，建立上下游产业生态圈，形成促进创新创业的创新生态系统。

3. 加大金融支持民营经济发展力度

支持符合条件的民营企业上市、并购重组，拓宽民营企业融资渠道。提升银行业金融机构服务民营企业能力，鼓励银行业金融机构优化民营企业授信评价机制，创新信用评价方式，注重审核第一还款来源，为资信良好的民营企业融资提供便利条件。发展知识产权质押融资，引导民营企业与数字经济、智

能制造等技术创新结合,加快转型升级。

(二)支持民营企业提升公司治理水平,争创世界一流企业

企业核心竞争力是城市竞争力提升的重要组成,民营经济的壮大发展,需要有一批具备现代公司治理与管理机制、站在全球科技创新前沿、布局开拓世界市场的领军企业。

1. 支持民营企业建立现代公司治理制度

鼓励民营企业加快建立治理结构合理、股东行为规范、内部约束有效、运行高效灵活的现代企业制度。引导民营企业提高经营管理水平、完善内部激励约束机制,推动质量、品牌、财务、营销等精细化管理。引导支持有实力的民营企业做优做强,建设成为世界一流企业。支持中小民营企业"专精特新"发展,培育隐形冠军企业。

2. 弘扬企业家精神,壮大企业家队伍

深入贯彻落实习近平总书记关于加强年轻一代民营经济人士教育培养的重要指示精神,引导年轻一代民营经济人士坚定理想信念、弘扬优秀企业家精神。加大优秀企业家培育和激励力度,制定企业家培育计划,从理想信念、行业发展、经营管理、政策法规等方面开展培训。

3. 倡导民营企业社会责任新风尚

筑牢守法底线和社会责任意识,引导民营企业依法经营、依法治企、依法维权,认真履行环境保护、安全生产和疫情期间严格落实疫情防控等责任,对在疫情防控中发挥重要作用的民营企业给予关爱帮扶和宣传鼓励。引导民营企业重信誉、守信用、讲信义,自觉强化信用管理,及时进行信息披露。引导民营企业参与对口支援和帮扶工作,鼓励民营企业积极参与社会公益和慈善事业。

4. 营造良好开放环境,支持民营企业"走出去"

鼓励民营企业并购境外创新资源,在"一带一路"沿线国家建设研发中心、实验室。鼓励民营企业通过参加展会、开展境外品牌和知识产权认证等方式开拓国际市场。鼓励民营企业充分运用跨境电商等贸易新方式拓宽销售渠道,建立"海外仓"和海外运营中心。健全民营企业"走出去"的信息、融资、法律、人才等服务体系,促进企业稳健开展境外投资贸易活动。

(三)深入推进混合所有改革,释放多种所有制经济活力

充分发挥混合所有制经济融合发展优势,在国有企业混合所有制改革中,积极为民营企业搭建合作平台、释放发展空间。

1. 鼓励民营资本积极参与国企混合所有制改革

支持国有企业依托证券市场、产权市场,通过合资合作、战略联盟等方式,与各类所有制企业实施双向联合重组。鼓励民营企业通过资本联合、优势互补、产业协同、模式创新等方式,参与国有企业重大投资项目、成果转化项目和资产整合项目,符合条件的民营企业可获得控制权。

2. 探索发展多种混合所有制经济发展模式

对竞争性行业，采取股权转让、员工持股、改制退出等方式，鼓励发展非公资本控股的混合所有制企业。对具有较大不确定性的高新技术创新型企业，建立利益共享、风险共担机制，引入股权私募基金、创投基金等方式加快发展。对功能类和公共服务类企业，探索采取国有全资、政府与社会资本合作机制、设立优先股与国家金股制度等方式进行混改。

（四）建立健全制度政策体系，优化民营经济营商环境

以营造公平统一的营商环境为基础，建立长期性、稳定性、系统性的制度框架，健全规范有序的民营经济政策服务体系，不断完善制度化、法治化民营经济发展服务保障机制，促进民营经济高质量可持续发展。

1. 进一步放开民营企业市场准入

深化"放管服"改革，进一步精简市场准入行政审批事项，探索加大在民营银行、人民币全球化、文化领域对民营经济的开放力度，为民营企业发展创造充足市场空间。鼓励民间投资以城市基础设施等为重点，通过综合开发模式参与市域铁路、新型基础设施等项目建设。

2. 持续强化公平竞争审查制度

对新技术、新产业、新业态、新模式等领域，实行包容审慎监管。加快企业信用信息体系建设，完善市场监管领域企业信用修复办法。完善优化营商环境考核评价指标体系，充分发挥营商环境投诉举报和处理回应机制作用，及时向社会公布处理情况。

3. 健全支持民营经济发展政策体系

充分发挥政企互动、市区联动、商会协同等机制作用，鼓励民营企业家在政策制定过程中积极建言献策。完善民营企业纾困救助体系，全面落实国家减税降费、减租降息等纾困惠企政策。优化民企总部政策服务体系，发挥上海民营企业总部服务中心作用，强化民企总部政策咨询与诉求处理机制。支持民营企业稳定新业态员工，研究完善新业态劳动用工和社会保险政策。完善中小企业政府性融资担保体系，为中小企业融资提供增信服务。

4. 完善民营经济发展法治保障体系

加强部门联合执法，严惩侵犯知识产权违法和不正当竞争行为。建立知识产权案件快审机制，推动知识产权民事、行政、刑事案件审判"三审合一"。完善民营企业合法权益保护体系，健全民商事调解组织，建立小微企业、民营企业律师服务团等公益性法律服务组织，为企业提供因疫情发生的合约兑付、合同纠纷、企业用工纠纷等给予法律援助。加强法治民企建设，通过法律法规宣传解读、劳动争议典型案例法治宣传，强化企业守法、守约、守信意识。

（供稿单位：上海市发展和改革委员会）

专题四

上海市助企纾困"21条""50条"等系列政策落实情况调研报告

为全力打赢新冠肺炎疫情防控阻击战和经济恢复重振攻坚战,上海市陆续出台了《上海市全力抗疫情助企业促发展的若干政策措施》《上海市加快经济恢复和重振行动方案》和《上海市助行业强主体稳增长的若干政策措施》(以下分别简称"21条""50条"和"22条")等政策。为了更全面地了解"21条"和"50条"等系列政策落实情况以及本市民营企业受疫情影响情况,上海市工商联课题调研组,通过问卷调查和企业访谈相结合的方式,开展调查研究工作。本次调研共回收有效问卷1 197份,其中大型企业58家,中型企业347家、小微企业792家;开展了总部企业、小微企业、年轻一代民营企业、抗疫金融支持、减税降费、法务专场等多场专题线上座谈会。结合问卷调查和企业访谈,形成调研报告成果如下。

一、"21条"和"50条"等系列政策落实总体情况

1. 企业对系列政策总体较为满意

调研显示,企业对"21条"和"50条"系列政策的总体满意度约为66.59%。从具体单项政策来看,企业对"防疫消杀"(70.93%)、"复工复产支持"(64.66%)、"减税降费"(64.24%)等政策,满意度最高;而对于"房屋租金减免"(13.78%)、"阶段性缓缴'五险一金'"(11.61%)等政策,选择"不满意"的企业比例较高,值得引起关注(见图4-1)。

2. 企业的政策整体受益程度超六成

调查结果表明,60.9%的受访企业表示享受到了"21条"和"50条"等系列政策支持。其中,"减税降费支持"(57.06%)、"阶段性减免五险一金"(44.31%)、"房屋租金减免"(38.68%)等三项政策受益度排在前三位(见图4-2)。

与此同时,也有近40%的企业表示未享受到相关政策支持,究其原因,主要是政策申报门槛过高、缺乏政策实施细则、不能准确找到政策申请渠道及途径等(见图4-3)。

3. 国有房屋的租金减免基本落实

调研企业中,承租国有房屋的企业有383家,其中277家已享受到国有房屋租金减免,占比超过70%,但也有106家企业虽承租国有房屋但尚未享受到租金减免,其中

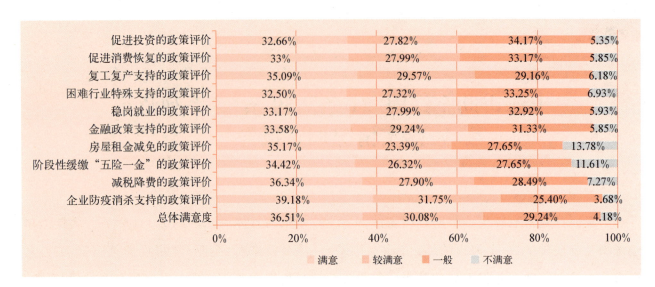

图4-1 系列政策总体满意度及单项政策满意度

图4-2 各类政策总体受益度

有35家企业已申报尚未批复,39家企业找不到申请渠道,或是不知道有该项政策,另有32家企业主要为大中型企业,不符合政策支持条件。总的来说,国有房屋租金减免政策基本落到实处,小微企业得到了较大帮助。

4. 政府减税为企业带来切实支持

今年1—8月,上海共为6.7万户企业实行税费缓缴,缓缴税费额累计171亿元,为企业带来了切实支持。调查显示,"税收缓缴及申报延期"(46.78%)、"增值税留抵退税"(37.26%)、"增值税及企业所得税减免"

发展环境

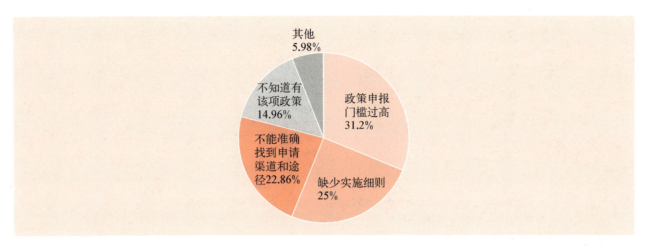

图 4-3 未能享受政策的原因分析

（34.34%）等政策惠及面相对较广，企业表示享受到了相应政策支持。而"研发费用加计扣除"（18.38%）、"资源税、城市建设税等'六税两费'减免"（17.63%）、"设备器具税前扣除"（6.10%）等政策惠及面相对较低，仅有少部分企业享受到该政策，主要因为此类政策本身的支持的企业范围较窄，有些局限于特定的科技型中小企业（见图4-4）。

5. 疫情防控补贴政策助力企业减负

调研显示，企业认为"鼓励各区对复工复产复市企业疫情防控支出，按照实际运营规模给予分档定额补贴"（63.74%）、"扩大企业防疫和消杀补贴范围，给予分档定额补贴"（47.03%）等政策对企业的帮助程度最大（见图4-5）。部分企业反映，由于当前疫情常态化管理，疫情防控支出将会成为企业主要的成本之一，希望能够在疫情防控支出补贴方面得到政府进一步的大力支持。

6. 投资、外贸和就业等方面企业还有期盼

投资方面，企业更关注政府审批效率，简

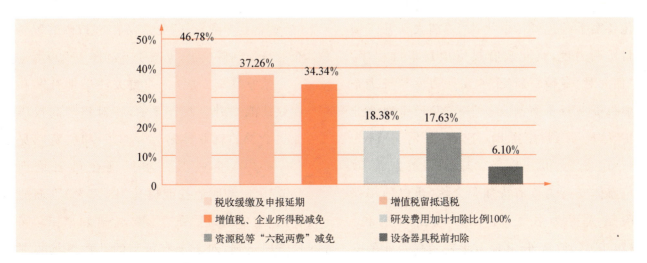

图 4-4 减税降费政策惠及度

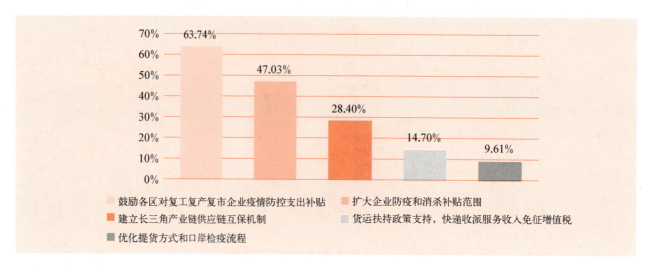

图 4-5 复工复产相关政策支持满意度

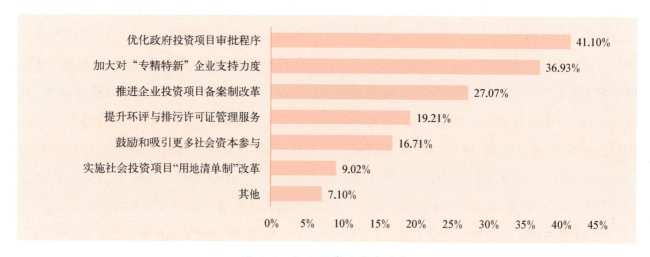

图 4-6 扩大投资政策惠及度

化备案手续。受访企业认为"加大新开工项目协调力度,优化政府投资项目审批程序""加大对'专精特新'企业支持力度""推进企业投资项目备案制改革"等三项政策对企业扩大投资最有帮助,选择比例分别为41.10%、36.93%和27.07%。外贸方面,政策整体支持力度有待加强。除"出口信用保险赔款视为收汇,予以办理出口退税"(34.57%)政策外,其他政策对贸易企业的支持力度不足,享受到的贸易企业均不足30%。"外贸企业专项贷款"更是仅有6.17%的贸易企业享受到该政策(见图4-6和图4-7)。

就业政策方面,企业更关注培训补贴和职业技能提升。调查显示,相对招聘高校毕业生给予的就业补贴(40.52%)和税费减免(39.43%),企业更希望得到在员工培训(56.56%)和职业技能提升(48.79%)方面的补贴,主要因为受疫情影响,企业新增招聘岗位意愿不强,对于现有员工的补贴更具实际意义(见图4-8)。

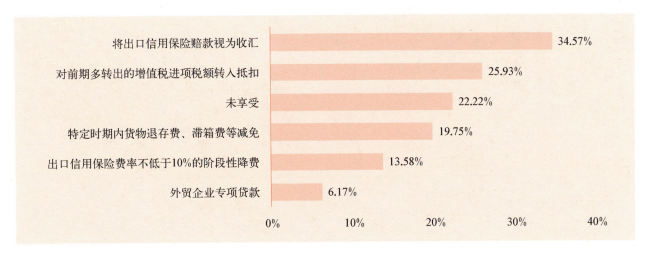

图 4-7 外贸支持政策惠及度

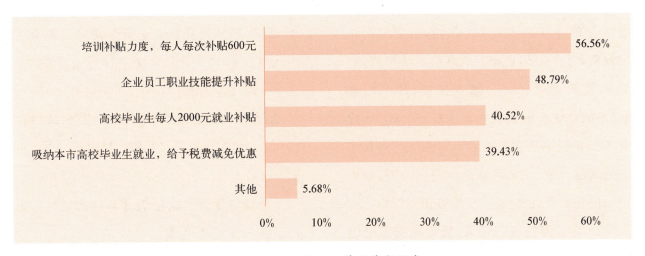

图 4-8 企业用工支持政策期望度

二、企业当前面临的困难和政策诉求

1. 企业经营恢复缓慢，未来投资信心不足

75%左右的企业预估本轮疫情造成损失超过2020年。其中，超过一半的企业，表示本轮上海疫情对企业造成损失远高于2020年，约有25%的企业则表示损失略高于2020年。

企业预期经营恢复缓慢。本轮疫情对企业经营冲击非常大，导致企业无法完全正常经营的同时，整体需求也在萎缩。约40.77%的企业预计年底前才能恢复到正常经营状态，近30%的企业预期更差，觉得难以恢复到疫情前。与此同时，超过70%的企业预计2022年营业收入将低于2021年，其中有26.48%企业预计下降在10%～30%，更有27%左右的企业预计下降超过30%（见图4-9）。

企业在沪投资信心不足。调查表明，接

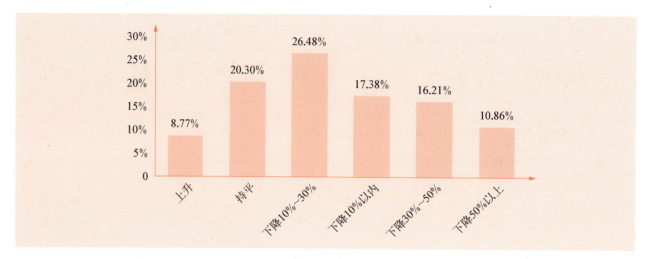

图 4-9　企业预计 2022 年的营收情况

近 90% 的企业表示未来一年内,不会加大在沪投资,近 60% 的企业表示维持现状投资,有近 30% 的企业表示会减少投资,其中约有 8.5% 的企业表示会大幅减少投资。此外,约有 20% 的受调研企业表示计划或已经向其他地区转移产能,主要考虑到疫情影响下,如果单一重仓上海,供应链安全难以得到保障。

2. 企业资金缺口较大,贷款融资途径仍有不畅

受疫情影响,企业经营困难,出现资金短缺,超过 56% 的受访企业资金缺口占资金需求比重在 10%。资金缺口在 10%~30% 的企业为 412 家,占比 34.42%;缺口在 30%~50% 为 190 家,占比 15.87%,而资金缺口在 50% 以上的企业有 71 家,占比近 6%(见图 4-10)。

企业贷款融资途径仍有不畅。虽然已出台了许多支持企业贷款融资的政策,但目前企业的整体政策感受度仍然不强。"金融机构手续费、服务费减免""市融资担保中心融

图 4-10　企业资金缺口占资金需求比重

发展环境

资担保费率0.5%,再担保费率减半收取""重点行业困难企业2022年新增贷款贴息支持"等政策惠及度仅为25.06%、19.21%和17.79%。未享受到金融政策支持的企业反映,当前还存在部分银行不遵照执行、审批程序慢、贷款融资门槛高等问题。

3. 房屋租金减免、社保税收减免等政策成为企业核心诉求

房屋租金减免、社保减免成为企业核心诉求。从调研结果来看,"停工期间房屋、场地的租金成本减免"(41.69%)、"阶段性缓缴'五险一金'和税收"(38.26%)、"贷款融资支持"(30.91%)等政策排在企业最为关心政策的前三位,得票率均超过30%,这三项成本是企业支出的核心成本,直接关系到企业的生产运营。此外,"供应链物流保障"(25.73%)、"企业用工支持"(23.89%)、"降低用水用电用气"(22.89%)等政策,也有超过20%的企业选择(见图4-11)。

三、政策落实过程中存在的主要问题

1. 租金减免政策落地仍有梗阻

一是部分国有企业层层加码。从政策执行效果来看,国有房屋租金减免基本落到实处,但也有企业反映部分国有企业为租金减免设置各种门槛,包括要求在本地注册公司、承诺税收盈利和帮助园区进行招商等。二是部分非国有房屋出租人未享受到政策优惠。调研中有企业反映,虽然非国有房屋出租人为小微企业提供了租金减免支持,但非国有房屋业主在向有关部门申请租金减免补贴时,审核时间往往过长,导致租金减免补贴迟迟不下放。

2. 社保税收减免力度有待加强

一是社保缴费压力较大。社保是企业最主要的成本之一,由于本轮疫情持续时间长、

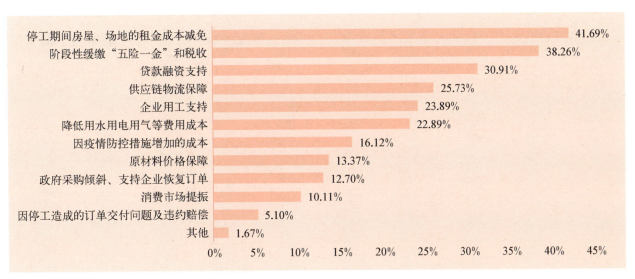

图4-11　企业对政策的核心诉求

冲击大，企业面临的经营压力更大。根据上海市人力资源和社会保障局官方数据显示，上海社保缴费基数下限呈逐年上升的趋势，由2020年的4927元上升至今年的6520元，上涨超过30%。但新出台的稳增长"22条"，仅是参照2020年社保支持政策，暂将职工医疗保险单位缴费费率下调0.5个百分点，虽然为企业带来了一定帮助，但与社保基数下限的上涨幅度相比，企业负担仍然过重。二是税收减免力度有待加强。企业反映，税收是企业的主要负担之一，但当前的税收减免力度有待加强，如留抵退税政策有明确信用等级的限制门槛；增值税小规模纳税人专用发票税率由原先的1%上升到3%（见图4-12）。

3. 企业贷款融资渠道有待畅通

现金流是企业的生命，但当前企业在贷款融资方面仍存在许多问题。一是部分银行机构设置门槛。有企业反映，部分银行并未按照相关政策执行，贷款审批程序繁琐时间长，要求要有固定资产抵押方可贷款，主要由于银行本身也有来自上级防范金融风险和考核指标的压力。二是金融支持力度有待加强。调研中，企业非常关心"帮助企业续保续贷""新增贷款贴息支持""到期贷款自动展期""简化金融程序，线上业务办理支持"等问题，希望能够进一步加大金融政策支持力度。

4. 企业用工支持政策有待完善

一是职工培训、职工技能提升支持力度有待加强。受疫情冲击影响，企业经营不及预期，绝大多数企业并不会新增招聘岗位，企业更加关注政府对现有职工培训和职工技能提升补贴等方面的支持，希望能够进一步加大此类补贴支持力度。二是政策实施细则不明、申请程序复杂。企业反映，当前企业用工支持政策无实施细则，如何申请、需要提供哪些资料，在哪个时间段实施的措施方能被认定到该政策范围内，尚未有具体指引，可参考深圳经验做法，简化申请手续，采用免申即享的方式。

5. 强主体促消费支持略显不足

新出台的稳增长"22条"政策，从助行业强主体稳增长等方面，进一步加大了助企纾

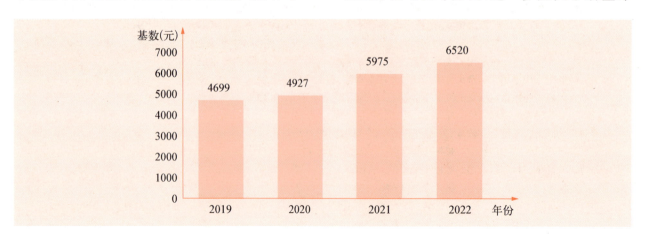

图4-12　2019—2022年上海社保缴费基数下限

困的力度,为企业带来了切实支持。但与深圳出台的政策相比,"22条"在强主体和促消费领域支持还略有不足。一是"专精特新"企业奖励尚有差距。"22条"提出,对新认定市级"专精特新"中小企业、国家专精特新"小巨人"企业分别给予不低于10万元和30万元的奖励。而《深圳市人民政府关于加快培育壮大市场主体的实施意见》则表示,对入选省级、国家级的"专精特新"中小企业,最高奖励20万元、50万元。二是绿色智能家电消费支持不足。"22条"提出,对本市消费者购买绿色智能家电等个人消费给予支付额10%、最高1 000元的一次性补贴。而《深圳市关于促进消费持续恢复的若干措施》对于绿色智能家电等个人消费给予支付额15%、最高2 000元的一次性补贴,支持力度也明显高于上海。

四、进一步优化助企纾困系列政策的对策建议

1. 促政企沟通,提振企业在沪发展信心

一是想方设法恢复企业投资和发展信心。在国家统一的防疫政策指导下,充分考虑上海国际化大都市的特征,继续保持并提升全球化与开放性,提振跨国公司和国内龙头企业在沪投资信心,实行"一企一专员"制度,及时了解跨国公司和国内龙头企业面临的困难和政策诉求。同时,加大中小微企业走访频率,听取关于优化营商环境和落实惠企政策的意见建议,努力做好企业发展的"助推员"、政策落地的"速递员"、困难解决的"协调员",给期盼中的中小微企业吃下"定心丸"、注入"强心剂"。二是利用信息化手段加强政企沟通。充分利用网上政务平台、新媒体、服务咨询热线等载体,建立涉企政策信息公开和推送平台,消除企业的"信息孤岛"效应;依托行业商协会,建立行业内部的企业工作微信群,将法律法规、服务指南、材料清单等及时在微信群中发布,并保持动态更新,同时为企业提供共性化问题的网上远程咨询。

2. 抓政策落地,将减租降税费落到实处

一是进一步加大房屋租金减免政策落实力度。建议成立房屋租金减免工作专项推进组,严格监督市区国有企业、街镇国有物业免租政策切实惠及承租企业,避免出现层层加码的乱象;加大对提供房屋租金减免的非国有房屋业主或经营管理主体支持力度,畅通租金减免补贴申领程序,及时发放租金减免补贴。参照2020年出台的《上海市全力防控疫情支持服务企业平稳健康发展的若干政策措施》,扩大国有房屋租金减免范围,将中型企业也纳入房屋租金减免范围,给予承租国有房屋的中型企业3个月的租金减免。二是进一步加大社保减免力度。建议参照武汉市2020年社保缴费支持政策[1],下调上海2022年社保缴费基数下限,与2021年保持一致或略高于2021年。进一步加大职工医疗保险减

---

[1] 根据湖北省人社厅等部门发布的《关于我省2020年度社会保险缴费基数标准等问题的通知》显示,武汉市个人缴费基数上下限,继续按2019年度个人缴费基数上下限执行。

免力度,在"22条"基础上,再将单位缴费费率下调0.5个百分点。三是支持税收政策延期、扩面。积极争取国家财政部、税务总局支持,针对在沪增值税小规模纳税人,延续1%的增值税专用发票税率政策。探索留抵退税优惠政策取消信用等级的门槛,进一步扩大政策惠及面。

3. 保用钱用人,确保企业正常有序运行

一是畅通企业贷款融资渠道。鼓励银行将行业发展潜力、知识产权数量及技术领先优势等纳入贷款考量指标。加快推广园区贷、批次贷、信用贷等金融创新产品,并简化流程,确保中小企业能尽快得到资金支持;建议国企出资成立疫情纾困基金,运用市场化运作机制,对确有成长前景,但受制疫情短期遭遇困境的潜力企业进行收购或者投资。建议相关部门设立信贷发放工作组,加强在沪银保机构监督,保障相关政策落实,适当放宽贷款考核指标,提高疫情期间不良贷款容忍度,严禁层层加码提高要求。二是加大职工培训和技能提升补贴支持力度。对受疫情影响的各类企业、社会组织等用人单位,对本单位实际用工的从业人员开展与本单位主营业务相关的各类线上职业培训,每人每次补贴的标准从现在的600元提升至800元;加大企业新学徒制培训补贴支持力度,对培训达到初级工、中级工和高级工水平等级别的,补贴标准每人每年增加1 000元。

4. 借他山之石,优化强主体促消费政策

一是加大"专精特新"奖励支持。对标深圳相关政策,加大对新认定的"专精特新"中小企业的支持力度。对新认定市级"专精特新"中小企业、国家专精特新"小巨人"企业的奖励,分别提升至不低于20万元和50万元。二是加大绿色智能家电等个人消费支持。在"22条"基础上,对标相关深圳促消费政策,进一步提升个人消费支付额补贴比例和最高补贴金额的标准。对本市消费者购买绿色智能家电等个人消费给予支付额15%,最高2 000元的一次性补贴。

(供稿单位:上海市工商业联合会,主要完成人:施登定、王倩、朱秀慧、芮晔平、朱加乐)

专题五

上海市个体工商户状况及对策研究

一、调研背景

个体工商户一头连着经济发展，一头连着家庭生计。党中央、国务院高度重视个体工商户发展，充分肯定广大个体工商户为经济社会发展做出的贡献。当前，全国和我市的个体工商户发展正站在新的发展起点上，面临着新的机遇和挑战。本项课题研究正是在以下政策背景和经济背景下展开的。

（一）政策背景

2020年7月21日，习近平总书记在企业家座谈会上进一步强调，个体工商户是群众生活最直接的服务者，当前面临的实际困难也最多。要积极帮助个体工商户解决租金、税费、社保、融资等方面难题，提供更直接更有效的政策帮扶。2021年5月26日，李克强总理在主持召开国务院常务会议时强调，量大面广的小微企业和个体工商户是我国经济韧性、就业韧性的重要支撑。党的二十大报告强调，要坚持把发展经济的着力点放在实体经济上。

2021年8月，国务院同意建立由市场监管总局牵头的扶持个体工商户发展部际联席会议制度，要求贯彻落实党中央、国务院一系列决策部署，研究并推进实施扶持个体工商户发展的重大政策措施，统筹协调扶持个体工商户发展工作中的重大事项，研究解决重点难点问题等，标志着国家层面进一步加强对扶持个体工商户发展工作的组织领导和统筹协调，推动个体工商户发展正在形成更具机制性的整体合力。2021年9月29日，扶持个体工商户发展部际联席会议第一次全体会议在北京召开，会议要求各成员单位从政策支持、服务供给、加强监管等方面做好个体工商户帮扶。扶持个体工商户高质量发展，是培育壮大市场主体的题中应有之义。

（二）经济背景

个体经济是指生产资料归个体所有，并且是以个体劳动为基础的小生产经济形式，作为非公有制经济，是社会主义市场经济的重要组成部分。个体经济的主体，主要是指经市场监管部门登记注册的个体工商户，也有大量未经市场监管部门注册登记但自我雇佣、无劳动劳务关系、经营风险自担的个体经营户。2012年以来，个体工商户进入稳定发展期，2012—2021年，年均增速11.8%。近两年，个体工商户增速为10.4%，超出企业4.7

个百分点。2022年1月27日,国务院新闻办举行新闻发布会,据有关发言人介绍,截至2021年底,全国登记在册个体工商户已达1.03亿户,占市场主体总量的三分之二。根据调查显示,个体工商户平均从业人数为2.68人,以此推算,全国个体工商户解决了我国2.76亿人的就业。个体工商户以其独有的韧劲和生命力,在繁荣市场经济、扩大社会就业等方面发挥着重要作用。对于未作登记的个体经营户,其传统的经营渠道依托于实体店铺与流动摊点,由于分散于城乡角落、走街串巷,又使用现金结算,在国民经济中一直缺少有效的度量手段。直至电子支付方式的广泛应用,对未登记个体经营户的相关统计才逐渐成为可能。有研究机构会同互联网支付机构,利用在线支付大数据估算出针对线下个体经营户的全量规模为9776.4万。①

近年来,随着互联网技术的蓬勃发展,数字经济时代的到来,个体经营者也成功地将经营渠道拓展至线上平台,对电子零售、直播带货、知识付费等新经济业态发挥着巨大作用。2020年7月,国家发改委、国家网信办、工业和信息化部、国家市场监管总局等部门联合印发《关于支持新业态新模式健康发展 激活消费市场带动扩大就业的意见》,首次提出"鼓励发展新个体经济,开辟消费和就业新空间",由此,"新个体经济"正式纳入政策支持范围。

本课题重点关注个体工商户的扶持和发展,在提出政策建议时也会在一定程度上关注到大量同样应受关注的未登记个体经营者。

二、本市个体工商户登记现状

(一)个体工商户是从事工商业经营的自然人

《中华人民共和国民法通则》第二章第四节第二十六条规定,"公民在法律允许的范围内,依法经核准登记,从事工商业经营的,为个体工商户"。《中华人民共和国民法典》第二章第四节第五十四条规定"自然人从事工商业经营,经依法登记,为个体工商户"。因此,在民事法律关系领域,自然人登记为个体工商户后,其法律性质并未改变,依然为自然人身份,或者可称为取得了市场主体地位的自然人。实践中,个体工商户在一定程度上被参照为"非法人组织",被赋予更多的公法义务。在管理主体、债务承担、收入性质等方面与自然人存在着显著差异(详见表5-1)。

表5-1 自然人与个体工商户区别

	自然人(个人)	个体工商户
法律属性	自然人	自然人
经营管理主体	个人	个人经营或家庭经营
债务承担	个人承担无限责任	个人经营的,以个人财产承担无限责任 家庭经营的,以家庭财产承担无限责任

① https://idf.pku.edu.cn/bqzt/xw/501534.htm.

续表

	自然人（个人）	个体工商户
收入性质	工资及劳务报酬、稿酬、特许权使用费等所得	经营所得
税收 税目	个人所得税	个人所得税、增值税及附加
税收 计税方式	按月计算征税，适用7级3%~45%超额累进税率	按年计算个人所得税，适用5级5%~35%超额累进税率；增值税小规模纳税人按3%缴纳，附加税为增值税的12%缴纳（月销售额未超过15万元，一并免征）
税收 开票	从事生产经营应办而未办营业执照的，发生纳税义务的，可以按规定申请办理临时税务登记。税务部门代开增值税专用发票，但过程复杂	办理税务登记，自行申领发票并开具，程序简便
建账形式	—	复式账或简易账
社保	按照灵活就业人员缴纳社保，范围仅涵盖医保和养老保险，所有费用本人承担，仅限本地户籍	有雇工的，参照单位规定缴纳城镇职工社会保险，由业主及其帮工共同缴费。无雇工且为本市户籍的，男性未满60周岁、女性未满55周岁，可按灵活就业人员办理就业登记后，缴纳基本养老、医疗保险费

续表

	自然人（个人）	个体工商户
监管	—	《个体工商户条例》《个体工商户建账管理暂行办法》《个体工商户税收定期定额征收管理办法》

（二）与全国相比，本市个体工商户呈现稳中求进特征

1. 市场主体比例明显低于全国水平

2021年底，全国登记在册的个体工商户1.03亿户，占市场主体总量（1.54亿户）的66.88%；上海市登记在册的个体工商户为50.78万户，占市场主体总量（319.54万户）的15.89%（详见图5-1）。

2. 行业分布完全一致

国家市场监管总局2021年度全国问卷调查统计发现，近九成个体工商户集中于服务业，其中排名前三的为：批发零售业（56.2%），住宿餐饮业（13.4%），居民服务业（9.6%）。同样，本市排名前三的为：批发和零售业（69%），住宿餐饮业（16%），居民服务业（11%），其中：住宿餐饮业和居民服务业中，个体工商户（7.7万和5.2万）数量远超企业（4.1万和3.6万）。数据表明，个体工商户在满足人民群众多样化需求方面，提供了有效供给，与不断实现人民对美好生活的向往息息相关。

3. 发展态势趋同

主要表现在两个方面：一是本市净增长

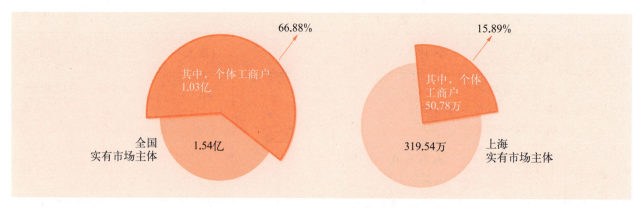

图 5-1 个体工商户占市场主体比例图

绝对比例低于全国,但增长趋势基本吻合(详见图 5-2)。全国平均增长率约 11%,净增长 5 941 万户,2021 年较 2012 年同比增长 146%;本市平均增长率约 4%,净增长 15 万户,较 2012 年底同比增长 42%。二是个体工商户数量占全部市场主体比例下降趋势一致。全国由 74% 下降至 67%,下降 7 个百分点,我市由 26% 下降至 16%,下降 10 个百分点(详见图 5-3、图 5-4)。

(三)与同等城市相比,本市个体工商户发展水平处于中间水平

有研究分析,就北京和上海个体工商户占本地区市场主体比例来看,两城市"在全国排名居倒数第二和第一",最终得出的结论是"广大三四线城市才是个体户驻扎的大本营"。调研组根据第七次全国人口普查结果,选取北京、上海、重庆、天津、深圳等五大城市进行调研。

1. 从十年增长幅度看,北京垫底

除北京以外,均有所增长。其中:增长幅度最大的是天津,2021 年个体工商户总数较 2012 年同期翻了近 3 倍,同比增长 215%,平均增速 14%;深圳和重庆紧跟其后,同比增长 196% 和 111%,平均增速 13% 和 9%;上海相

图 5-2 增长趋势

发 展 环 境

图 5-3 全国个体工商户占市场主体发展态势图

图 5-4 本市个体工商户占市场主体发展态势图

对平缓,同比增长42%,平均增速约4%;北京则呈现负增长,从2012年69万个体工商户到2021年仅存42万,减少39%(详见图5-5)。

2. 从数量绝对净值看,上海处于中间位置

重庆的个体工商户绝对数和占比最高,但密集度低,北京每千人拥有个体户数和个体户密集度都最低,上海在各指标表现中都处在中位(详见表5-2)。

(四)从本市分析,分布结构具有合理性

1. 区域分布

从数量上,浦东、闵行、松江户数居前三,三区总和占全市总数的40%;从占本辖区市场主体比例上,黄浦、静安、普陀占比居前三(详见图5-6)。

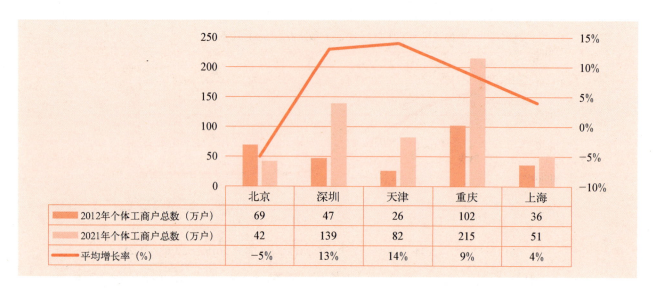

图 5-5　北京、上海、重庆、天津、深圳五大城市 10 年增长趋势图

表 5-2　五大城市个体工商户有关数据对比表（2021 年度）

	上 海	北 京	天 津	重 庆	深 圳
户数（万户）	51	42	82	215	139
占比本地区市场主体（%）	16	19	54	67	37
每千人拥有个体户数（户）	21	19	63	67	103
每平方千米拥有的个体户数（户）	80	26	69	26	696

图 5-6　上海市各区占本辖区市场主体比例统计图

2. 经营者户籍

30%为上海籍贯（参照身份证310开头）（详见表5-3）。

表5-3 个体工商户经营者户籍分布情况表

序号	籍贯	数量（户）	占比
1	上海	153 885	33.4%
2	安徽	96 974	21.0%
3	江苏	63 324	13.7%
4	浙江	38 610	8.4%
5	福建	31 935	6.9%
6	河南	24 017	5.2%
7	江西	23 570	5.1%
8	山东	16 053	3.5%
9	四川	12 414	2.7%

3. 年龄分布

80%集中在31～60岁，其中41～50岁的比例最高（详见表5-4）。

表5-4 个体工商户经营者年龄分布表

序号	年龄段	数量（户）	占比
1	18～30岁	26 752	5.3%
2	31～40岁	125 865	24.8%
3	41～50岁	147 030	28.9%
4	51～60岁	127 745	25.1%
5	60岁以上	80 645	15.9%

综上分析，课题组得出以下初步判断：

就市场主体的数量来看，截至2021年底，全国市场主体共有1.5亿，上海共有市场主体319.54万，占全国的2.14%。与此同时，上海创造了4.32万亿的经济总量，超过全国的4%。以占全国的2.14%市场主体创造出超全国的4%产值，这在一定程度上反映出，上海市场主体的发展和创造的价值具有更高质量，市场主体结构具有科学性合理性。在我国，有公司、非公司企业法人、个人独资企业、农民专业合作社和个体工商户等多种组织形式各异的市场主体类型，提供给创业者根据其实际情况和发展要求自由选择。统计数据表明，身在上海的创业者更青睐以"企业"这一类型的市场主体作为其创业的平台，体现在企业占市场主体总数的80%以上。毕竟，比起个体工商户，企业作为更为组织化的市场主体，治理结构更为现代化、能吸纳更多就业、能吸引更多资金，也能形成更大的规模，因而能产生更大的价值，这在整体上符合来沪创业者的心态和诉求。正是因为企业在市场主体中所占的比例较高，因而有力地推动了上海的市场主体能够创造出更大的经济价值。

另一方面，我们还必须看到，上海现有50.78万户存量个体工商户，在全市2 487.08万常住人口中占2.06%。而从全国来看，1.03亿个体工商户的总户数占14.13亿人口比例为7.34%。当然，在一个城市中，个体工商户在人口中的占比与城市规划、城市定位、百姓需求、城市人文，以及这座城市提供的其他就业岗位是否充分均息息相关。例如，相比于深圳等经济特区，上海市民"宁可打（高端）工、不愿创（艰苦）业"，就业的吸引力远远大于自主创业，反映在数据上必然体现为30%的就业比例和增速趋缓。一些创业年代较早的个体工商户业主（如"小杨生煎"等）较早地完成了从个体户到规模企业的转型升级。也有部分个体工商户出于营销推广、节税安排、内部管理等需要，同时注册了个体工商户和多家企业（如七浦路市场的不少服装商户），在一定程度上也会压低个体工商户在市场主体总数中的占比。

面对这一现实，问题的真正要义在于，对于50.78万选择了"个体工商户"这样一种类型的经营者，政府及其部门应采取什么样的措施为其营造更好的发展环境，助力其发展壮大；对于大量活跃在线上线下但由于种种原因未纳入统计范畴的未登记经营户，包括国家大力推动的"新个体经济"的创业就业人员，又应采行什么样的方案，将他们吸引充实到个体工商户的队伍中来，或建立更为精准的豁免登记制度为其创造更为宽松的创业生态。上述命题的解决，可能会提升个体工商户在整个市场主体中的占比（如吸引办照），也可能会在统计上表现为个体工商户占比的下降（如"个转企"转型升级、豁免登记）。因此，个体工商户总数的提升固然重要，但更为重要的，是要切切实实加强对创业就业者的扶持。只要是能优化营商环境的举措，就都应积极去实施，真正实现为人民谋福祉。

三、本市个体工商户发展遇到的新问题

多年来，上海市市场监管部门采取有效措施，优化营商环境，助推个体工商户发展成效明显，50多万户个体工商户在活跃市场促增长、增加就业保民生等方面发挥了重要作用，解决了本市136万人的就业，涌现出了陈建芳、屠伟伟、陈琳等全国先进个体工商户。据问卷显示，50.2%的个体工商户对自身身份有较高的认同感，认为"自食其力，为国家排忧解难，不添麻烦，非常光荣"。

近年来，受疫情反复、消费低迷等诸多因素叠加影响，广大个体工商户的生存和发展遭遇一系列困难。据问卷显示，57.82%的个体工商户盈亏大致持平，28.92%的个体工商户2021年度亏损，79.12%的个体工商户反映盈利情况不如疫情以前。结合问卷调查以及调研座谈，课题组对个体工商户普遍反映的问题作了全面梳理。归纳起来看，主要集中在以下六个方面。

（一）预期不稳、发展信心不足

不少个体工商户担心疫情持续和外部环境不确定性带来业务量的持续下降。受访者中，有83.94%提出"订单少、客流少、消费不足"，仅有4.02%的个体工商户表示"考虑扩大经营"，而有15.26%的个体工商户表示将"缩减规模"，另有2.01%的个体工商户打算

将"停业不再经营"。

对于预期的判断还体现在资金需求上，49.4%的个体工商户表示"资金足够，不需要资金支持"，这并非表明个体工商户的资金问题并不突出，更重要的原因恐怕是个体工商户对于进一步投入资金扩大生产经营缺乏欲求。

"信心比黄金还重要"。个体工商户的信心不振对于依附其就业的人群也会带来实质性影响。受访者中，尽管缩减规模的个体工商户占15.26%，但48.89%的个体工商户已经减少了雇工人数；表示考虑扩大经营的个体工商户占4.02%，但仅有3.21%的个体工商户表示明年愿意增加雇工。

（二）招工难、用工贵问题凸显

面对人才结构性矛盾突出、岗位与人才供需信息不对称，个体工商户很难招到合适雇工，用工成本在疫情期间也不断上升。受访个体工商户中，有18.07%认为员工缺少技能培训，有38.96%提出"招工难，人员难留"，有28.11%提出"社保费用负担重"。一般来说，个体工商户在社保方面，有雇工的个体工商户参照单位规定缴纳城镇职工社会保险，由个体工商户经营者及其雇工共同缴纳包括本市城镇职工社会保险规定的所有险种（养老保险、医疗保险、失业保险和工伤保险"四险"）。根据2021年度（2021年7月）上海市职工社会保险缴费标准，初步估算，有雇工的个体工商户缴费基数为5 975~31 014元，各类保险合计由雇主缴纳的约占27%，雇工本人缴纳的占10%左右。还有个体工商户提出，"个体工商户无法像企业一样拥有完整、系统的人才培训和人员架构体系，人员流动性较强，一旦遇到春节回乡潮，就会出现人员短缺的现象，一些需要一定技能的行业，比如厨师、糕点师、机电维修等手工技术行业，更可能发生因为没有便捷有效的招工信息来源，容易出现短期内用工困难的问题"。

（三）成本上涨压缩了利润空间

宏观经济形势给个体工商户的生存发展带来了一定的压力。由于疫情反复、供应链中断等情况，导致大宗商品、物流费用、门面铺面租金等持续上升，推高了个体工商户经营成本。

门面铺面方面，个体工商户租赁他人房屋的比例较高，有68.27%的个体工商户提出"房租贵、缺少场地"，部分经营者由于市场搬迁、违章拆除等，导致无经营场地，面临生存困难。有46.18%的个体工商户反映"水、电、气成本高"；有72.69%的个体工商户"表示原材料价格上涨，给经营活动带来压力"。

（四）互联网平台经济的发展对经营形成冲击

总的来看，互联网的发展给包括个体工商户在内的创业者带来了更多的信息流、客户流、资金流，部分较早拥抱互联网的经营者脱颖而出，获得了指数级、跨越式的发展，不少书写了"造富"神话。但是近年来，部分网络平台企业利用资本、数据和技术等优势无序扩张，抬高了收费标准，通过附加不合理交易条件等垄断和不正当竞争,挤压了部分个体工商户的生存空间,造成经营困难。19.68%的受访个体工商户提出"互联网平台企业利用优势排挤打压经营",24.5%的个体工商户反映"平台收费过高"。

(五)资金链紧张问题尚未解决

个体工商户规模体量小、融资渠道和融资能力受限。在面临资金需求时,受访个体工商户中的64.52%是"向亲戚朋友借款",4.84%的个体工商户通过"支付宝、微信等网络方式借款",也有一部分个体工商户通过民间借贷的方式获得融资,通过抵押、担保等方式从银行等金融机构获得贷款的只有9.68%,不足一成。莉莲蛋挞经营者反映开业至今未从银行申请到资金,作为一家颇具规模的店铺尚且不易,其他经营者可能更为艰辛。

即便个体工商户扩张发展的欲望不足,但是资金缺口却真实存在。形成对照的一组数字是,78.71%的个体工商户提出对于下一步发展"维持现状",但是只有49.4%的个体工商户表示"资金足够,不需要资金支持",仍有不少个体工商户存在资金缺口。28.99%的个体工商户提出"缺少抵押物,无法通过银行等金融机构贷款",33.33%的个体工商户反映"贷款利率太高,无法承受",36.23%的个体工商户则认为"不了解贷款政策、申请流程等"。

(六)部分经营者的能力"短板"愈发暴露

从个体工商户的起源来看,很大一部分功能在于吸纳城乡富余劳动力,小本经营成为许多家庭的经济来源。在商业模式迭代更新的大潮下,部分传统的个体工商户在市场竞争中勉为其难,自身能力的短板对其快速发展造成很大影响。"个体"扛不过"团体","单干"干不过"抱团",是市场经济的规律使然。面对新时代新科技以及新消费触发的新销售,个体工商户在市场竞争中逐渐处于下风。

上海处于社会主义市场经济的最前沿,市场经济大浪淘沙,课题组通过对一部分退出市场的个体工商户的情况加以分析发现,对于互联网的陌生、对于消费热点的迟钝,以及市场宣传、物流配送、运营维护等营销技能的缺乏,使其在同业竞争中往往败下阵来。创业的技能固然可以从培训中习得,但更要在市场中摸爬滚打。毕竟进入了市场就远离了温室,不是所有的人都适合创业,这与他选择"个体工商户"或者"个人独资企业""合伙企业"等创业主体类型无关。对于这一部分人群的扶持,或许不是强加以更多的资助,而是更为良善的就业促进政策和社会保障政策,让不适合创业的群众也能实现充分的就业。

四、本市发展个体工商户面临的新情况

近年来,"多点执业""宅经济""兼职就业""副业创业"等多种形式蓬勃发展,激发了

个体工商户新的内生动力。调研发现,各地个体工商户在登记管理方面也出现了一些新情况新动向。

(一)灵活用工平台出现海量个体工商户的新动向

在数字平台灵活用工发展的浪潮下,一些科技型企业研发出功能强大的信息系统,不少灵活就业从业人员按照指引"秒变"为个体工商户。此类企业由于培养出大批个体工商户,被认为对地方经济作出了贡献,受到地方政府欢迎。

事实上,不少灵活就业人员不了解登记成为个体工商户的法律意义和法律后果。这一做法尽管刷出了海量个体工商户,但却是以损害灵活就业人员利益和社会公共利益为代价的。一是试图将劳动关系转变为合作关系,从而牺牲劳动者合法权益。《中华人民共和国劳动法》是以保护劳动者为目的,对劳动者进行政策倾斜。但是当劳动者变为个体工商户后,改变了原来的劳动关系,变成与平台处于同等法律地位,丧失了劳动者的主体资格,劳动者权益难以得到有效保障。这种法律形式上的平等掩盖了实质上的劳动者与雇工的关系,由此产生的个体工商户只能是统计学意义上的,并未真正发挥保就业稳就业作用。二是试图实现税务抵扣和省去劳动者"五险一金"等支出。个体工商户是法律意义上的商主体,是一个自负盈亏的市场主体,这些劳动者在现实中被称为"小老板"。假设"小老板"身份一旦确立,与平台之间就变成平等合作关系,开展的经营活动中产生的成本就可以税务抵扣,"小老板""五险一金"也要自己缴付,如果发生问题,所有的风险也由"小老板"自己承担。海量刷出的个体工商户造出市场繁荣假象,影响当地政府部门在履职监管中作出准确预判,进而做出与事实不符的监管预案。

由苏州劳动法庭终审结的"某用人单位不能以劳动者注册个体工商户为由规避劳动关系案"被评为"2021年度中国社会法十大影响力案例"。该案对外卖骑手"被个体户化"下劳动关系存在与否做出了直接回应,认定平台与骑手之间"存在劳动关系"。本案的判决,对于规范纷繁复杂的互联网平台用工,保护劳动者的合法权益是一个很好的司法指引。如上所述,这也是课题组对此类问题所持有的基本态度。

(二)税收政策误读引发注册个体工商户的新动机

不少个体工商户反映税负较其他市场主体以及自然人个体而言是比较低的。这种观点其实存在误区。实践中,个体工商户通常采用核定征收,征收率一般在5%~10%,普通自然人劳务报酬按20%课税,导致相当一部分个体经营者将个体工商户误读为税收"洼地"。实际上在2018年修订后的《中华人民共和国个人所得税法》中,劳务报酬已被综合所得涵盖,取得收入时缴纳的20%只是预缴,等次年初汇算清缴时按照3%~45%的七级超额累进税率重新计算,多退少补。大多数个体经营者年收入小于20万元,因此他们的实际税负也不会超过10%,与核定征收后的个体工商户无异。

实践中,个体工商户实际承担的税负的确比个人独资企业以及合伙企业更轻,这是基于个体工商户特殊的核定征收征管制度。核定征收主要适用于无法进行查账征收的纳税人实行的一种简易征税方式。依据《中华人民共和国税收征收管理法》《个体工商户建账管理暂行办法》,除核定征收以外,个体工商户依据注册资金或销售规模,设置复式账或简易账。如:从事货物批发或零售的增值税纳税人"月销售额在80 000元以上的"设置复式账、"月销售额在40 000元至80 000元的"设置简易账。因此,个体工商户的注册资金或销售额不足上述数额的,就可以不设置账簿,目前绝大多数个体工商户采用核定征收。因此也被误读为个体工商户一定是核定征收。但要指出的是,由于核定征收在一定程度上会成为避税的通道[1],因此从国家层面来看,在更大范围内取消核定征收可能是大势所趋。国家税务总局已在逐步取消个人独资企业和合伙企业核定征收待遇。在目前"去核定征收"的大趋势下,部分地区对于个体工商户的核定征收也开始缩紧。例如北京市海淀区税务主管部门即发文规定取消除集贸市场以外的所有个体工商户的核定征收待遇。对比已经被逐步取消核定征收待遇的其他市场主体,个体工商户已然成为新的被"追捧"主体类型,违背了扶持个体工商户健康有序发展的初衷。

此外,个体工商户的特殊征管制度还体现在委托代征上。伴随着新经济的发展,许多第三方商务平台充当平台企业中个体工商户的委托代征人,出现了通过虚报、瞒报平台上个体工商户实际收入以"吸引"客户现象,严重侵蚀了国家财政利益。

(三)升级转型的需求提出对政策突破的新挑战

有些个体工商户在多年经营中已经做出了品牌和口碑,出于做大做强或品牌传承需要,希望将个体工商户转型为企业(以下简称"个转企")。我们发现,从国家层面,未发布过"个转企"专门文件,相关条文散见于部分商事组织法中。《个体工商户条例》(现已废止)第二十八条规定"个体工商户申请转变为企业组织形式,符合法定条件的,登记机关和有关行政机关应当为其提供便利",2022年3月1日起实施的《中华人民共和国市场主体登记管理条例实施细则》第三十七条仅明确,"个体工商户申请转变为企业组织形式,应当按照拟变更的企业类型设立条件申请登记"。课题组注意到,许多省市,如浙江、四川、大连、福州等地出台了"个转企"支持政策,均以鼓励倡导为主,部分省市纳入地方政府绩效考核并对转型企业提供财政支持。我们认为,个转企政策的推广需要论证再试点推广。一方面,"个转企"通常采用的是一家注销一

---

[1] 2021年12月20日,浙江省杭州市税务部门依法对黄薇偷逃税案件进行处理。

家新设,从经营期限中并不能直观看出市场主体的传承,登记机关以一纸"个体工商户转型证明"作为证明文件。许多个体工商户发展规模较大,雇工人数较多,出于保留行政许可、维持知名字号、保护商业秘密等原因,宁愿选择以个体工商户经营者身份继续从事经营活动,应该给予充分尊重。另一方面,部分个体工商户从事重资产行业,比如红木家具、钟表等寄售寄卖,从个体工商户转为企业,意味着承担责任从无限变为有限,产生新的监管风险。因此,需要慎重研究、稳妥开展,要明确政策的推出在于促使市场主体做大做强,不能为转而转、一转了之。

此外,部分港澳台个体工商户提出,希望能申请"经营者变更"。究其原因,一是承继的成本远远低于新设,二是原获得市场主体时的条件已经丧失。然而现行法规明确,港澳居民个体工商户的组成形式仅限于个人经营,并未开放家庭经营,也就意味着其与传统个体工商户存在着区别。《中华人民共和国市场主体登记管理条例实施细则》第三十八条明确"个体工商户变更经营者,应当在办理注销登记后,由新的经营者重新申请办理登记"。此款适用于所有个体工商户。同时,港澳居民在设立个体工商户时,除特许经营外无须经过外资审批,如开放转让,势必造成外资审批漏洞,因此,港澳台个体工商户经营者转让,需在后续工作中持续探索。2022年11月,《促进个体工商户发展条例》正式施行,允许个体工商户经营者直接办理变更,通过立法方式为个体工商户变更的突破提供了法律保障,自此,申请人可自主选择"一注销一设立"或者直接变更方式实现经营者变更。变更方式的突破涉及到一系列法律关系的改变,对于政府部门而言,也意味着新的挑战,无论从登记流程、债权债务权利划转、转让双方及第三人的权利保障,税务事项清结等层面,都需要为个体工商户群体量身定做新的制度框架,引导和帮助个体工商户详细了解相关法律法规内容,审慎做出选择。

(四)部分企业内部"划小承包"将个体工商户类型作为改革新载体

基于央企改革大背景,某些央企采用"划小承包"模式进行用工和绩效机制改革。即,将经营核算单元划小为最小单元,并鼓励自有员工下沉到一线进行承包经营,类似"农村联产承包责任制"。分外部承包模式和内部两种承包模式:外部承包模式是指非企业自有用工,通过创立社会公司或注册个体工商户等形式,与企业签订承包经营协议承包企业经营单元;内部承包模式是指企业自有用工,以个人或团队名义承包企业经营单元,其劳动关系保持不变。"划小承包"改革中的"小CEO"们还是保留着与原公司的进出通道,并且将此经历作为晋升的条件之一。相比而言,非正式员工注册为个体工商户后,成为原公司的合作伙伴,劳动关系受到冲击,可能会带来一场全新的用工关系讨论。因此,对于此类批量产生的个体工商户,需要平衡保护员工利益与激发参与竞争的"事业心",

使增量更符合经济社会客观规律。

（五）政府部门出台的监管新规实行无差别管理，加重成为新负担

2021年1月26日，上海市出台了《上海市户外招牌设置管理办法》，同时还配套出台了《上海市户外招牌设置技术规范（2021版）》。《管理办法》规定："户外招牌设置应当符合国家和本市有关法律、法规、规章、标准以及技术规范的要求。"同时《技术规范》对户外招牌的设置位置、规格、数量，内容规范，以及设计、制作、施工安装、维护保养、安全检测等要求做出了明确规定。在更加注重规范、安全的同时，也有部分个体工商户反映，店牌店招规范呈现出千城一面、千店一面的趋势，同一化、同质化、无差别化，既不美观又缺乏个性，导致部分个体工商户失去商业经营特色，降低了视觉可识别性，增加了获客难度。

2019年7月1日《上海市生活垃圾管理条例》实施，7月6日，上海出台了《上海市单位生活垃圾处理费征收管理办法》，第三条规定："凡在本市产生生活垃圾的国家机关、企事业单位、社会团体、个体经营者等，均应当缴纳单位生活垃圾处理费。"该条是对于征收对象的规定，将国家机关、企事业单位、社会团体、个体经营者等均纳入《管理办法》的调整范围。《管理办法》所规定的"单位生活垃圾处理费"事实上主要由两部分构成，一部分为垃圾清运费用，另一部分为垃圾处理费用。调研发现，在餐厨垃圾清运方面，部分轻餐饮商户如咖啡馆等产生的餐厨垃圾较少且易于分类，同时经营者往往能够自觉配合政府进行干湿分离，自行投送。但按照《管理办法》并未对"单位生活垃圾处理费"中的清运费用和处理费用未做区分处理，而是笼统地规定上述轻餐饮商户的餐厨垃圾也应当由政府部门统一清运，计量收费，增加了经营者负担。

五、新形势下扶持个体工商户发展的机遇和挑战

（一）发展个体工商户迎来契合社会发展的新机遇

作为激活社会主义市场经济的"一池春水"，个体工商户是市场经济运行的微观基础和国民经济发展的毛细血管，在繁荣经济、稳定就业、促进创新、方便群众生活等方面发挥了重要作用，扶持个体工商户发展意义重大。随着经济社会的发展，个体工商户在经济生活中的重要性也被愈发关注，个体工商户的发展契合了社会经济发展需求，迎来了发展新机遇。

1. 践行人民城市理念，解决民生之本

个体工商户在创造"宜业"的良好环境中发挥了重要作用。就业是民生之本。个体工商户的存在和发展创造了大量就业岗位，包括以个体工商户身份开展经营活动实现自我创业，以学徒、帮工等雇工身份实现就业。上文数据显示，个体工商户的发展减轻了失业导致的社会压力和救济成本，是扎实做好"六

稳"工作、全面落实"六保"任务的重要载体。因此,扶持个体工商户发展,是紧扣以人为本的时代要求,是解决民生之本的重要一环,也是党和政府全心全意为人民服务的真实写照,个体工商户群体将成为凝心聚力的新力量。

2. 培育发展市场主体,助推创业创新

个体工商户具有单体规模小但群体规模大的特征,是最小的创业单元。不少创业者是通过个体工商户孕育发展而来,可以说是创业就业的摇篮和襁褓,扶持这个特殊市场主体从渡过难关稳起来,到充满活力向前走,政策红利释放效应更显著。个体工商户又具有单体经营内容小但产业链中配套作用大的特点,是服务城市创新的"螺丝钉"。最新发布的《全球科技创新中心评估报告2021》中,上海排名第九,500多家外资研发机构落户上海,成为上海科创中心建设的重要力量。上海建设具有全球影响力的科技中心需要"大航母",也需要"小帆船",个体工商户是服务企业创新的神经末梢。2021年12月22日,上海市委举行经济工作会议强调,要担当作为最大限度释放市场主体活力,只争朝夕加快构筑高质量发展新优势。因此,在当前大力发展国内国际双循环的新形势下,个体工商户以其"小而全"的禀赋优势,成为经济领域的"亿万雄师",个体工商户将迎来推动经济发展的新契机。

3. 服务居民日常生活,彰显城市温度

2021年6月22日,中共上海市委第十一届第十一次全体会议审议通过了《中共上海市委关于厚植城市精神彰显城市品格全面提升上海城市软实力的意见》,提出了要"保护传承'最上海'的城市文脉"。要"全力打造善治城市典范","把服务管理的触角延伸到城市的每一个角落,努力打造精细极致、富有温度的超大城市管理精细化样本"。在上海,有老克勒酒家、小宁波旗袍店、阿娘黄鱼面,有走街串巷回收旧家电、通管道的,有弄堂口修补皮鞋、配钥匙的,也有全球最多的咖啡馆。这些遍布在城市大街小巷的小店摊位基本上都是个体经营者。个体工商户满足了城乡居民日常生活的最基本需要,维系着最基础的生活秩序;营造了城市烟火气息,也描绘着城市的温暖底色。许多个体工商户已经经营到第三、第四代,不仅传承着传统手工艺,而且传承着上海城市独有的文化记忆,是发扬上海城市精神和彰显城市品格的重要载体。在物质丰富的同时,全社会越来越关注精神文化生活的丰富,作为"海派文化"的见证者与传播者,个体工商户将体现更多城市更新的新价值。

(二)发展个体工商户面临多元价值平衡的新挑战

扶持个体工商户发展,既要立足个体工商户,也要通盘考量各类市场主体;既要立足当下个体工商户的纾困,也要着眼长效机制的建立完善。必须把握社会发展规律,坚持社会功能视角,更多的要从老百姓从事经营活动为社会创造的价值、解决的就业、增添的

活力等社会功能的视角,来看待扶持个体工商户发展工作。具体来看,做好扶持个体工商户工作面临以下三个挑战。

1. 个体和企业的平衡,防止"比例越高越好"的误区

与全国层面上的相关数据比较,上海个体工商户在总量、比例(占常住人口比、占市场主体比)、密度等方面的指标均不突出。课题组认为,发展壮大个体工商户,扩充总量是重要前提和应有之义。与此同时,也要防止陷入"个体工商户占市场主体总数比例越高越好"的误区。

前文已经分析,目前上海市个体工商户占市场主体总量的比例与上海经济社会的发展阶段、发展特点是相适应的。若要使个体工商户的比例提升,在算术上就要做到个体工商户在市场主体中的增速大于企业的增速。这一点,无论是从上海的城市功能和发展要求来看,还是从各区各部门发展经济的实际工作来看,恐怕都不是最佳选择。

2. 数量和质量的平衡,防止"数量越多越好"的误区

《国务院办公厅关于支持多渠道灵活就业的意见》和《上海市关于支持多渠道灵活就业的实施意见》均明确,"在政府指定的场所和时间内销售农副产品、日常生活用品,或者个人利用自己的技能从事依法无须取得许可的便民劳务活动,无须办理营业执照"。深圳通过地方立法开始实施个体工商户自愿登记制度,明确"自然人从事依法无须经有关部门批准的经营活动的,可以不办理个体工商户商事登记,直接办理税务登记"。这表明,有关扶持政策不能仅为个体工商户数量增加的形式目的服务,更要注重发展质量以及与其他社会发展需求的协调。扶持个体工商户的发展,不是简单的数量增加,更要注重发展质量。

3. 设立和注销的平衡,防止"退出越少越好"的误区

市场主体进得来、退得出、活得好才能进一步激发内生动力。增加个体工商户的总量,就意味着设立登记数必须大于注销登记数。新增个体工商户的来源总体上有两个方面:一是通过制度创新、放松管制,吸纳更多的经营者登记为个体工商户;二是制造政策洼地,营造虚假的市场活力。比如"个人独资企业向个体工商户反向转型"的"制度套利"现象、"合伙企业向个体工商户拆分"的"逆向选择"趋势、"灵活就业人员'被'个体户化"的"法律规避"情形。显然,第二种方案本质上是内卷的过程,甚至扭曲了客观规律,有伤市场活力。

个体工商户数量减少主要也有两个渠道:一是歇业或注销,二是实现"个转企"。一方面,要采取措施给广大个体工商户创造更好的发展环境,使其持续经营,减少歇业注销的数量。另一方面,对于"个转企",要防止人为设置门槛。"个转企",在报表上将体现为个体工商户注销数的增加、比例的降低,但只

要有利于经营者发展,就要创造条件,采取措施,加快"转企"、培育"转企",助力其转型升级。这就好比,要提高"获得高中文凭者"的比例,是应该把初中生培养为高中生,而不是让本应该到大学深造的学生停留在高中阶段。在政府层面,一直存在着"唯数据论"的顽瘴痼疾,片面追求市场主体设立越多越好、退出越少越好的虚假繁荣,忽视经济发展客观规律,在扶持个体工商户发展工作中应尽可能避免。

六、扶持个体工商户发展的主要原则

课题组认为,本市扶持个体工商户发展,是贯彻实施国家大政方针的必然要求,是落实"六稳""六保"任务的重要抓手,是保障民生、促进社会和谐的积极举措,在实际工作中建议把握以下原则。

(一)齐抓共管、综合扶持

做好个体工商户帮扶工作是一项复杂的系统工程,必须加强组织领导、形成齐抓共管、综合扶持的工作合力。一要做好组织统筹,强化部门间沟通和协作。相关单位要及时通报有关情况,共同研究重点难点问题,提出对策建议,推动出台符合本市个体工商户需要的政策措施,防止政策放空;要共同做好督促指导和政策宣传引导工作,把政策红利送到广大个体工商户手上。各部门要各司其职,市场监管部门要在登记注册、信用监管、公平竞争等方面做好扶持;税务部门要依法制定有针对性的税收政策措施,加强对个体工商户的纳税服务力度;人社部门要在技能培训、社会保障、就业促进等层面进一步落实政策举措,其他有关单位也要按照职责分工、深入调研,捏指成拳,形成齐抓共管新局面。二要充分发挥全社会力量进行扶持。发动街镇村社摸排辖区内个体工商户的实际困难,解决生活上的后顾之忧;鼓励爱心企业对个体工商户进行行业帮扶、商务合作;各大媒体加强对于个体工商户的宣传,树立个体工商户职业正面形象。

(二)制度先行、依法扶持

法治是最好的营商环境。要把法治化作为扶持发展的重要方式,发挥法治稳预期、固根本、利长远的重要作用,探索在浦东新区通过地方立法,把行之有效的扶持政策固化、上升为法规规章,来稳定预期,提振信心。做好两个结合:一要把政府帮扶和市场化发展结合起来。政府层面既要帮扶特定个体工商户、又要营造普适化的创业环境,清理不合法不合理的各类收费,降低制度性交易成本。同时要尊重市场发展规律、价值规律等市场经济法则,用发展的理性替代感情的评判,不宜以主体数字多寡论英雄。比如,一家企业综合超市的开张,可能造成周边数家个体工商户食品店、衣帽店、生活用品店的关门,表面看是"一升多降",但这是市场活力的体现和业态升级的必然,政府应当平等扶持,理智对待经济资源按照竞争的法则重组,真正推动生产力的发展。二要处理好阶段性帮扶和长效性机制的关系。疫情发生以来，国家出台了一系列政策，帮助个体工商户复产复工、渡过难关，包括房租、税费、融资等多方面，一些政策具有短期应激性、临时性的特点。要对前期政策综合评估施策效果，形成长效性的体制机制安排，让更多的"暂免"转化为"永免"，"局部"扩展为"普遍"，"一事一议"升级为"精准普惠"。

（三）统筹兼顾、精准扶持

要努力追求政策普惠性和精准性的统一，从"人找政策"转变为"政策找人"。一要统筹在册个体工商户扶持和潜在个体工商户帮扶。在扶持领取营业执照的个体工商户时，也要关注到大量尚未取得营业执照的个体经营者。要"以小窥大"，进一步考虑如何通过简政放权、放管结合、优化服务，破除制约生产力发展和就业创业的不合理束缚，以主动服务的精神激发市场活力。二要统筹生存型个体工商户和发展型个体工商户帮扶。生存型个体工商户往往只能自我雇佣、自己生存、自谋出路，他们是自食其力的自由职业者。发展型个体工商户往往具有创造就业机会的功能。因此，要精准施策，对艰难生存的个体工商户实施更加包容的监管政策，协调民政、社保等部门将其纳入社会帮扶的总盘子；对谋求更大发展的个体工商户，关注其用工、房屋等负担，服务其融资、展业、自主品牌打造等方面的需求，为社会创造更多的就业岗位和经济效益。

七、本市扶持个体工商户发展对策建议

党的二十大报告指出："要坚持把发展经济的着力点放在实体经济上"。个体工商户是实体经济的重要组成部分，必须采取更多举措，全力促进个体工商户健康有序发展壮大。

（一）建立部门协同，形成扶持合力

扶持个体工商户发展，覆盖人员广、涉及领域多、资源需求高，绝非一日之力、一日之功，需要多措并举、多方合力，有必要建立充分契合上海城市市情、具备上海特色的扶持个体工商户发展的部门协调机制，以加强工作协同，统筹完成各项政策的制定和落实工作，完善个体工商户的服务体系，群策群力突破解决限制个体工商户发展的堵点难点问题，构建更普惠、更易得、更可及、更持续的长效扶持制度。

课题组建议，持续发挥本市扶持个体工商户发展联席会议作用。根据本市部门职能对应原则，在市市场监管局、市发展改革委、市经济信息化委、市司法局、市财政局、市人力资源和社会保障局、市住房和城乡建设管理委、市交通委、市商务委、人民银行上海总部、市税务局、上海银保监局等12个部门的基本框架下，关注我市个体工商户经营者中退役军人、残障人士等特殊群体，秉承精准施策、一个不落原则，严格落实《中华人民共和

国残疾人保障法》《中华人民共和国退役军人保障法》等法律,将市残联、市退役军人局等单位纳入联席会议成员单位,以强化特殊群体帮扶。今后,在联席会议制度运行过程中,可视情邀请其他相关部门、专家等参加,形成动态循环模式,更加充分发挥联席会议作用。

(二)聚焦准入准营,探索制度创新

个体工商户因规模小、技术含量低,极易受外部经济环境影响,目前在多种因素作用下,广大商户的经营受到了较大的冲击,政府部门有必要在原有政策上延伸做细,推动个体工商户活起来,大起来,强起来。

1. 经营场所

课题组建议,聚焦便利群众生活,探索准入住所制度创新。围绕发展壮大市场主体,针对市场搬迁、违章拆除导致场地缺失、房屋租赁成本较高等问题,梳理出一批如修配钥匙、家电维修、缝纫织补、理发修鞋等,与百姓生活紧密相关、但是对场地要求不高、经营时间灵活的行业,充分挖掘各区、各街道(乡镇)场地资源,为个体工商户提供租金低廉的经营场所。可以是社区活动室,也可以是党群工作联系点,为个体工商户提供集中登记点,为他们办理"集体户口",既便利了千家万户,又解决了个体工商户的经营场所困难,让他们有遮风避雨的一席之地维持生计。同时,有条件的,探索进一步减少个体户住所证明材料,建立个体工商户"地址库",实行经营场所承诺制,最大程度免除个体工商户经营者提交材料和证明责任。

2. 经营范围

课题组建议,梳理提请国家层面破解准营制度壁垒。《个体工商户条例》第四条规定"申请办理个体工商户登记,申请登记的经营范围不属于法律、行政法规禁止进入的行业的,登记机关应当依法予以登记"。现实中还存在大量不允许个体工商户进入的行业和领域,据不完全统计,约有 400 多项。依据《旅行社条例》第六条规定,"申请经营国内旅游业务和入境旅游业务的,应当取得企业法人资格"。因此,建议进一步深化"证照分离"改革理念,梳理修订相关法律法规,按照分类推动、分层推进,除个别特定行业和事项以外,进一步放宽行业准营领域,探索在运输业、服务业等行业,凡不"直接涉及国家安全、公共安全、经济宏观调控、生态环境保护以及直接关系人身健康、生命财产安全"的,开展创新试点,破解准入不准营难题。进一步增强个体工商户的职业自豪感和社会认同度。

(三)税收灵活征管,切实减轻税负

个体工商户的特殊征管制度主要体现在核定征收与委托代征上。为此,提出以下两点建议。

1. 核定征收

课题组建议,适当放宽建账标准扩大核定征收范围。部分地区缩紧核定征收的规定,严格个体工商户会计建账要求,有悖于发展壮大市场主体的总体性要求。因此在下一阶段的改革实践中,应当进一步遵循《个体工商户建账管理暂行办法》中有关个体工商户建账标准,探索通过"浦东立法"等先行先试的特殊立法权限,细化放宽建账标准,使更多个体工商户能享受到核定征收带来的税收福利。

2. 委托代征

课题组建议,服务与监管并举发挥代征制度优势。委托代征制度本身而言,是一项便民举措,但在新经济背景下出现了异化。据此,一方面进一步扩大代征主体范围,可以赋予基层居民自治组织、行业协会等主体以一定的代征权限,在更大程度上提升个体工商户的办税便利化水平。另一方面要进一步强化监管。在完善网络交易的税务登记前提下,以"互联网+税务"行动计划全面展开和"金税四期"升级为契机,建设"税收大数据平台",以税收大数据为核心能力建设逐步实现由"以票控税""信息管税"到"数据管税"的转变,以适应互联网交易、数字经济时代的税收管理的客观要求。

此外,严格落实《财政部 税务总局关于实施小微企业和个体工商户所得税优惠政策的公告》(2021 年第 12 号)及《关于延续实施制造业中小企业延缓缴纳部分税费有关事项的公告》(2022 年 2 号),做好征收优惠和相关退税工作。

(四)降低运营成本,提高保障水平

个体工商户的"小微"属性意味着其对于运营成本非常敏感,成本的增加往往成为压死骆驼的最后一根稻草。基于前期调研提出如下建议。

1. 店招管理

课题组建议,鼓励倡导体现城市人文景观。坚持安全性原则和特色多样性原则并重。在注重招牌规范设置的同时,要鼓励个体工商户设置多样化、精致化、特色化招牌,体现所在街区及建筑的历史、文化及景观特色,凸显魔都气韵。

2. 垃圾处理

课题组建议,细化实施细则分类施策。一是准确界定轻餐饮行业个体工商户。餐厨垃圾自行清运并免除清运费用的轻餐饮行业,目前应当仅限于《餐饮服务许可管理办法》中规定的饮品店,在试点可行后,再将范围逐步扩大至其他具有餐厨垃圾量少简单特征的行业。二是细化自行清运标准,对符合条件的个体工商户免除清运费用。个体工商户通过自行递送等手段将垃圾运送至垃圾站,由政府部门统一归集,完成最终处理。享受免除的个体工商户仍需缴纳餐厨垃圾处理费。三是取消过高自行清运垃圾条件。在自行清运条件中,设置有"自有收运车辆"要求,对仅从事咖啡、奶茶等单一经营的个体工商户而言要求过高,建议取消这方面要求。同时针对以上举措制订相关监管措施。

3. 就业保障

课题组建议,鼓励各区街镇出台差异化帮扶举措。给予个体工商户稳岗就业补贴,因地制宜增加经营场所资源供给,为个体工商户提供租金低廉的经营场所,继续推动个体工商户以及灵活就业人员参加社保,稳妥

有序地逐步放开一部分非上海户籍个体工商户参保，发挥商业医疗和养老等保险的补充保障作用，提高个体工商户的保障水平，提振个体工商户创业就业的信心。

（五）优化政务服务，推动转型升级

课题组建议，完善创业辅导和社会保障服务。一是鼓励就业服务机构、创业孵化机构为个体工商户提供更多的创业培训、创业服务和就业服务，缓解个体工商户招工难问题，同时为个体工商户构建渠道信息，提供线上的职业培训、就业供需对接等专题服务，帮助个体工商户提升素质和抗风险能力。二是加强线上服务力度，在更大范围、更宽领域、更深层次持续推进政务服务数字化转型，全面拓展线上服务场景，充分依托电子签名、电子营业执照等数字技术改革成果，进一步研发"个体云""个体码"等创新应用，不单要"网上办"，更要能"掌上办"，为个体工商户提供多维度、个性化、精准式的便利化政务服务。三是充分发挥小微企业名录（上海）专栏的作用，构建针对个体工商户和各类小微企业的统一化利民惠企政策信息归集和发布平台，为个体工商户提供"一站式"的政策、信息、咨询、补贴、融资、导航等专业信息服务。

（六）深化轻责免罚，包容审慎监管

课题组建议，宽严相济优化监管模式。一是在免罚清单2.0版本的基础上加以深化。对于个体工商户在从事不涉及社会公共安全、人民群众生命健康安全的事项上的初次或者轻微违法违规行为，只要明确为非主观故意、可立即改正、没有造成严重后果的，主要采用说服教育、劝导示范、行政指导等非强制性手段处理，免于行政处罚。二是深化"双随机"监管方式。充分发挥市区两级监管联席会议的作用，进一步优化部门联合抽查组织实施机制，在不断提升工作统一性的同时，更多关注行业差异和条线特点，因地制宜开展联合抽查，科学确定抽查事项，顺应大数据监管、智慧监管要求，继续试点探索"云监码"制度。处理好随机抽查与精准监管、服务型监管的关系，进一步提升部门联合抽查的针对性、有效性，实现"进一次门、查多项事"，最大限度地减少对个体工商户经营的影响，做到"有求必应、无事不扰"。三是建立更有温度的监管方式。以设置合理"观察期"、提供必要"过渡期"、采取预警提示等措施，同时加强优化免罚后行政指导，促进个体工商户依法依规开展生产经营活动。四是发挥民营经济协会等行业协会的作用，发布相关领域合规经营指引，引导个体工商户行业自律，维护个体工商户的合法权益。

（七）加强金融扶持，保护市场活力

课题组建议，政策工具与金融科技共同发力，提高金融服务水平。一是提供更加精准的金融扶持政策。对信用良好、基本面较好的个体工商户可采取方式降低融资成本，并对其开辟贷款"绿色通道"以简化审批程序。同时，要合理拓展个体工商户服务边界，将注册时间短、没有注册但长期从事相关领域经营的客户,纳入金融服务视野。二是推进金融创新,精准滴灌个体工商户。鼓励各类金融机构创新金融工具与金融产品,在传统的贷款、再贷款的基础上,利用贷款期限等各方面条件,创新金融工具,开发适合个体工商户特点和需求的信贷产品,还可针对个体工商户经营及现金回流的特征深化还款方式创新。三是探索线上服务模式,充分利用大数据技术。鼓励金融机构借助金融科技力量将移动互联网技术同个体工商户金融业务相结合,为个体工商户提供高效、便捷、个性化的金融服务。如可以将互联网、大数据和信贷业务有效结合,通过大数据分析,让缺少抵质押担保而难以获得融资的个体工商户更易获得金融支持。四是优化激励政策,营造良好融资环境。包括完善银行业金融机构支持经济发展考核办法、加强对个体工商户贷款风险补偿、建立个体工商户融资信息共享平台、加大银政企合作力度等,通过金融政策保障,实现融资"量增、面扩、价降"。五是建立健全个体工商户金融知识培训机制,帮助个体工商户普及金融知识,增强金融风险意识,增进银企互信。

(供稿单位:上海市市场监管局,主要完成人:上海市市场监管局登记注册处课题组)

专题六

关于促进五个新城民营经济健康发展的调研报告

党的二十大报告指出,"优化民营企业发展环境,依法保护民营企业产权和企业家权益,促进民营经济发展壮大"。市十二次党代会报告指出,"坚持'两个毫不动摇'……推动民营经济创新升级,引导中小企业向'专精特新'方向发展,弘扬企业家精神,激发各类市场主体活力"。为进一步落实中央和市委市政府关于促进民营经济健康发展的精神,更好发挥工商联组织作用,有力推动上海民营经济发展与"新城发力"战略有机衔接,优化民营企业发展环境,促进民营经济发展壮大,推动构建民营经济发展新局面,市工商联组织课题组赴五个新城开展民营经济发展状况的调查研究,现将调研情况汇报如下。

一、五个新城民营经济发展总体特征

课题组通过调研座谈和专业数据库的挖掘,结合空间可视化研究方法,对五个新城的民营企业进行了量化分析。具体来看,总体呈现以下四个特征。

第一,企业数量众多。五个新城民营企业数量较多,总数达到54.9万家,但新城之间的民营企业数量差距较为明显,嘉定新城、青浦新城、松江新城、奉贤新城及南汇新城民营企业数量分别为12.2万家、6.9万家、8.6万家、22.8万家、4.2万家。五个新城民营企业数量占其所在区民营企业数量的比重也存在显著差距,其中南汇新城占所在临港新片区比重最大,达87.99%,青浦新城民营企业数量占全区民营企业的比重最小,为36.41%(见表6-1)。

表6-1 五个新城民营企业总量情况表

新 城	民营企业数量(家)	占全区民营企业比重(%)
嘉定新城	122 405	47.23
青浦新城	69 327	36.41
松江新城	86 485	38.74
奉贤新城	228 457	41.10
南汇新城	42 600	87.99

注:新城空间范围数据依据公开资料划定所得,企业数据来源为天眼查(根据企业注册地址获取),南汇新城数据为占临港新片区比重。

二是区域贡献显著。民营企业对五个新城的发展建设均做出了较大贡献。从税收来看,2021年,嘉定新城民营企业税收贡献为近350亿元,青浦新城民营企业税收贡献超过300亿元。从规模看,如果按照5 000万元的注册资本标准,规模民营企业在新城民营企业中的占比在1%～4%,其中南汇新城规模民营企业占比重最大,为3.69%;奉贤新城规模民营企业占比重最小,为1.37%。如果按照1 000万元注册资本标准,则规模民营企业在新城民营企业中的占比在9%～17%;按照500万元注册资本标准,则规模民营企业在新城民营企业中的占比在20%～37%之间(见表6-2)。总的来看,南汇新城民营企业规模相对较大,在五个新城中的规模以上民营企业占比显著高于其他新城。

表6-2 五个新城规模民营企业总量情况表

新 城	5 000万及以上注册资本(家)	占新城民营企业比重(%)	1 000万及以上注册资本(家)	占新城民营企业比重(%)	500万及以上注册资本(家)	占新城民营企业比重(%)
嘉定新城	2 430	1.98%	12 521	10.22%	25 669	20.97%
青浦新城	1 581	2.28%	7 525	10.85%	13 786	19.89%
松江新城	1 422	1.64%	7 844	9.03%	—	—
奉贤新城	3 144	1.37%	21 335	9.38%	52 793	23.11%
南汇新城	1 573	3.69%	6 837	16.04%	15 524	36.44%

三是企业类型丰富。五个新城民营企业均涉及除采矿业以外的所有行业,在行业分布上呈现以批发和零售业为主、租赁和商务服务业、科学研究与技术服务业为辅的特征,占比分别在40%左右、20%左右和15%左右。同时,建筑业、信息传输与软件和信息技术服务业、制造业的民营企业也占一定比重(见图6-1)。

四是空间分布集聚。运用ArcGIS核密度分析对五个新城民营企业在地理空间上的集聚情况进行分析,发现五个新城民营企业在空间分布上均呈现出明显聚集特征(如图6-2所示,颜色越深、代表企业分布数量越多、空间集聚越明显)。具体而言,嘉定新城民企主要分布在其中部、东部地区,青浦新城民营企业主要分布在其南部地区,松江新城民营企业主要分布在其中部、东部大范围集聚,奉贤新城民营企业主要分布在其中部、西部集聚均较为明显,南汇新城民营企业空间分布集聚程度相对较低且仅在南部及北部存在小范围的空间集聚。

二、五个新城民营经济发展面临难题

课题组通过调研座谈与企业访谈发现,

发展环境

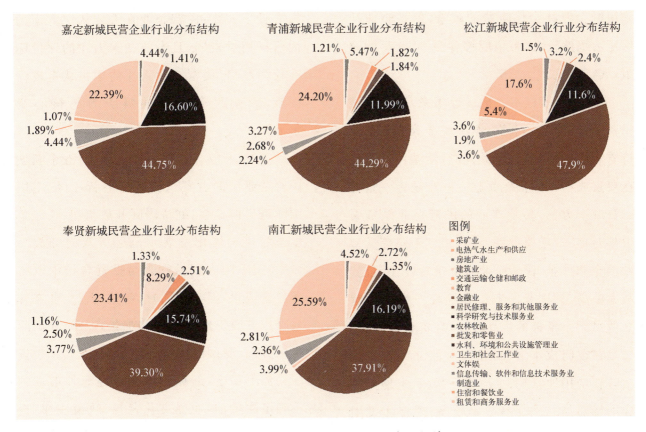

图 6-1　五个新城民营企业行业分布结构情况

五个新城民营企业对于新城建设的成效普遍感受度较高,对于未来发展预期整体较为乐观,但是也都不同程度面临一些共性难题。总的来说,规模以上民营企业发展面临的问题相对较少,中小微民营企业发展面临的问题更多、更为集中,特别是受疫情的影响较大。总结下来,五个新城民营企业在发展中面临的共性难题主要在以下三个方面。

第一,公平竞争方面。近年来,五个新城的营商环境不断优化,民营企业的公平竞争环境有显著的提升,但与此同时,新城民营企业在公平竞争方面仍然面临一些难题。一是在市场准入方面,民营企业或多或少面临着隐形壁垒,相较于同等类型的国企和外企,民营企业在项目招投标、项目引进中还存在一些困难。二是在投资采购方面,民营企业还没有参与新城建设的顺畅渠道,有的中小微企业还难以进入政府采购名单。同时,有民营企业反映,在与市外的央企国企采购中,还存在一定程度的拖欠款现象。三是在政策惠及方面,新城针对民营企业特别是中小微企业的专项支持政策较少,疫情期间的纾困政策还没有完全实现"免申即享",对老旧园区、传统领域的民企相对忽视,特别是民营产业园区虽同样作为企业,但是受到的关注度不高,还存在政策门槛高、限制条件多的情况。同时,尽管全市出台了对困难行业阶段性实施缓缴企业社会保险费的政策,但是企业社保压力仍然较大,希望能够参照2020年的政策,实行减免。

第二,要素成本方面。近年来,五个新城民营企业的规模、利润、缴纳税金等方面都保持着较快的增速,但与此同时,新城民营企业在要素成本方面仍然面临一些难题。一是在融资成本方面,传统产业的民营企业融资渠道相对单一、融资条件严格,相较于同等类型的国企和外企,民营企业融资难度较大、贷款利率偏高,特别是服务类和轻资产类的民营企业可用于抵押的物品较少,融资更加困难。二是在空间成本方面,相当一部分民营企业反映新增用地紧缺、土地指标紧张,土地交易成本特别是二次交易成本较高,现有建设用地改扩建成本也较高,可租用的标准化厂房资源不足,土地混合利用难以落地,导致一些民营企业难以及时扩产,甚至不得不将新增产能向长三角转移。三是在用人成本方面,大多数民营企业都面临着"招才""留才""用才"难题,相对于上海毗邻地区而言,五个新城的房价、房租、生活压力相对较大,特别是人才公寓、蓝领公寓供给不足,加上研发型、综合管理型人才缺乏,民营企业在普通劳动力和技能型人才的引进方面都存在较大困难;五个新城对学历相对不高的实用型人才和特殊技能人才有较大需求,而针对这类人才的落户指标紧张,加上新城的公共服务和文化娱乐配套较少,针对居转户还存在2~3倍社保基数的要求,导致民营企业难以留住核心骨干人才;民营企业在人才认定方面的话语权相对较弱,且专业技术人才的评价标准较为严格,民营企业人才的职称认定较为困难,影响民营企业的吸引力与核心竞争力。

第三,开放合作方面。近年来,五个新城民营企业借助自贸试验区临港新片区、中国国际进口博览会、虹桥国际开放枢纽、长三角生态绿色一体化发展示范区等双向开放平台,在国际国内贸易往来与投资合作中取得了显著成果,但与此同时,新城民营企业在开放合作方面仍然面临一些难题。一是在国际市场方面,受国际形势变动影响,尤其是投资国局势不稳定,新城民营企业在海外市场的不确定性增加,而受文化背景、政策法律、投融资途径等方面的差异,拓展其他市场的难度较大;同时,由于出口型企业带来的地方税收较少,难以受到更多的重视。二是在国内市场方面,区域市场壁垒依旧存在,地方贸易保护主义现象时有发生,跨区域合作和贸易存在"堵点",特别是在疫情期间,不少民营企业的供应链出现中断。三是在平台开放方面,新城民营企业还较少参与重大科技创新平台建设,也较少利用国家重大科研基础设施和大型科研仪器;虽然民营企业普遍认为数字化转型是必然方向,但是如何推进、何时推进、转型预期等方面认识比较模糊,加上数字化平台的成本较高,制约了企业的转型意愿。

三、五个新城民营经济发展的经验借鉴

温州、台州、泉州、常州、广州、佛山、青岛、成都等民营经济发达城市,除了出台了面上的惠企助期政策之外,还特地针对民营企业健康发展制定了专项政策,可以作为五个新城发展民营经济的借鉴参考。

第一,着力解决民营企业融资难题。通过一系列支持政策,缓解民营企业融资难题。一是提升民营企业融资便利化水平。比如,成都市创新中小企业政府采购信用融资,支持中小企业仅凭政府采购合同,即可向合作银行申请无抵押、无担保、低利息的信用融资;温州市将企业存货、机器设备、无形资产、拆迁指标等近30种不属于传统抵(质)担保物范畴的资产以受托方式盘活为可贷资产,实行"整园授信、入园即贷"。二是降低民营企业融资成本。比如,泉州市在全国首创"无间贷"产品,创新小微企业无还本续贷还款方式;台州市探索发放亿元"抵息券",帮助受疫情影响较大的小微企业减负增效、稳企稳岗。三是积极防范化解涉企金融风险。比如,温州市会同企业共同开发"金融大脑"平台,综合各部门归集的20余类数据、超150类标签,通过数据深度挖掘技术对辖区内企业进行信用及风险穿透识别,给出企业信用和风险程度的量化提示;常州市出台了《民营企业融资会诊帮扶机制实施意见》,按照"一企一策",为民营企业开出金融诊治"处方"。

第二,鼓励引导民营企业转型升级。通过一系列激励措施,支持民营经济改革创新。一是加强民营企业创新能力建设。比如,常州市委市政府主要领导带领企业家代表团广泛对接国内外著名高校院所,支持民营企业建设高质量高标准新型研发机构,开创了"经科教联动、产学研结合、校所企共赢"的"常州模式";台州市在长三角建立了11个"科创飞地",促进跨区域协同创新。二是支持民营企业自主评价高层次和高技能人才。比如,泉州市支持符合条件的民营企业凭能力、质量、实绩、贡献自主评价人才,同等享受相关人才政策待遇;成都市明确民营企业可根据企业人才战略和自身经营情况,在5%～12%的区间范围内,自主确定各类职工差异化的住房公积金单位配缴比例。三是支持民营企业"走出去"。比如,台州市在海外设立商务代表处,成立"境外投资服务联盟",对符合条件的海外并购企业,给予贷款贴息、投保保费、资金奖励等支持;佛山市出台了《进出口公平贸易专项资金管理办法》,优先对参与行业损害抗辩的企业给予扶持。

第三,持续强化民营企业制度保障。通过一系列制度设计,保障民营经济的平稳健康发展。一是出台支持民营企业发展的地方性立法。比如,青岛市作为全国民营经济示范城市首批创建城市,出台了《民营和中小企业发展促进办法》,将民营企业与中小企业发展统筹促进;温州市开展了《温州市创建"两

个健康"先行区促进条例》立法工作,是全国首部以"两个健康"为主题的促进型地方立法。二是建立包容审慎监管机制。比如,温州市、泉州市、台州市、江阴市等都制定了专门的政策,推行涉民营企业的柔性执法,对轻微违规"首次不罚";成都市、温州市开展民营企业历史遗留问题清理化解专项行动,建立常态化"理旧账"工作机制。三是促进民营经济人士健康成长。比如,青岛市委市政府每年召开全市企业家大会或企业家座谈会,并确定11月1日为"青岛企业家日";温州市通过人大立法将每年11月1日设为"民营企业家节",连续举办了"两个健康"论坛、世界温州人大会、温商大会等系列活动。

第四,积极探索民营企业管理创新。通过一系列创新举措,为民营企业发展"松绑"。一是创建国家民营经济改革创新试验区。比如,广州市出台了《广州民营科技园改革创新行动方案》,围绕建设"国家民营经济改革创新试验区"总体定位量身定制了10条政策,着力打造全国民营经济发展体制机制最优、营商环境最好、企业活力最强的区域之一。二是划定"有限度自由经营区"。比如,温州市对在指定时间和指定范围内开展的利用个人(或家庭)技能谋生的传统手工艺等8大类行业经营活动试行有限度自由经营,最大限度下放登记许可权限;台州市对政府划定的临时经营场所内的特定行业个体经营者进行豁免登记,对销售农副产品、日常生活用品或者利用自身技能从事依法无须取得许可的便民劳务活动的个体经营者等依法予以豁免登记。三是设立支持民营经济发展的专责政府机构。比如,青岛市在全国率先成立民营经济发展局(加挂中小企业局牌子),作为市政府组成部门,统筹负责全市民营经济和中小企业的发展政策实施、综合协调和服务指导。

四、对民营企业积极发挥功能作用的意见建议

随着"新城发力"战略的不断深化,民营经济应当坚持以功能塑造导向,紧紧围绕"四个一"建设,在推动新城集聚企业总部、研发创新、要素平台、公共服务等功能方面,体现上海民企力量,展现上海民企贡献。

第一,紧紧围绕"一城一名园",积极塑造研发创新功能。一是民营企业要积极推进科技创新,不断加强基础研究和科技创新,积极参与关键核心技术研发和重大科技项目攻关,更多参与创新基地平台和新型研发机构建设,打造更高水平的创新研发团队。二是民营企业要积极实施转型创新,聚焦城市数字化转型、碳达峰碳中和、"四个论英雄"等重点方向,加快推进企业转型和技术创新,争创"专精特新"企业和行业"隐形冠军"。三是民营企业要积极探索制度创新,坚持需求导向、问题导向、效果导向,积极开展实践探索,努力推动制度创新导向与具体操作路径相贯通,特别是要积极参与国有企业混合所有制

改革，通过多种方式参与国有企业重大投资项目、成果转化项目和资产整合项目，更好激发市场主体活力。

第二，紧紧围绕"一城一中心"，积极塑造企业总部功能。一是民营企业要积极推动升级总部，加快在五个新城集聚业务、拓展功能，特别是新经济头部企业要加快升级成为企业总部或第二总部，建立和完善民营总部培育梯队，共同将五个新城打造成为长三角民营企业总部集聚区。二是民营企业要积极发展专业服务，积极在五个新城设立服务长三角、辐射全国、面向"一带一路"的资财中心、销售中心、采购中心、研发中心、供应链管理中心、共享服务中心等专业服务机构，更多投身生产性服务业和服务型制造。三是民营企业要积极引进专业机构，充分发挥民营龙头企业和秘书长单位的引领作用，引导更多的行业商协会及相关国际性组织落户五个新城，拓展对外交往渠道、完善跨域合作机制；同时积极参与涉企政策的研究制定，提升惠企政策精准度。

第三，紧紧围绕"一城一枢纽"，积极塑造要素平台功能。一是民营企业要积极对接重大功能平台，更加深度借助和融入自贸试验区、进口博览会、张江科学城、科技创新板、期货交易所等功能平台，积极探索离岸贸易等新型国际贸易方式。二是民营企业要积极参与要素交易，积极探索土地指标、劳动力市场、金融资本、科技创新成果、数据等要素交易的现实场景，特别是结合"东数西算"探索数据和算力交易路径，创新发展数据要素交易的关联产业。三是民营企业要积极参与平台建设，因地制宜在五个新城做大做强钢铁大宗商品交易、二手车交易、"6＋365"常年展示交易、美妆交易、跨境交易等功能；积极参与城际高速铁路和城市轨道交通、新能源汽车充电桩、大数据中心、工业互联网等新型基础设施建设，为长三角提供服务；同时要积极参与城市更新和园区二次开发，拓展空能承载空间。

第四，紧紧围绕"一城一意象"，积极塑造公共服务功能。一是民营企业要积极拓展市场多元服务，通过公建民营、政府购买服务、政府和社会资本合作等方式参与公共服务供给，更好满足多层次消费需求；特别是要充分运用市场化手段，进一步提升新城在文化活动、体育赛事、旅游节庆、养老服务等方面的持续供给能力和水平。二是民营企业要积极做好创新创业服务，准确把握行业发展趋势和市场需求，建设面向各类企业的技术研发服务平台、行业检验检测平台和孵化器、加速器，为各类创新企业提供肥沃的生长土壤。三是民营企业要积极提升人才配套服务，与政府共同做好人才服务员，特别是针对人才最为关心的居住问题，实体型企业要主动建设职工宿舍，服务型企业要积极筹措、改建和运营多元化的人才公寓，更好满足新城人才从"一张床""一间房"到"一套房"的不同层次需求。

五、服务五个新城民营经济高质量发展的意见建议

根据调研掌握的情况,结合兄弟地区的经验做法,课题组建议下阶段重点抓好五个方面。

第一,进一步坚定民营企业在新城的发展信心。一是进一步坚定投资信心,鼓励新城设立开发者联盟,积极吸纳民营企业加入,定期发布投资机会清单,特别是在城市更新、基础设施建设等领域,探索按照"揭榜挂帅,立军令状"的公开征集方式组织实施一批重大投资工程,积极采取PPP等模式开展合作,引导民营企业深度融入新城重大战略,由"新城发力"的观察者、见证者转变为参与者、推动者。二是进一步坚定转型信心,支持新城的民营企业以数字化转型为方向,围绕五个新城重点产业导向,主动加大研发投入、实施转型升级。加快落实《上海市推进高端制造业发展的若干措施》,以成长券形式支持中小微民营企业采购数字化管理、技术创新、法律咨询、检验检测等服务,以智评券形式支持中小微民营企业购买智能工厂诊断咨询、数字化改造解决方案、两化融合贯标诊断等服务,以算力券形式支持中小微民营企业采购人工智能算力服务。研究创新设立面向民营企业的"研发险""转型险"或风险补偿基金,努力降低企业对于转型创新风险的后顾之忧。特别是要加大政策引导力度,积极鼓励新城的企业将生产基地就地转型升级为生产＋管理总部、将技术中心就地转型升级为研发中心。三是进一步坚定扎根信心,研究设立全市统一的"民营企业家日",营造尊重企业家、支持企业家、爱护企业家的浓厚氛围,增强民营企业的根植性。五个新城要定期组织与民营企业的交流活动,鼓励与民营企业家交朋友,为民营企业反映问题、解决问题扩大渠道,也为政府推动政策落地、帮助企业解决难题提供通道。同时,要建立健全民营企业参与涉企政策制定的工作机制和程序性规范,邀请民营企业家代表参与新城重大决策,对民营企业高度关注的相关规定或限制性措施调整设置合理过渡期。

第二,进一步营造民营企业在新城的公平环境。一是进一步营造公平的准入环境,全面落实放宽民营企业市场准入的政策措施,持续跟踪、定期评估市场准入有关政策落实情况,全面排查、系统清理各种各样的"卷帘门""玻璃门""旋转门",按照"非禁即入""非限即入"的原则,让民营企业平等参与市场竞争。对具备相应资质条件的企业,不得设置与业务能力无关的企业规模门槛和明显超过招标项目要求的业绩门槛等。二是进一步营造公平的市场环境,加大政府采购支持中小微民营企业的力度,落实促进中小微企业发展的政府采购政策,根据项目特点、专业类型和专业领域合理划分采购包,积极扩大联合体投标和大企业分包,降低中小微民营企业参与门槛。鼓励各类产业引导基金,特

别是政府性产业引导基金加大对新城民营企业的支持力度。三是进一步营造公平的政策环境,研究制订面向民营企业的专项纾困政策,降低政策门槛,提升民营企业获得感。优化上海企业服务云和企业专属网页,聚焦惠企政策、普惠金融、综合纳税、专项资金、用工就业、服务贸易等高频领域,实现服务事项点单式申请、非接触式办理,促进民营企业信息精准匹配。加快实施面向民营企业的惠企政策统一申报、受理、反馈,逐步实现"一口发布、一口受理、一口咨询"服务,更好实现服务资金补贴税收等政策"免申即享""精准兑现"。对确需民营企业提出申请的惠企政策,合理设置并公开申请条件,简化申报手续,加快实现一次申报、全程网办、快速兑现,确保新城民营企业平等便捷享受支持政策。

第三,进一步强化民营企业在新城的要素保障。一是进一步强化资金保障,引导新城的商业银行增加对民营企业信贷投放,提高政府性融资担保机构对中小微企业的支持力度。结合城市数字化转型,推动政府部门、公用事业单位、大型互联网平台向征信机构和信用评级机构开放新城民营企业信用信息,鼓励金融机构利用大数据等技术手段开发针对民营企业的免抵押免担保信用贷款产品。探索将民营企业的用能权、碳排放权、排污权、合同能源管理未来收益权、特许经营收费权等纳入融资质押担保范围,逐步扩大知识产权等无形资产质押物范围。二是进一步强化空间保障,加快新城的城市更新步伐,增加土地容积率,研究容积率平移、土地混合利用模式,综合运用弹性出让、先租后让等多种方式增加土地供应,探索新城农村集体经营性建设用地入市,实施新增工业工地"标准化"出让,更好满足民营企业扩张需求。鼓励新城筹措更多的标准厂房和定制厂房,完善中长期租赁和先租后售等机制,更好满足民营企业多元需求,支持民营企业将更多资本投入研发与生产。三是进一步强化人才保障,研究制订面向新城的"沪 C 户籍",扩大特殊人才落户指标规模,促进民营企业的紧缺技能人才、岗位核心骨干直接落户,简化人才认定流程。落实以能力、实绩和贡献为主要依据的民营企业人才自主评价方式,建立"人才自主认定权"正面清单,进一步研究下放人才认定配额。健全涵盖购房补贴、生活和租房补贴、公租房、保障性住房、共有产权房与人才公寓在内的住房保障体系,完善青年人才、技能人才子女就学服务,鼓励新城企业与本地高校加强校企合作培养人才。鼓励新城双创空间配置共享睡眠舱、24 小时健身房、公共淋浴间、"付费自习室"等公共空间,为初创期的民营企业提供具有趣味性、个性化和放松感的办公环境。

第四,进一步扩大民营企业在新城的双向开放。一是进一步扩大对外开放,健全促进对外投资的政策和服务体系,搭建支持民营企业开展第三方市场合作的机构,拓展民营企业"走出去"发展空间。鼓励新城民营企业深入对接临港新片区、进口博览会等开放载体,积极对标 TPP、CPTPP、RCEP 等高标准国际经贸规则,大力支持开展新型国际贸易,更多走向"一带一路",形成更高水平的对外开放格局。充分发挥上海市外商投资协会的联络作用,鼓励行业组织协助企业开拓国际市场,支持民营企业平等参与海外项目投标。二是进一步扩大对内开放,充分发挥面向长三角的独立综合性节点城市作用,支持新城民营企业依托"一城一名园""一城一中心""一城一枢纽",更深程度参与长三角一体化国家战略,更好在长三角完善供应链、寻找替代链、拓展柔性链、提升创新链,形成更优的产业生态,不断降低企业综合成本和增强竞争力,从而推进全国统一大市场建设。协同开展"一照多址"改革,对于新城企业在长三角地区遇到的地方保护和区域壁垒,所在新城要积极协调。三是进一步扩大平台开放,推动国家重大科研基础设施和大型科研仪器进一步向新城民营企业开放,鼓励新城民营企业和社会力量参与高等级创新平台建设,加快推进对民营企业的国家企业技术中心认定工作,支持民营企业承担重大科技战略任务。打通跨行业、跨地区、跨层级的算力资源,建设公共算力资源平台,加强算力科学调度,通过算力奖励、补贴与价格优惠等方式,为数字经济发展提供公共算力支持,保障民营中小微企业获得普惠的公共算力。鼓励新城民营企业对接上海数交所等平台,根据需要开展数据交易。

第五,进一步探索在新城建立民营经济改革创新试验区。一是进一步探索体制改革,研究设立民营经济管理服务的实体机构,全面加强对民营经济中小企业发展工作的统筹领导,支持五个新城积极争创全国民营经济示范城市。特别是要主动顺应五型经济发展趋势,研究制定更加精准的支持政策和更加包容的监管政策,促进新城民营企业涌现出更多的新技术、新业态、新模式,打造"最适宜民营新经济发展的城市"。二是进一步探索机制改革,按照"应放尽放"要求和上级有关法律法规、政策文件规定,同步对接临港新片区、一体化示范区、G60科创走廊等审批权限,积极争取承接更多的行政审批权限下放,提升行政审批效率,力争全面实现"新城事、新城办"。积极复制浦东引领区政策,在新城特定区域开展公司型创业投资企业所得税优惠政策试点,在试点期内,对符合条件的公司型创业投资企业按照企业年末个人股东持股比例免征企业所得税,鼓励长期投资。鼓励新城民营企业以未分配利润等形式转增注册资本,扩大在新城的投资规模。鼓励新城民营企业通过出资入股、收购股权、认购可转债、股权置换等形式参与国有企业改制重组、合资经营和混合所有制改革,除了国家明确规定应当由国有资本控股的领域除外,允许民营资本控股,促进行业上下游和企业内部生产要素有效整合。三是进一步探索集成改革,积极争取在新城集成推进十八届三中全会以来的改革举措,实施"培优育强""招引提质"专项行动,内部挖潜与外部招引并举,重点围绕加速集聚企业总部、研发创新、要素平台、公共服务等功能,鼓励引导民营企业大胆创新、放心创业、放手创造,提升民营经济产业能级、推动民营企业自主创新、促进民营经济集聚发展、引导民营企业制度创新、完善多元投资支持政策、扩大民营经济双向开放,加速培育壮大一批核心技术能力突出、集成创新能力强的创新型领军民营企业。特别是要丰富"四个论英雄"评价机制内涵,制定差别化的评价体系,给予初创期、种子期的民营企业以更多的成长空间,进一步提升新城的民营经济培育功能,引领民营经济实现新一轮更高水平的大发展。

(供稿单位:上海市工商业联合会,主要完成人:施登定、王倩、陆畅、夏骥、刘昕、兰红梅、张杨)

专题七

"发挥民营企业作用 打造浦东社会主义现代化建设引领区"研究报告

浦东作为国家战略承载区,在新发展阶段承担着新的历史使命。习近平总书记在浦东开发开放30周年庆祝大会上提出,支持浦东勇于挑最重的担子、啃最硬的骨头,努力成为更高水平改革开放的开路先锋、全面建设社会主义现代化国家的排头兵、彰显"四个自信"的实践范例。浦东将全力做强创新引擎,深入推进高水平制度型开放,为更好利用国内国际两个市场、两种资源提供重要通道,打造国内大循环的中心节点和国内国际双循环的战略链接。突出全球资源配置、科技创新策源、高端产业引领和开放枢纽门户四大功能。

党中央和国务院在《关于支持浦东新区高水平改革开放打造社会主义现代化建设引领区的意见》中,对浦东引领区的战略定位包括:更高水平改革开放的开路先锋、自主创新发展的时代标杆、全球资源配置的功能高地、扩大国内需求的典范引领、现代城市治理的示范样板。为了贯彻落实党中央和国务院的意见,扎实推进社会主义现代化建设引领区的建设(以下简称"引领区建设"),浦东新区推出了六大行动计划,其中包括大企业开放创新中心计划和产业数字化跃升计划。前者要求发挥大企业的内部创新资源和全球创新网络优势,集聚、培育、孵化创新链上的中小科技企业,开展协同创新;后者利用现代信息技术对制造业和服务业进行全方位、全角度、全链条的改造,推动企业加快数字化、智能化转型。

民营经济在上海经济社会发展进程中具有举足轻重的作用,已成为经济持续健康发展的重要力量、技术创新的重要主体、市场活力的重要体现。浦东引领区要实现高质量发展、高标准改革、高水平开放、高品质生活、高效能治理,民营经济是引领区建设能够倚重的战略力量和有力支撑,必将能够有效地参与大企业开放创新中心计划和产业数字化跃升计划,在发挥创新资源和网络优势,推动企业加快数字化、智能化转型等方面发挥重要作用。

基于民营经济和民营企业对浦东引领区建设的重要意义,课题组在准确把握"浦东社会主义现代化建设引领区"的内涵、定位、功能基础上,结合疫情防控与提振经济的背景,以民营经济为切入点,探索将引领区建设的创新理念转化为发展实践的可行路径。课题通过专业的社会调查,深入研究上海民营企业的特征和比较优势,对标引领区建设任务探寻民营企业积极作为的空间和方式;同时了解民营企业对引领区建设的认知、发展的堵点痛点、政策需求等,为市区两级政府深化改革、精准施策提供依据,推动浦东加快制度创新、功能培育。

一、调查介绍与研究方法

(一)问卷调查

样本数量:在市区两级工商联的协助下,课题组开展了"上海民营企业参与浦东引领区建设情况"的线上调查,采用结构化问卷的形式,从经营地在浦东新区、虹口区、闵行区的民营企业中系统收集数据,由企业家/负责人或中高层管理者填报问卷,最终回收有效问卷207份,其中浦东新区121家,虹口区36家,闵行区24家,其余填答的企业分布于其他区县(见表7-1)。

表7-1 受访企业的区县分布表

所在区县	频 数	比例(%)
浦东新区	121	58.5
虹口区	36	17.4
闵行区	24	11.6
徐汇区	4	1.9
静安区	3	1.4

续 表

所在区县	频 数	比例(%)
长宁区	3	1.4
杨浦区	3	1.4
奉贤区	3	1.4
松江区	2	1.0
黄浦区	2	1.0
普陀区	2	1.0
嘉定区	1	0.5
青浦区	1	0.5
宝山区	1	0.5
崇明区	1	0.5
合计	207	100

规模分布:受访企业的规模分布比较均衡,雇工20人或以下的小微型企业占比22.2%,与此同时,人数在300~1000人和1000人以上大型和超大型企业分别占比13.5%和11.6%(见表7-2)。

表7-2 受访企业的规模分布表

企业规模	频 数	比例(%)
20人以下	46	22.2
20~100人	61	29.5
101~300人	48	23.2
301~1000人	28	13.5
1000人以上	24	11.6
合计	207	100

行业分布：调查询问了受访企业主营业务所涉行业，对这些行业进行分类整理可以看到，被访企业的行业集中在制造业、租赁和商业服务业、批发和零售业；以房地产业和金融业为主营业务的，占比在5%左右。也有近20%的受访企业认为自身主营业务难以归入统计局所提供的任一行业分类，属于"其他"，因此无法排除有我们感兴趣的企业行业信息被隐匿在这一选项之中（见图7-1）。

为了解民营企业涉足战略性新兴行业的情况，调查询问受访企业的业务是否涉及到生物医药、人工智能、文化创意、节能环保、数字信息、高端装备制造、智能网联/新能源企业、新材料、集成电路等产业。调查发现，共有88家企业表示，其经营业务涉及以上产业中的一项或几项，占比42.5%（见图7-2）。

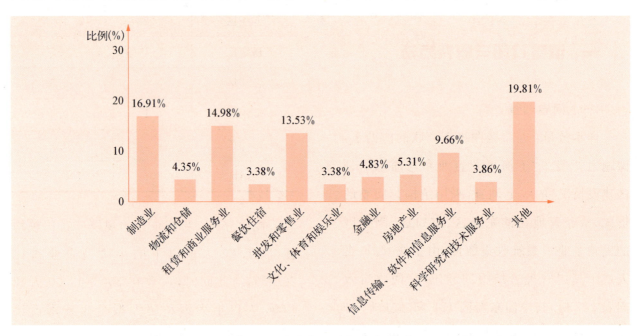

图7-1 被访企业的行业分布图

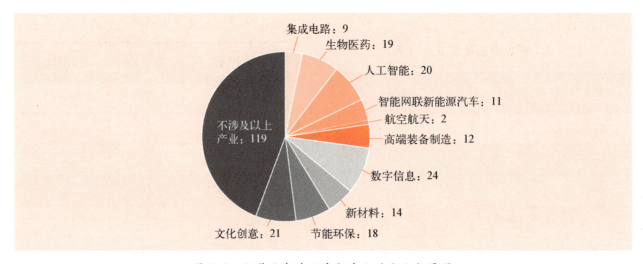

图7-2 经营业务涉及战新产业的企业数量图

调查还发现，有三成的受访企业表示，本企业在高新技术企业、科技型中小企业、专精特新"小巨人"企业中拥有一项或几项资质。其中，分别有24.2%和8.2%的受访企业表示，本企业是国家级或上海市高新技术企业。在88家涉足战略性新兴产业的企业中，有54.6%表示本企业有一项或几项资质，其中43.2%表示自己是上海市高新技术企业，23.9%是专精特新"小巨人"企业，22.7%是科技型中小企业，17.1%是国家级高新技术企业。

表7-3 有各类资质的企业分布表

企业规模	频 数	比例（%）
国家级高新技术企业	17	8.2
上海市高新技术企业	50	24.2
科技型中小企业	23	11.1
专精特新"小巨人"企业	27	13
没有以上资质	144	69.6

（二）焦点访谈与其他资料分析

课题组通过查阅年鉴，获取浦东民营企业现状宏观数据。通过近年来公布的《上海市统计年鉴2021》《上海浦东新区统计年鉴2021》《上海市浦东新区第四次经济普查主要数据公报》等来源，课题获取了描述浦东民营企业现状和特征、把握民营经济运行的宏观数据。

课题组运用了焦点小组访谈、个案深访、对相关部门和企业进行调研。参加自由贸易试验区临港新片区管理委员会组织的企业家座谈，对浦东新区工商联进行调研。在全市范围内，课题组根据规模、行业等特征，采取"划类选典"的方法，挑选了部分具有代表性的民营企业，围绕浦东引领区建设的相关议题，对了解企业经营状况的负责人进行了访谈。

二、民营企业参与引领区建设的总体情况

（一）民营企业在数量上已构成引领区的市场主体

根据《上海市浦东新区第四次经济普查主要数据公报》，2018年末浦东新区私营企业[①]共计6.07万个，占全部注册企业法人单位的75.5%；浦东新区工商联提供的数据显示，2020年底浦东新区私营企业占比已经超过八成，全区私营企业达到了23.42万户，注册资金4.48万亿元；2020年浦东新区共新设私营企业2.67万户，占到新设企业总量的92.09%（见表7-4）。

私营企业在企业法人单位数量上位居首位，对吸纳就业的贡献最大。根据《上海市浦

[①] 民营企业与私营企业提法经常交替使用，但二者有所区别，"私营企业"指由自然人投资设立或由自然人控股，以雇佣劳动为基础的营利性经济组织。包括按照《公司法》《合伙企业法》《私营企业暂行条例》规定登记注册的私营有限责任公司、私营股份有限公司、私营合伙企业和私营独资企业。"民营企业"是指在中国境内除国有企业、国有资产控股企业和外商投资企业以外的所有企业。

表7-4　2018年末浦东新区各类型注册企业法人单位数量表

	企业法人单位（万人）	比重（%）
总计	8.04	100.0
内资企业	7.44	92.4
国有企业	0.02	0.2
集体企业	0.06	0.8
股份合作企业	0.01	0.1
联营企业	-	-
有限责任公司	1.19	14.8
股份有限公司	0.08	0.9
私营企业	6.07	75.5
其他企业	-	-
港、澳、台商投资企业	0.22	2.7
外商投资企业	0.39	4.8

东新区第四次经济普查主要数据公报》，私营企业在建筑业、住宿和餐饮业、信息传输、软件和信息技术服务业、租赁和商务服务业、科学研究和技术服务业、居民服务、修理和其他服务业企业数量和吸纳就业的人数最多，明显超过国有企业、集体企业、股份合作企业、联营企业、有限责任公司、股份有限公司。如表7-5所示，私营企业的企业法人单位数量和吸纳就业人数远超国有企业（不包括国有控股的股份合作企业）。

（二）引领区吸引力日渐增强，外区民营企业有迁入意愿

调查显示，浦东本地企业拓展业务的意愿相对强烈，外区民营企业有一定的意愿将部分业务转移到浦东。41%的浦东受访企业考虑本地拓展部分业务，31%考虑拓展所有业务板块，合计达到72%，既体现了积极的企业发展意愿，也反映出企业对浦东未来的信心。外区企业中则有大约30%考虑将部分业务转移到浦东（见图7-3、图7-4、图7-5、图7-6）。

表7-5　2018年私营企业与国有企业在部分行业的分布情况表

行　业	企业法人单位（个）		从业人员（万人）	
	私营企业	国有企业	私营企业	国有企业
建筑业	2 601	3	22.36	0.01
住宿和餐饮业	3 531	12	5.07	0.01
信息传输、软件和信息技术服务业	3 799	3	5.42	0.02
租赁和商务服务业	11 696	17	16.23	0.14
科学研究和技术服务业	3 802	16	4.75	0.06
居民服务、修理和其他服务业	2 791	7	2.69	0.03

资料来源：《上海市浦东新区第四次经济普查主要数据公报》，本表中的"国有企业"不包括国有控股的股份合作制企业。

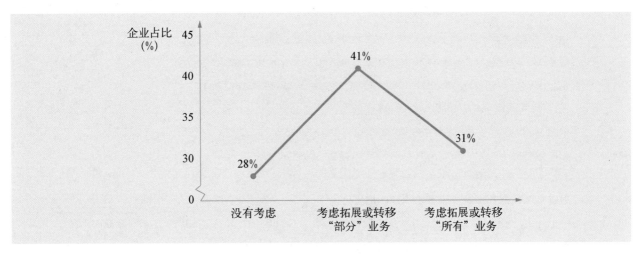

图 7-3 被访浦东企业拓展业务的意愿

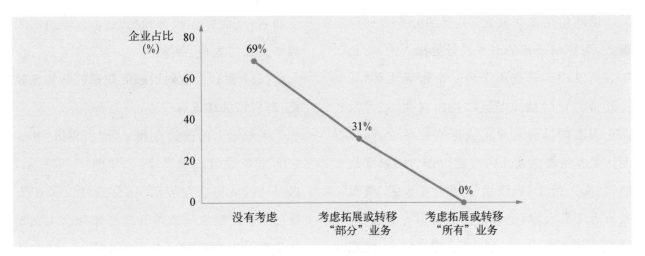

图 7-4 被访虹口企业转移业务到浦东的意愿

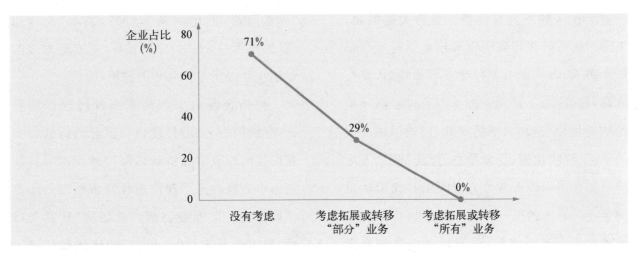

图 7-5 被访闵行企业转移业务到浦东的意愿

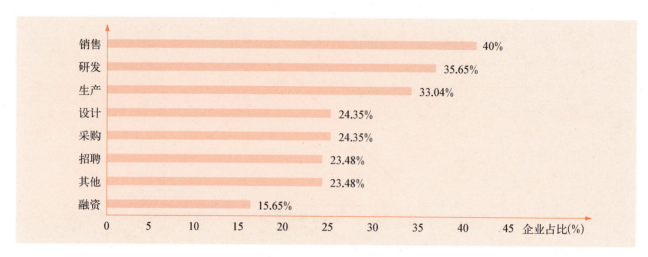

图 7-6　拓展或转移到浦东的具体业务

课题组访谈了嘉定、奉贤部分企业的负责人,对影响迁移的因素进行更深入的调研。课题组发现民营企业作为一个市场主体,业务迁移的背后是成本与收益的权衡,是涉及多个因素的综合考量。依据推拉理论,浦东新区尤其是临港新片区的建设作为国家级战略,制度先行先试、政策扶持力度最强、资源投入力度最大,对企业构成了吸引力。但是,优惠政策并非阳光普照,也有筛选标准;浦东的用人成本、土地与用房成本相对其他四个新城所在区并不具有优势。更为关键的是,上海市内各区在招商引资和招才引智上存在竞争关系,各区既有差异化发展的规划,又在战略新兴产业上趋同。都努力通过营商环境的不断优化、治理水平的提升、用地用房成本的降低、税收优惠、贷款贴息、搬迁补贴、人才落户和住房保障等各种方式吸引并挽留优质的企业。嘉定的安亭与浦东的金桥都形成了成熟的汽车产业集群,课题组对安亭的汽车零配件企业访谈发现,它们不会将业务迁移至浦东,反而将生产环节外迁至土地和用工成本更低的太仓、常熟。

（三）民营企业对引领区政策的认知度较高,对引领区建设有信心

半数以上的被访企业了解"引领区"和浦东的惠企政策。如图 7-7 和图 7-8 所示,11.1% 的被访企业表示"非常清楚"《关于支持浦东新区高水平改革开放打造社会主义现代化建设引领区的意见》的内容,表示"大体知道"的比例是 48.31%。对浦东惠企政策"非常清楚"的比例是 7.25%,表示"大体知道"的比例是 52.2%。两道题,都有近六成的受访企业表示是知晓相关政策的。

被访企业对实现浦东引领区建设的目标,充满信心。针对"建设与国际通行规则相互衔接的开放型经济新体制""建设国际科技创新中心核心区""建设现代城市治理的示范样板""建设世界级创新产业集群"这四个目标,被访企业表示"有信心"的比例都超过了 80%,在"建设全球资源配置的功能高地""建

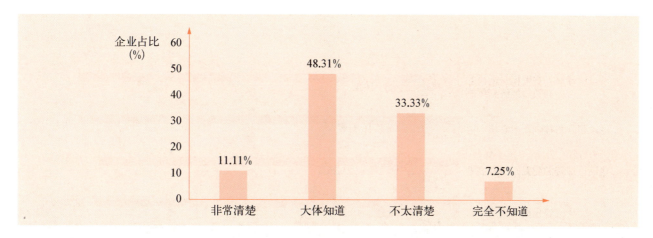

图 7-7 是否知道 2021 年中共中央国务院发布的《意见》的有关内容

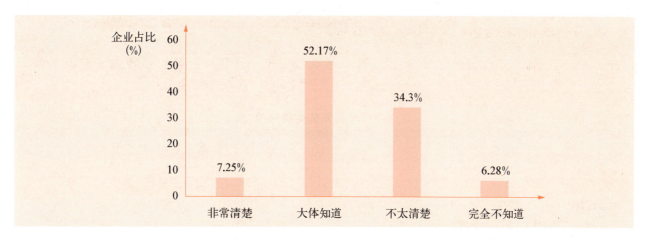

图 7-8 是否了解浦东的惠企政策

设国际消费中心"这两个方面,表示"有信心"的比例稍低一点,但也达到了 77.8% 和 78.74%。

(四)民营企业对引领区的优势有高度共识

受访企业表示,浦东最大的优势是人才集聚、政府优惠政策、开放程度、产业链和配套、政府治理水平。这些优势可以概括为两个方面:一是浦东在空间上形成了产业的集群以及与之匹配的人才社群,这是难以复制的优势并将产生源源不断的磁吸效应;二是浦东展现了一个"有为政府"为推动地方经济发展实施的有效治理。通过图 7-10、表 7-6、图 7-11 的营商环境评价,可以清楚地看到涉及政务环境、法治环境的"政府官员勤政、积极服务企业""行政审批流程简化、高效""网上办事的便利程度""国际贸易通关便利程度""市场监管部门公正执法""司法机关公正执法""知识产权(商标、专有技术等)保护"等方面,得分都在 4 分以上,说明被访企业家对浦东的政府治理是满意的。

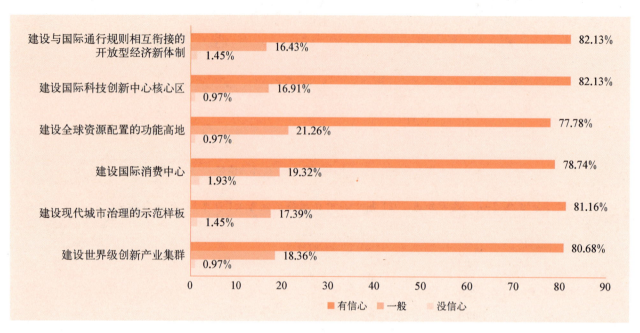

图 7-9 对引领区建设的信心

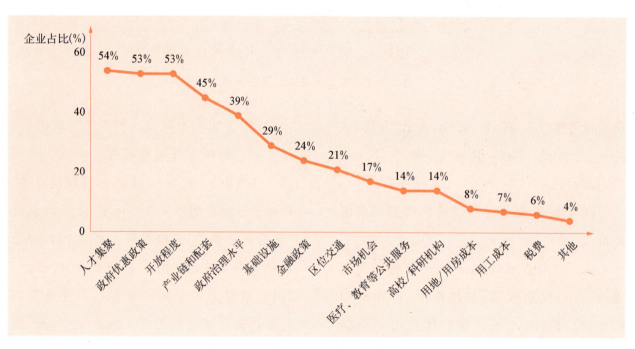

图 7-10 被访企业家眼中的浦东优势

发展环境

表7-6 对浦东营商环境的评价（1～5分）

内　　容	得　　分
政府官员勤政、积极服务企业	4.10
行政审批流程简化、高效	4.12
网上办事的便利程度	4.19
国际贸易通关便利程度	4.05
免税退税政策	3.93
市场监管部门公正执法	4.09
司法机关公正执法	4.03
知识产权（商标、专有技术等）保护	4.03
当地律师、会计师等市场服务	3.95
企业从银行贷款的难易程度	3.92
政府产业资金的扶持力度	3.88
行业协会等社会组织的作用	3.97

被访企业认为税费、用人成本、用地用房成本较高，简言之，浦东的营商环境优化、开放程度提升、产业集群成熟、各类英才汇聚，而企业的经营成本也在相应提升。图7-11的左端显示了被访企业家眼中浦东的优势，那么图的右端则反映了在浦东经营企业的劣势。课题组通过问卷调查了浦东被访企业主要的经营成本，高达47.9%的被访者认为是"人力成本"。用人成本的不断增加是经济发展、产业转型升级的必然后果，除了企业通过技术创新和管理模式优化来提高生产效率，地方政府时常通过公共服务的供给来间接干预当地的劳动力市场，达到为企业减负降本的效果。因为数量更加充分、质量上不断提升的公共服务，例如青年人才关心的基础教育、保障性住房等等，构成了一种隐形的福利或者补偿，使人才能够忍受相对低一些的工资收入。

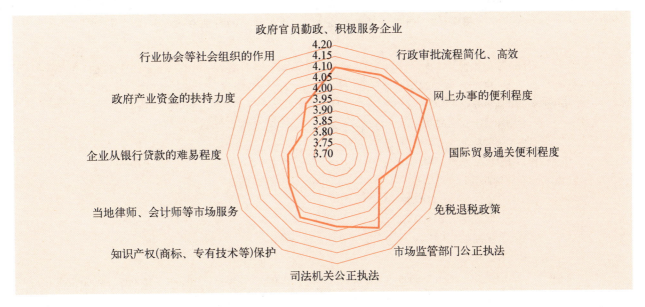

图7-11 对浦东营商环境的评价

(五)民营企业产业基础稳固,创新意愿较强

民营企业中相当比例聚集于第三产业,且积极转向高端生产性服务业。根据浦东新区工商联提供的数据显示,2020年底浦东全区23.42万户私营企业中有20.80万户(注册资本4.17万亿元)属于第三产业。新增注册资本4 178.17亿元,其中63.04%在第三产业。根据《浦东新区2021年统计年鉴》的数据,可以更加细致地考察私营企业注册户数和注册资金在不同行业的分布。就注册户数而言,2020年私营企业主要集中在"批发零售贸易行业"(66 161户)、"信息传输、计算机服务行业"(14 073户),而后是"制造业"(11 092户)。就企业注册资金而言,2020年排在前两位的也是"批发零售贸易行业"和"信息传输、计算机服务行业",分别是4 575.78亿元和1 436.18亿元(见图7-12和图7-13)。

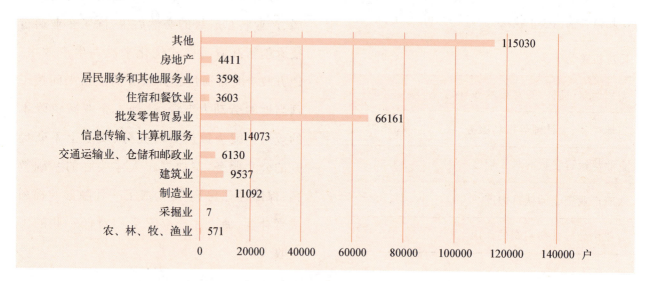

图7-12　浦东新区私营企业2020年户数的行业分布

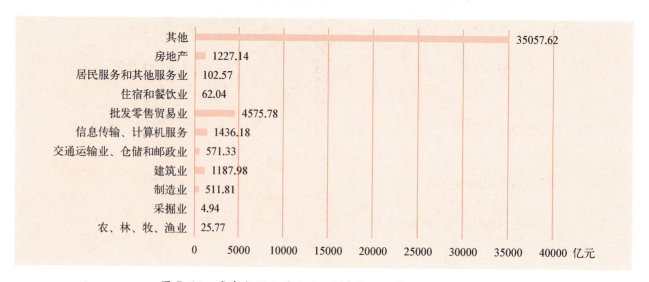

图7-13　浦东新区私营企业2020年注册资金的行业分布

浦东民营企业在激烈的市场竞争压力之下,创新意愿强烈,保持较高的研发投入,具备较强的创新能力,这构成了民营企业参与大企业开放创新计划,开展协同创新的基础。2020年,注册于浦东新区的企业中,高新技术企业数量17 012家,较2016年的6 938家增幅高达145.2%,其中82.34%是民营企业;高新技术企业的工业总产值达到1.53万亿元、营业收入实现3.43万亿元,分别占全市规模以上企业相关指标的44%和46%,并实缴税收1 142亿元;研发总投入为1 264亿元,占全市研发总投入的7成。浦东新区高新技术企业的数量位列全市第1位,仅张江就有超9 000余家高新技术企业集聚发展。至2022年9月30日,浦东科创板上市民营企业达23家,占浦东科创板上市企业总数(43家)的53%,且主要集中在集成电路、生物医药等浦东先导产业。

问卷调查显示,受访民营企业对自身技术水平充满信心。如图7-14所示,技术水平的自我评价呈现上升的趋势(满分10分),五年前平均得分是6.31分,当前的平均分是7分,而展望五年之后的技术水平,平均得分是7.86分,可以说,被访的民营企业认为自身技术水平随着时间的推移是不断提升的。

(六)民营企业积极参与协同创新,合作式创新成为主流

调查显示,有近七成(68.6%)的受访企业在2021年采取了不同形式的创新举措,其中,新管理模式(32.2%)、新产品(30.6%)、新专利(23.1%)、新技术(27.3%)在各种创新举措中占比相对高一些,但各种形式的分布总体较为均衡。市场竞争压力和谋求超额利润的激励使民营企业具有比较强的创新动力(见图7-15)。

超过半数的创新行为是合作完成,构成了协同创新的态势。最主要的合作者是高校,占比30.6%,其次是企业(28.1%)和研究机构(17.4%)60%的被访企业认为,与高校和研究机构的合作对解决技术难题"有帮助",20%认为"非常有帮助"(见图7-16和图7-17)。

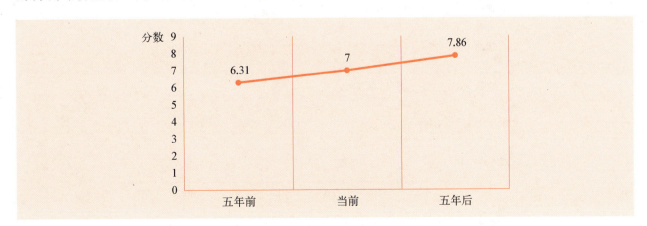

图7-14 被访企业对自身技术水平的评分

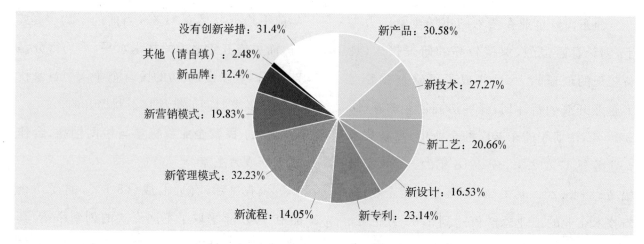

图 7-15 浦东受访企业的创新举措(多选)

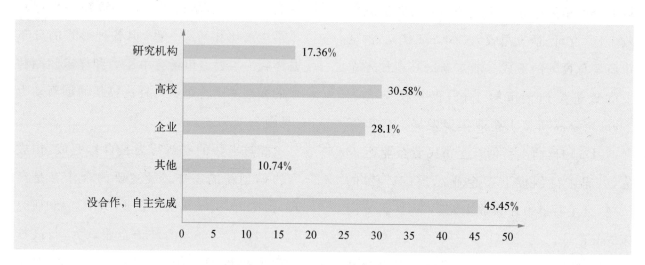

图 7-16 浦东被访企业创新活动的合作对象(多选)

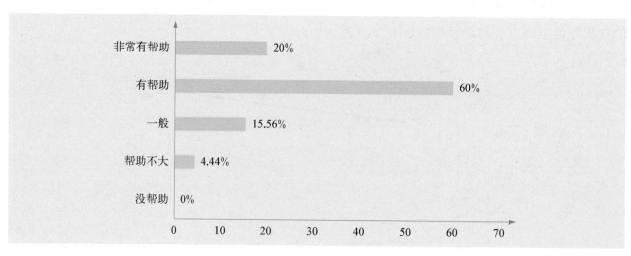

图 7-17 与高校或科研机构的合作是否有助于解决技术难题

为什么企业与高校的合作明显高于研究机构呢？课题组通过对企业的走访发现，企业会寻找国内相关学科较强的院校,通过课题发包的方式委托某个研究者的团队进行技术攻关，形成稳定的、长期的合作关系。而研究机构在创新方面的溢出效应则低于预期，通过对企业、区科委的调研发现，原因包括：研究机构的基础性科研成果距离市场应用较远，转化链条长、投资大；许多科研院所属于体制内单位，承担国家科研任务，接受财政拨款，进行市场化运作的激励不强；专业研究人员不具备将科研成果进行应用转化的能力和经验。

企业之间的创新合作也比较普遍，合作的前提是企业之间的关系是互补性的而不是竞争性的。课题组在调研中发现，供应链上的国有整车企业与民营零配件供应商之间存在着技术合作关系。为了提升零配件的质量、劳动生产率，帮助零配件供应商适应新技术、新标准，大型国有整车企业会对民营企业进行技术指导和人员的培训，开展联合的技术攻关，这是非常典型的大企业+小企业的协同创新。

（七）超过八成的民营企业开启数字化转型进程

民营企业是数量最多、占比最高的市场主体，其对数字化、智能化技术的利用程度，直接关乎产业整体数字化转型的进度。调查显示，民营企业在企业经营的各个环节都积极使用数字化、智能化技术，问卷调查显示，86.78%的企业在不同程度、不同经营环节上使用了数字化技术，仅有13.22%的被访企业表示没有利用数字化、智能化技术。数字化技术的应用集中于企业内部管理和安全监控环节，有68.6%的被访企业表示在企业内部管理中使用了数字化、智能化的技术，有39.7%选择在安全监控上有所应用，在销售管理和客户管理方面分别有30.58%和31.4%的企业应用了数字化、智能化技术。

数字化技术的应用与企业所属行业息息相关，课题组筛选出涉足制造业的企业，看制造业的数字化转型与应用情况。结果表明，70.8%的制造业企业在"生产制造"环节应用了数字化技术，在"产品设计"和"供应链"管理场景中，分别有45.8%和50%的企业表示有所应用（见图7-18和图7-19）。

三、民营企业参与引领区建设的优势与短板

（一）民营企业的七大优势

民营企业作为数量最多、占比最高的市场主体，是引领区建设不可或缺的重要参与者。民营企业能否补短板、扬长板，寻找发挥自身比较优势的空间，精准对接引领区建设的战略目标和行动方案，是民营企业参与引领区建设的关键所在。课题组认为民营企业具有市场的敏感性、经营的灵活性、竞争的高效性、产业的协同性、业态的丰富性、管理的独特性、网络的坚韧性七大优势。在浦东引

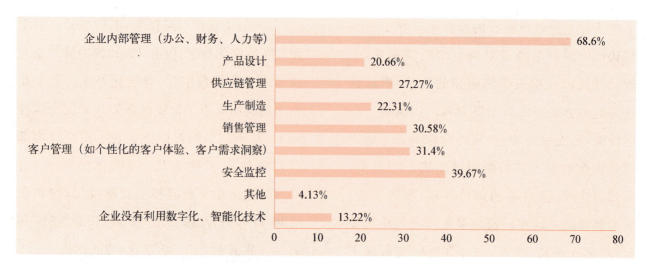

图 7-18　浦东被访企业利用数字化、智能化技术的领域（多选）

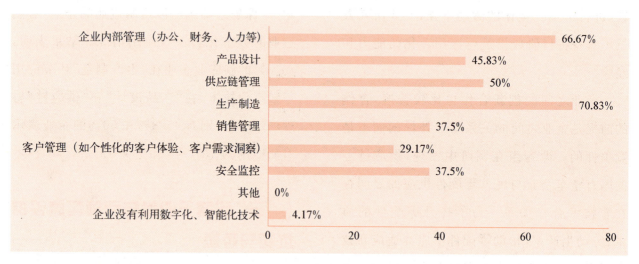

图 7-19　浦东被访"制造业"企业利用数字化、智能化技术的领域（多选）

领区建设的六大任务中，中小型民营科技企业能够与大企业形成协同创新或者形成小企业集群的柔性生产综合体。

市场的敏感性。民营企业相比国有企业具有更强的市场敏感性，对新的需求、新的技术、新的商机反应更迅捷。由于更靠近市场端，民营企业一般更重视应用性的研发。如果突破性的创新依赖基础性的研发，那么民营企业在市场前景广阔的渐进创新领域则拥有比较优势。

经营的灵活性。多数民营企业在规模上属于中、小、微企业，正所谓"船小好调头"，高度的市场敏感性，企业与市场的紧密结合，使得民营企业的经营更具灵活性，成为极具活力和潜能的市场主体。

竞争的高效性。民营企业面对更加激烈的竞争，优胜劣汰的竞争压力会迫使企业更积极地创新技术、工艺、流程、产品、营销模式,开拓新的市场,不断提升企业的竞争优势。这不仅关乎单个企业生产效率的提升,还会改善区域的市场结构,带来整个经济运行效率的提高。

业态的丰富性。年鉴数据和抽样调查数据均显示,民营企业或私营企业具有广泛的行业分布。民营经济的发展,将有利于打造多元的产业生态。不同行业之间具有互补性,例如制造业会衍生出生产性服务业,得到后者有力的支撑;居民服务、修理和其他服务业与生活品质息息相关,能够吸引产业发展必需的产业人口。

产业的协同性。产业内部的专业化分工有利于劳动生产率的提升,这需要产业链的协同发展、不同环节的耦合、不同主体的协调。在市场这一无形之手的指引下,民营企业聚合成产业链集群,并衍生出创新链、资本链等等,形成现代的产业生态体系。

管理的独特性。民营企业在管理模式上也表现出灵活创新的特征,形成了一些独特的公司治理方式。例如为了维持创始人的控制权和收益权,有些企业采用双重股权结构、创始人合伙制。此外,规模不大的民营企业与渐成趋势的智能制造的分布式生产、网络化集成、扁平化管理等特征也有很高的契合度。

网络的坚韧性。经济活动是嵌入在社会关系网络之中的,企业的能力在一定程度上取决于企业与其他主体之间关系的质量。除

了市场协调、行政协调两种重要的资源配置方式,在现实的经济实践中还广泛存在着"社会协调"。已有研究表明,民营企业家通过不同类型的关系、稠密的社会关系网络获取经营所需的信息和资源,网络中还蕴含着信任、共识以及对机会主义行为形成约束的规范。在宏观经济下行、复苏无力、风险因素增加的背景下,民营企业的社会网络在一定程度上抵御负面因素的冲击。

(二)民营企业的三重短板

课题组认为,目前民营企业要在引领区建设中发挥更大作用,仍面临一些挑战。首先,民营企业数量众多,但规模相对较小。浦东私营企业是数量最多的市场主体,吸纳了最多的从业人员。但是,私营企业的规模并不算大。2020年,浦东私营企业平均注册资金是1 911万元。以私营企业数量最多的批发零售行业为例,根据《上海市浦东新区第四次经济普查主要数据公报》的数据进行计算,每个私营企业从业人数约6人;属于工业企业法人单位的私营企业,每个企业的从业人数大约是24人。

其次,缺少龙头企业,影响力有待提升。浦东新区缺少华为、腾讯、大疆、海康威视、科大讯飞等具有广泛影响力和带动能力的民营企业,难以形成火车头效应。2021中国民营企业500强名单中,上海上榜企业平均营收1.3万亿,浦东上榜企业平均营收仅为0.34万亿元。前十强民企名单中,北京有2家:京东(7 686.25亿元)、联想(4 165.67亿元);深

圳有 4 家:华为(8 913.68 亿元)、正威国际(6 919.37 亿元)、腾讯(4 860.25 亿元)、万科(4 191.12 亿元);上海最高排名为第 42 位的新城控股(1 474.75 亿元),浦东新区上榜企业排名最靠前的是第 52 位的东方希望集团(1 256.59 亿元)。

第三,立足内循环,国际化程度有待加强。通过对问卷数据的统计,121 家经营地在浦东的被访企业中,只有 16.53% 有海外合作,而有海外投资的比例仅有 11.57%。22 家有海外合作的被访企业中,16 家涉及"产品和服务营销",13 家涉及"管理人员和技术人员交流",涉及"资本/信贷"和"技术专利/许可"只有 4 家和 3 家;在海外设立研发机构的,也只有 3 家。可以说,浦东新区民营企业的国际化程度较低,还未充分利用制度型开放产生的红利,缺乏面向全球的格局和担当(见图 7-20、图 7-21、图 7-22、图 7-23)。

民营企业积极参与浦东引领区建设,并不局限于浦东本地的企业。跳出浦东看浦东,在更高的层次、更广的区域审视民营经济、民营企业在浦东引领区建设中的作用。浦东引领区建设作为国家战略,将对上海市、

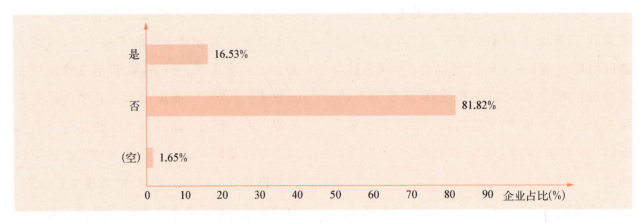

图 7-20 浦东新区被访企业的海外合作

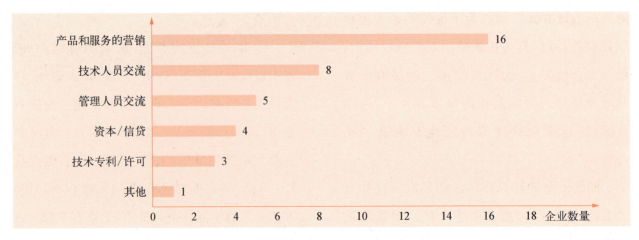

图 7-21 浦东新区被访企业海外合作的内容

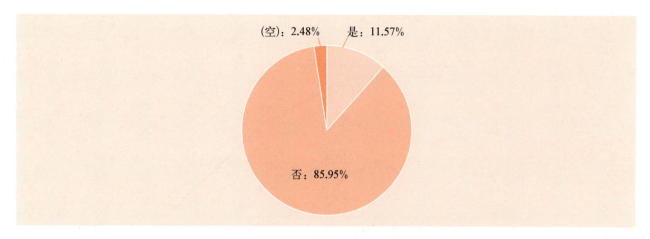

图7-22 浦东新区被访企业的海外投资情况

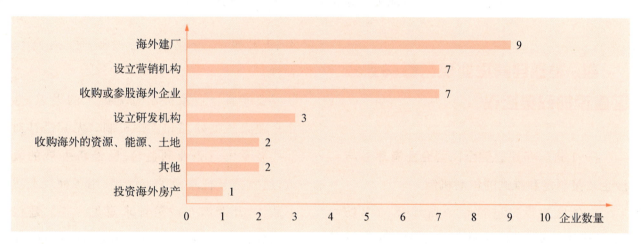

图7-23 浦东新区被访企业的海外投资方式

长三角乃至我国社会主义现代化建设产生示范效应、溢出效应,因此引领区的建设也需要凝聚各方力量,形成多方合力。

在调查中,我们发现,50%的浦东被访企业表示,创新合作机构位于浦东新区,同样50%的被访企业表示合作者位于上海其他区,而合作者位于外省市的企业有33%,而有境外创新合作者的企业仅仅占3%。这一统计结果说明,虽然交通与通信技术的发展实现了"空间折叠",极大缓解了空间距离对信息传递和社会交往的阻隔,但是地理上的接近性依然非常重要,企业更倾向于与邻近的机构产生创新合作行为,这再次印证了产业集聚、高密度的必要性(见图7-24)。

但值得警惕的是,地理空间的集聚不等于"自我封闭",开放是产业集群保持活力的重要来源。浦东新区的民营企业在境外业务合作、境外投资、境外创新合作方面具有明显的短板,不符合引领区的定位和目标,极大压缩了民营企业参与引领区建设的空间。

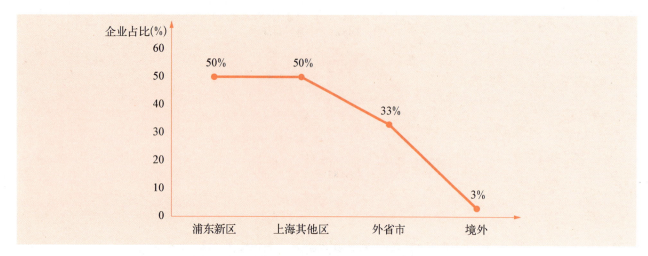

图 7-24 浦东被访企业创新合作机构所在地（多选）

四、推动民营企业更好参与引领区建设的政策建议

（一）进一步建立健全民营企业有序参与涉企政策制定和推进的体制机制

引领区建设推进过程中所涉及的中长期规划和年度计划、区域发展规划、重大改革方案、宏观调控政策、布局重大建设项目等事项，相关牵头部门应通过适当形式，在一定范围内听取民营企业家的意见建议。涉企政策制定过程中，起草部门要深入调查研究，通过问卷调查、座谈/咨商、实地走访、大数据分析等多种方式，广泛听取民营企业家的意见建议，对关系企业切身利益、专业性较强的涉企专项政策，要吸收民营企业家代表共同参与起草。在选取参与涉企政策制定的企业家代表时，要依托工商联、企业联合会、商协会等不同部门，尽量兼顾不同所有制、不同类型、不同行业、不同规模的企业，拓宽覆盖面，提高代表性。

要畅通企业家提出意见诉求的渠道，健全企业家意见处理和反馈机制。尤其是针对那些涉及民营企业利益、民营经济发展的政策，适宜公开征求意见，就要利用各种线上线下载体，开辟涉企政策征求意见专栏。建议浦东新区不断完善区级政务服务平台的作用，开通与民营企业的互动交流和信息反馈平台，充分运用微信微博与客户端、电子邮箱等方式，方便企业家咨询政策、反映问题、提出建议、表达诉求。

涉及民营企业利益、事关民营经济发展的政策出台后，除了要及时主动进行公开、推送、宣传、解读之外，还要着力破除政策上传下达过程中的"中梗阻"现象，科技、人才、财税、贸易等各条线都要组织或参与相关政策的宣讲和解读，帮助民营企业管理者、基层涉企部门工作人员等各群体都能将思想统一到法律规范政策上来。

（二）进一步提升监管与服务效能，落实高水平普惠性的制度供给

民营企业对于引领区建设的政策期盼涉及政策、产业、研发、环境、金融、服务等各个领域，体现了民营企业对引领区建设全方位的关注。值得注意的是，民营企业家更关注战略性、全局性、事关长远利益的制度变革，更期待引领区的制度设计能够让所有企业分享制度红利，聚焦于普惠性的制度供给。

普惠性的制度供给恰恰要求涉企部门进一步提升监管体系效能，改进基层服务质量，切实改善营商环境。与挑选冠军和选择性扶持相比，整体营商环境的优化是更具普惠性质的。课题组发现，浦东新区的基层工作人员服务企业意识比较强烈，对接企业需求和服务企业的举措也取得了显著的成效，被访企业表示满意。更为关键的是，基层政府工作人员的理念比较先进，工作的着力点不在于简单的物质利益（比如土地、补贴优惠和税收返还），而是打造新型政商关系，在软环境建设、帮助企业排忧解难、增进政商感情等方面下功夫。

未来营商环境的优化在于分类实施、精准服务，基础是建构科学的指标体系和扎实的数据采集。调查中，课题组还发现，浦东新区民营企业的数据比较匮乏，不同政府职能部门的统计口径不一致。不同产业类型、不同规模、不同生命周期的企业，其需求存在显著差异，因此只有准确把握企业在发展过程中的困难和诉求，才有助于政府及时出台、调整并完善配套性政策，从而更有针对性地为企业提供支持。课题组建议，要摸清民营企业的底数，对浦东新区的民营企业数量、规模、质量、能级进行梳理分析，分层分类制定的帮扶计划。进一步构建诊断型和趋势研判型"指标体系"，该指标体系包含核心维度，测量具有可操作性，支撑数据方便易得；连续收集，进行纵向比较，把握变化趋势。

（三）进一步着力搭建平台，助力不同所有制竞合下的产业集群形成

目前，引领区已经在若干产业上形成了集群，有了一定的集聚效应，能够吸引到足够的资金、项目和人才。对于这些有一定规模的行业，要找准民营企业在其中的位置，引领区的投资促进服务中心及相关机构在招商引资和后续服务企业的过程中，要依循产业链的延伸，引进上下游企业，做好对这些企业的服务工作。要围绕龙头企业和行业领军企业，沿产业链深入研究龙头企业上下游的关联企业，希望通过精准招商引资，实现关键技术、材料、零部件、整机、系统集成、后端服务等全链条的企业在引领区的空间集聚，打通产业链上下游各个产业环节，提升产业链的根植性。并且大力推动固链强链、补链稳链的工作，提高供应链本地化生产的比例，也支持产业链的核心环节开展国际并购和竞争。

在产业集群形成的促进工作中，不仅要加强产业链的纵向关联，还要关注产业集群的水平关联。对产业集群的理解，需要从产业链上升到产业生态，从关注"产业环节之间

的关系"上升到"产业之间的关系"。产业集群不仅是一个产业链条,而是一个成熟的产业生态。要从关注"产业环节之间的关系"上升到"产业之间的关系",使浦东既有的优势产业、规划的先导产业之间,不是孤立或者割裂的,而是彼此支撑,成为一个内部有机结合的产业生态圈,如此形成的竞争优势是持久而难以复制的。

创新产业集群的微观主体包括众多的园区和企业,还应该纳入政府机构、科研机构、高等院校、职业培训机构等,有意识地推进不同类型主体之间的关联与合作,由此形成一个复杂丰富的产业生态系统。在这一产业生态系统中,规模较小的民营企业可以与规模较大的龙头企业形成互利共生的关系,龙头企业可以联合科研院所与上下游众多民营企业共建产业创新平台,建立产学研用合作机制,让最新的科研成果实现共享、迅速转化。众多中小微民营企业也可以组成战略联盟,形成小企业集群的柔性生产综合体,通过内部稠密的网络与合作来有效解决资源缺乏和竞争力低的问题,带动创新资源共享率的提高,分摊成本和风险。通过协调创新,民营企业可以发挥灵活、高效、柔性的优势,扬长避短,打开深度参与引领区建设的空间。

对于创新产业集群中广大中小民营企业深度参与协同创新,课题提出下列具体的举措:

第一,建立一个推动民营企业协同创新、打造创新产业集群的平台机构。该平台机构提供平台服务设施,利用网络工具寻找潜在的合作伙伴,提供世界范围内协同创新的前沿信息和发展动态并建立数据库,促进跨省和国际的创新合作,推动不同机构的耦合协调,建立协同创新的评估系统,最终提升成员的创新能力。由欧盟中小企业竞争力项目资助的欧洲集群合作平台(ECCP)就是一个可以借鉴的成功范例,ECCP提供的服务、设施、信息、机会,为合作的形成和发展创造有利的环境,已经成为集群合作的中心和连接世界的桥梁。

第二,打造稠密的协同创新交流网络,实现政产学研用之间的紧密联通。由浦东新区经委、科委牵头,发挥工商联的桥梁纽带作用,整合行业组织、民间商会的力量,建立持续稳定的企业走访制度,定期召开研讨会、交流会、讨论会、高端论坛等,创造机会来推动不同类型的创新主体实现互动、开展合作、协同创新,有效对接各方需求,实现优势互补;促进知识技术的传播外溢和转移,使广大中小民营企业能够分享其他企业创造的成果;企业和民间组织的建议和意见,对政府职能部门而言则形成了"政策的回路",有利于产业政策的持续优化。一个稠密的交流网络的建立,成功的关键是调动广大社会组织的积极性,发挥它们的桥梁作用,形成广泛参与、群策群力的态势。

第三,大力发展技术服务组织,为中小民营企业发展提供外部创新资源。技术服务组织是为企业提供一项或多项技术创新服务,帮助企业消化新技术,改造流程、工艺,提升劳动生产率。常见的技术服务组织包括:生产力促进中心、创新中心、创新服务中心、技术开发中心、技术创新中心等等。这类技术服务组织面向本地区的企业,提供的服务具有准公共性、高风险性、中介性、知识密集性的特征,集合了技术服务提供者、集体行动组织者、产业网络构建者多重功能。因此,技术服务组织的设立时常由政府主导并给予资金的支持,也可以通过混合所有制的产权结构来达到准公共产品提供和运营效率的平衡。浦东的民营企业具有强烈的创新意愿和动力,但也具有规模小、资源少、国际化不足的短板,发展各类技术服务组织向广大中小型民营企业提供外部资源,是助力民营企业发展、深度参与引领区建设的孵化器和助推器。

(供稿单位:上海市工商业联合会,主要完成人:施登定、王倩、彭飞、孙明、朱妍、项军)

2022

产业研究

上海民营经济

专题八

浦东新区民营企业营商环境评价量化分析

为民营经济发展创造良好的营商环境，已逐渐成为一个城区发展核心竞争力之重要组成部分。习近平总书记曾强调指出，在我国经济发展进程中，我们要不断为民营经济营造更好发展环境，帮助民营经济解决发展中的困难，支持民营企业改革发展，变压力为动力，让民营经济创新源泉充分涌流，让民营经济创造活力充分迸发。为切实贯彻好党中央、习总书记支持民营经济发展系列政策和重要讲话精神，积极优化浦东新区民营经济营商环境，不断提升发展竞争力，浦东新区工商业联合会委托组织有关专家，依据浦东新区民营中小型企业"全国工商联万家民企评营商环境调查问卷"，就浦东新区民营企业营商环境现状、面临问题等开展专题量化分析研究。

2021年上海浦东"万家民营企业营商环境"专项调查，涉及70家企业，对其展开要素环境、法治环境等六方面的翔实调查分析，并进一步与上海全市及苏州进行量化比较分析，相对客观地呈现浦东新区民营企业营商环境的具体特征及其差距，为优化地区营商环境提供参考方向。

需要说明两点，第一，由于上海浦东与苏州地区经济规模"大体相当"（年鉴显示，2020年上海浦东地区生产总值超过1.3万亿元，苏州则为20 170.5亿元），苏州制造业较为发达，在2019年中国先进制造业城市发展指数中，苏州连续两年在地级市中位居第一，其与浦东同处于长江三角洲的中心地带，而且一直以来对标上海。所以选择苏州作为比较，更易明晰浦东的优势和劣势。第二，苏州、上海市与浦东数据分别来自江苏省工商联、上海市工商联以及浦东新区工商联。对江苏省万家民营企业营商环境调查数据进行筛选，186家企业来自苏州。上海市调查数据涉及企业987家，其中，70家企业来自浦东地区。从企业规模大小来看，三个地区调查数据均涉及大、中、小与微型企业；就行业分布来看，也是涵盖制造业、建筑业、零售业、批发业等多个行业。应该说，调研数据具有一定的代表性和可靠性，可进一步分析。

一、要素市场

（一）公共要素服务

企业对浦东公共要素服务满意度评价非常高。在5分制的框架下，得分为4.60分，总体满意度略低于上海全市（4.63分）、与苏州（4.60分）持平（见表8-1）。

表 8-1　公共要素服务企业满意度得分数据表　　　　单位：分

具 体 分 类	上海浦东	上海全市	苏 州
1. 用水	4.71	4.74	4.69
2. 用电	4.69	4.72	4.67
3. 天然气	4.66	4.66	4.56
4. 土地	4.50	4.58	4.44
5. 供热	4.46	4.50	4.37
6. 网络	4.49	4.57	4.56
7. 物流	4.64	4.68	4.64
8. 交通	4.61	4.60	4.62
对公共要素服务的总体评价（保障及成本）	**4.60**	**4.63**	**4.60**

具体来说，企业对用水（4.71 分）、用电（4.69 分）、天然气（4.66 分）、物流（4.64 分）与交通（4.61 分）保障满意度较高，均大于要素资源的总体得分，而供热（4.46 分）、网络（4.49 分）与土地（4.50 分）保障满意度较低。其中，土地、网络服务满意度与上海全市存在一定差距（见图 8-1）。

（二）融资情况及金融支持政策

就浦东融资情况及金融支持政策来看，企业满意度较高，但不及公共要素服务方面。具体

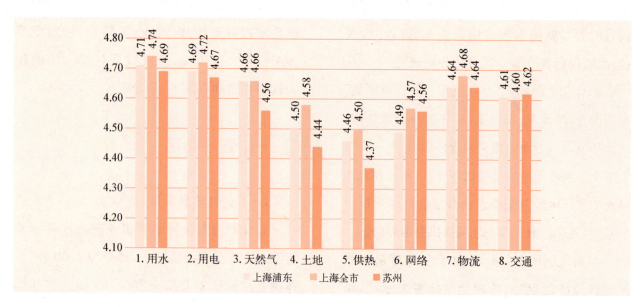

图 8-1　公共要素服务企业满意度得分对比图（单位：分）

来看,获得风险投资、获得政府产业基金与担保政策效果的满意度得分不及 4.10 分,金融支持政策的总体效果满意度得分为 4.23 分,获得银行贷款满意度最高,得分为 4.37 分(见表 8-2)。

表 8-2 融资情况及金融支持政策企业满意度得分数据表　　　　单位:分

具体分类	上海浦东	上海全市	苏州
1. 获得银行贷款	4.37	4.43	4.51
2. 获得风险投资	4.03	4.21	4.20
3. 获得政府产业基金	4.09	4.26	4.18
4. 担保政策效果	4.09	4.29	4.24
5. 金融支持政策的总体效果	4.23	4.34	4.34

如图 8-2 所示,与上海全市、苏州相比,浦东融资情况及金融支持政策满意度存在一定提升空间。其中,担保政策效果方面,浦东与上海全市、苏州相比,企业满意度得分低 0.20 分与 0.15 分;获得风险投资方面,比上海全市与苏州低 0.18 分与 0.17 分。其他三方面,均是浦东最低,且差距不低于 0.10 分(与上海全市获得银行贷款及苏州获得政府产业基金方面的比较例外)。

进一步从企业规模角度考虑,微型企业对浦东融资情况及金融支持政策的满意度相对较低。数据显示,获得银行贷款等 5 个方面微型企业满意度得分依次为 3.88 分、3.75 分、3.75 分、3.63 分与 3.75 分,明显低于上海全市、苏州微型企业满意度。同时,中型企业

图 8-2　融资情况及金融支持政策企业满意度得分比图(单位:分)

对浦东获得风险投资、获得政府产业基金和担保政策效果的满意度相对较低,得分均低于4.0分①。

(三) 资金获取

1. 渠道

对于资金获取渠道,浦东企业首选国有大型商业银行(52.86%),中小型商业银行排居第二(38.57%),第三为民营银行(12.86%)。由此可见,银行贷款是企业资金的主要解决方式。同时,浦东地区15.71%的企业无贷款需求(见表8-3)。

与苏州相比,浦东地区企业依靠民营银

表8-3 企业过年一年获取资金渠道占比数据表　　　　单位:%

具 体 分 类	上海浦东	上海全市	苏 州
A. 国有大型商业银行	52.86	51.82	69.35
B. 中小型商业银行	38.57	35.73	44.09
C. 民营银行	12.86	13.06	17.20
D. 政府纾困基金	0.00	3.95	3.23
E. 贷款担保机构	2.86	5.47	6.45
F. 其他企业战略投资	7.14	6.98	4.84
G. 股权投资机构	4.29	3.34	2.15
H. 风险投资机构	1.43	1.92	1.61
I. 政府产业引导基金	7.14	5.47	4.84
J. 企业发债	1.43	1.32	1.61
K. 证券市场(企业上市)	1.43	2.33	3.76
L. 民间借贷	7.14	6.28	3.76
M. 政策性银行	1.43	2.23	3.76
N. 外资银行	0.00	0.71	1.61
O. 信托资金	0.00	0.81	0.00
P. 无贷款	15.71	13.77	4.30

① 为节省篇幅,数据列示附表1中。

产业研究

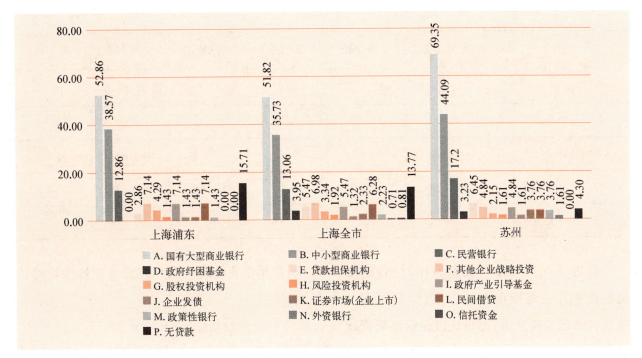

图8-3 企业过年一年获取资金渠道占比对比图（单位：%）

行解决资金需求的比例相对较低，两地相差4.34个百分点。浦东被调查企业中不存在政府纾困基金，而上海全市、苏州比例分别为3.95%与3.23%（见图8-3）。

2. 贷款办理时长

如表8-4所示，最近一次获得银行贷款，从申请到放款，浦东地区企业所用时间的中位数与众数均为"一个月左右"。也就是企业最近一次银行办理贷款时长为一个月左右。除此之外的其他办款时长分布较为均衡（"三个月左右"除外）。

表8-4 企业最近一次获得银行贷款时长频率与累计频率数据表　　单位：%

具体分类	上海浦东	上海全市	苏 州	上海浦东	上海全市	苏 州
	频 率			累计频率		
A. 一周以内	10.00	13.06	20.43	10.00	13.06	20.43
B. 两周左右	15.71	16.60	26.88	25.71	29.66	47.31
C. 三周左右	10.00	11.84	10.22	35.71	41.50	57.53
D. 一个月左右	28.57	26.92	22.04	64.29	68.42	79.57

续表

具体分类	上海浦东	上海全市	苏州	上海浦东	上海全市	苏州
	频率			累计频率		
E. 一个半月	10.00	5.87	3.76	74.29	74.29	83.33
F. 两个月	14.29	9.51	7.53	88.57	83.81	90.86
G. 三个月左右	4.29	8.50	6.99	92.86	92.31	97.85
H. 半年以上	7.14	7.69	2.15	100	100	100

最近一次办理银行贷款所用时间,浦东地区企业与上海全市大体相当,但明显多于苏州。如图8-4所示,苏州地区企业办理贷款时长的众数与中位数均为"三周左右",上海全市与浦东一致,均为"一个月左右"。显然,与苏州相比,浦东企业获取银行贷款所用时间较多,且每类贷款时长的累计频率浦东均低于苏州,也即不超过该类时长的企业比例苏州更大(如低于或等于一个半月左右的企业浦东为74.29%,苏州为83.33%)。这也说明苏州企业最近一次办理银行贷款平均时长较短。

3. 贷款利率

如表8-5所示,浦东地区企业最近一次银行贷款综合年化利率的众数与中位数均为"3.1%～5%"。超两成企业银行贷款综合年化利率为"5.1%～8%",一成企业利率为"8.1%～10%",成本较低(3%以下)或过高(10%及以上)的企业相对较少,比例依次为7.14%与4.29%。

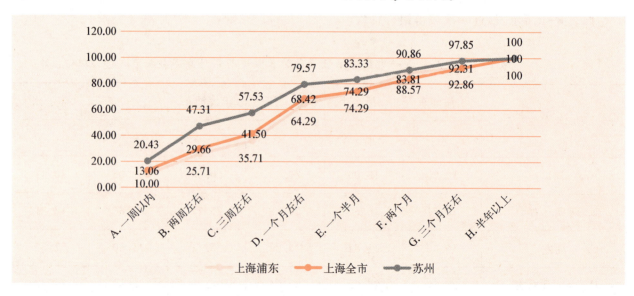

图8-4　企业最近一次银行贷款所用时长的帕累托对比图(单位:%)

表8-5 企业最近一次获得银行贷款综合年化利率频率与累计频率数据表　单位:%

具体分类	上海浦东	上海全市	苏州	上海浦东	上海全市	苏州
	频　率			累计频率		
A. 3%以下	7.14	15.18	8.06	7.14	15.18	8.06
B. 3.1%~5%	55.71	54.96	63.98	62.86	70.14	72.04
C. 5.1%~8%	22.86	23.99	25.27	85.71	94.13	97.31
D. 8.1%~10%	10.00	3.34	2.15	95.71	97.47	99.46
E. 10.1%~15%	2.86	1.82	0.54	98.57	99.29	100.00
F. 15%以上	1.43	0.71	0	100	100	100

与上海全市、苏州相比,浦东地区企业银行贷款综合年化利率较高。尽管上海全市、苏州企业银行贷款综合年化利率中位数与众数均是"3.1%~5%",与浦东相同,但平均数却是浦东较高。由图8-5可知,与上海全市、苏州相比,浦东地区"A~C"三个利率水平企业占比较小,"D~E"利率水平比例相对较大;因此,计算企业银行贷款平均利率时,浦东地区"A~C"利率水平权重低,"D~F"利率水平权重高,由此可知,其企业银行贷款平均利率较高(见图8-5)。

二、法治环境

(一)涉企法律法规、行政规章等定改废

在涉企法律法规、行政规章等制定、修

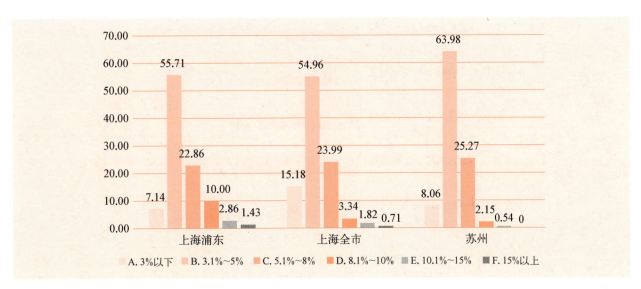

图8-5 企业最近一次银行贷款综合年化利率占比柱状对比图(单位:%)

改、废除方面，浦东地区企业满意度较高。具体来看，制定营商环境相关的法律、法规企业最为满意，其得分为4.57分；清理歧视民企的法律法规与制定新兴产业发展的前瞻法律法规满意度略低，得分依次为4.47分与4.44分（见表8-6）。

表8-6 涉企法律法规、行政规定的定改废等企业满意度得分数据表　　单位：分

具 体 分 类	上海浦东	上海全市	苏 州
1. 制定营商环境相关的法律、法规	4.57	4.61	4.57
2. 废止或修订不合理的涉企法律法规	4.50	4.57	4.53
3. 清理歧视民企的法律法规	4.47	4.57	4.56
4. 制定包容审慎的市场监管规定	4.50	4.56	4.54
5. 制定新兴产业发展的前瞻法律法规	4.44	4.56	4.55

如图8-6所示，与上海全市、苏州相比，浦东企业对涉企法律法规、行政规章等定改废情况的满意度相对较低。其中，清理歧视民企的法律法规与制定新兴产业发展的前瞻性法律法规的满意度得分，与上海全市、苏州相差高达约0.10分。究其原因，主要在于微型与大型企业。企业规模分类结果显示，大、微型企业对浦东清理歧视民企的法律法规与制定新兴产业发展的前瞻性法律法规的满意度得分相对较低；尤其是微型企业，得分均为

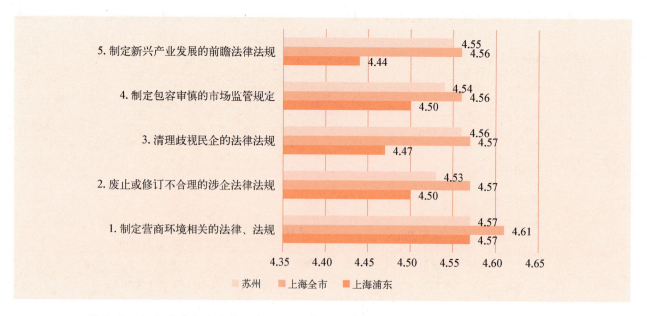

图8-6　企业对涉企法律法规与行政规章定改废满意度得分柱状对比图（单位：分）

4.00 分。与上海全市、苏州微型企业满意度得分存在明显差距①。

(二) 政法系统及相关服务机构

如表 8-7 所示,企业对浦东政法系统及相关服务机构开展的涉企工作非常满意,不同部门工作的满意度得分均超 4.50 分。相对而言,商协会满意度最高(4.59 分),人民调解机构较低(4.51 分)。

表 8-7　企业对政法系统及相关服务机构开展的涉企工作满意度得分数据表　　单位:分

具 体 分 类	上海浦东	上海全市	苏　州
1. 公安局	4.57	4.63	4.65
2. 检察院	4.56	4.63	4.65
3. 法院	4.54	4.62	4.65
4. 司法局	4.57	4.62	4.63
5. 律师事务所	4.54	4.59	4.62
6. 仲裁机构	4.57	4.62	4.60
7. 商协会	4.59	4.68	4.67
8. 人民调解机构	4.51	4.61	4.60

与上海全市、苏州相比,浦东政法系统及相关机构开展工作的企业满意度略微低许。数据显示,企业对浦东法院开展工作的满意度得分比苏州低 0.11 分,人民调解机构满意度得分比上海全市低 0.10 分。主要原因在于微型企业。微型企业对浦东法院与人民调解机构工作的满意度得分均为 3.88 分,明显低于上海全市(4.56 分与 4.58 分)与苏州(4.76 分与 4.71 分)②。对公安局等部门的工作,浦东满意度与上海全市、苏州较为接近。具体见图 8-7。

(三) 公安机关的涉企工作

对浦东公安机关涉企工作的满意度调查显示,71.43% 的企业选择打击诈骗等侵害企业的违法犯罪行为;涉企行政审批服务与执法公平合规次之,企业占比分别为 45.71% 与 42.86%。而规范拘留、查封财产等强制措施,杜绝暴力取证和维护重点工程项目建设环境满意度相对较低,企业占比分别为 2.86%、5.71% 和 8.57%。由此可见,这些方面的工作需要加强与改进(见表 8-8)。

---

① 为节省篇幅,具体结果见附表 2。
② 具体数据见附表 2。

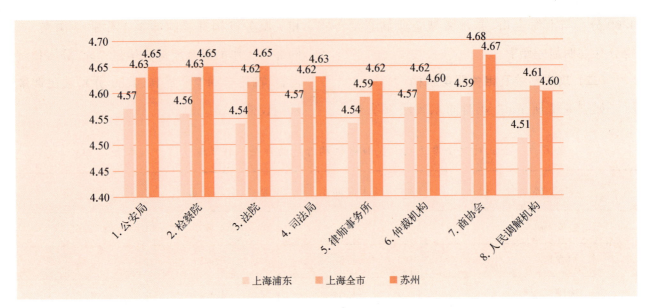

图 8-7　企业对政法系统及相关服务机构工作满意度得分对比图（单位：分）

表 8-8　企业对公安机关的涉企工作满意度占比数据表　　　　单位：%

具 体 分 类	上海浦东	上海全市	苏　州
A. 涉企行政审批服务	45.71	54.15	62.90
B. 打击诈骗等侵害企业的违法犯罪行为	71.43	56.17	56.45
C. 杜绝暴力取证	5.71	13.46	8.60
D. 减少以刑事手段介入企业经济纠纷	10.00	9.72	4.30
E. 规范拘留、查封财产等强制措施	2.86	4.45	2.69
F. 执法公平合规	42.86	40.28	39.78
G. 涉企纠纷排查化解	12.86	10.32	11.29
H. 维护重点工程项目建设环境	8.57	11.03	13.98
I. 其他	0.00	0.40	0.00

与上海全市、苏州相比，浦东公安机关的涉企行政审批服务仍需进一步提升。数据显示，对该项工作满意度浦东最低，与上海全市、苏州相差分别为 8.44 和 17.19 个百分点（见图 8-8）。

（四）人民法院的涉企工作

对浦东人民法院的涉企工作满意度调查显示，立案效率、审判公正和在线办理位居前

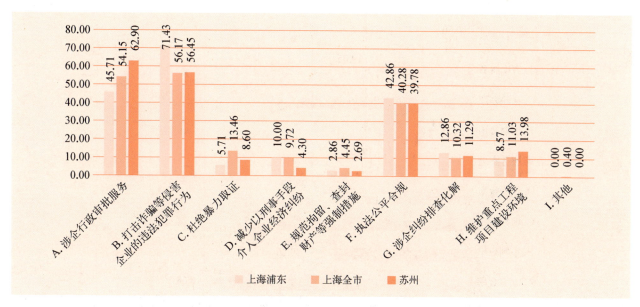

图 8-8 企业对公安机关涉企工作的满意度占比对比图(单位:%)

三,企业比例分别为 47.14%、41.43% 和 32.86%。不过,这组数据与"公安机关涉企工作满意度"相比,出现不同程度的下降;由此,企业对人民法院的涉企工作的满意度相对较弱。企业最不满意的是诉讼费用,样本数据中仅 5.71% 的企业满意该项服务(见表 8-9)。

表 8-9 企业对人民法院的涉企工作满意度占比数据表　　　　单位:%

具 体 分 类	上海浦东	上海全市	苏 州
A. 立案效率	47.14	48.68	44.64
B. 审判效率	25.71	30.26	34.52
C. 审判公正	41.43	38.87	59.52
D. 执行效率	15.71	24.39	28.57
E. 法官服务态度	15.71	14.17	14.29
F. 诉讼费用	5.71	5.67	2.38
G. 在线办理	32.86	19.64	17.86
H. 诉讼咨询服务	15.71	17.31	19.05
I. 其他	0.00	1.01	0.60

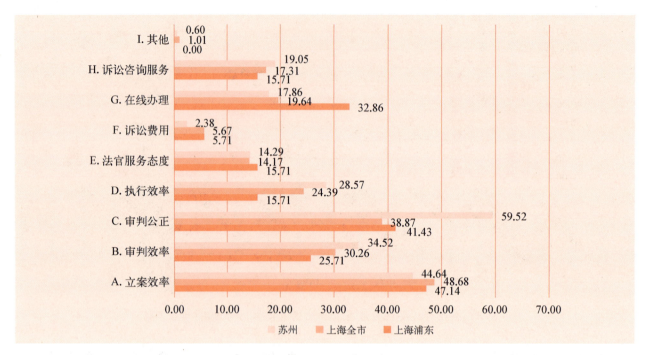

图 8-9　企业对人民法院的涉企工作的满意度占比对比图（单位：%）

与上海全市、苏州相比，浦东人民法院的涉企工作效率需要进一步提升。数据显示，企业对浦东人民法院的审判效率与执行效率的满意度均低于上海全市与苏州。如 25.71% 的企业对浦东法院审判效率满意，上海全市、苏州对该项工作满意的企业比例分别为 30.26% 和 34.52%；执行效率方面也是如此，满意企业比例浦东比上海全市与苏州低 8.68 与 12.86 个百分点（见图 8-9）。

（五）检察院工作

对浦东检察院工作的满意度调查显示，对公安立案工作的监督、对涉企经济犯罪侦查监督与维护涉案企业的正常经营秩序企业最为满意；满意企业比例分别为 60%、48.57% 和 40.00%。相反，对法院审判活动的监督与严格企业家人身限制措施使用的工作较不满意，样本中仅有 10% 的企业满意（见表 8-10）。

表 8-10　企业对人民法院的涉企工作满意度占比数据表　　　　单位：%

具 体 分 类	上海浦东	上海全市	苏　州
A. 对公安立案工作的监督	60.00	56.38	59.52
B. 对涉企经济犯罪侦查监督	48.57	46.86	46.43
C. 严格企业家人身限制措施使用	10.00	12.35	12.50

续 表

具 体 分 类	上海浦东	上海全市	苏 州
D. 维护涉案企业的正常经营秩序	40.00	37.25	42.86
E. 面向重点企业的普法服务	31.43	34.31	43.45
F. 对法院审判活动的监督	10.00	11.34	16.67
G. 其他	0.00	1.52	0.00

与上海全市、苏州相比，浦东检察院面向重点企业的普法服务需要加强。数据显示，浦东检察院该项工作满意的企业占比为31.43%，比上海全市低2.88个百分点，比苏州低12.02个百分点(见图8-10)。

(六) 维权方式或渠道

遇到自身权益受损，企业采用的维权方式排居前三位的是诉诸法院、提起仲裁和向政府部门申诉，比例分别为55.71%、50.00%和32.86%。与之相对，选择托人向领导反映和向媒体反映的企业极少，企业比例仅仅1.43%(见表8-11)。

与上海全市、苏州的主要维权渠道基本一致。但选择向政府部门申诉的企业比例与上海全市和苏州相比，浦东最低。尤其与苏州，相差10.15个百分点。需要进一步关注原因(见图8-11)。

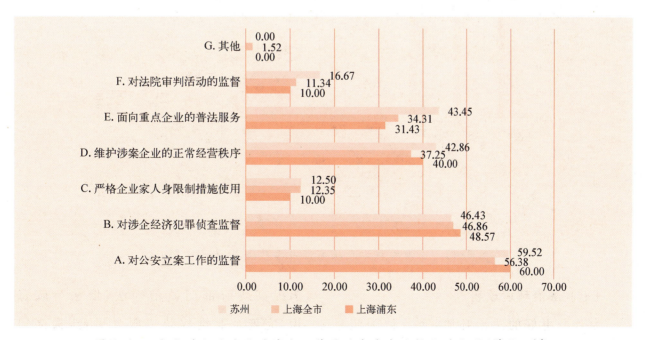

图8-10　企业对人民法院的涉企工作的满意度占比柱状对比图(单位：%)

表 8-11　企业维权方式或渠道占比数据表　　　　　　　单位：%

具 体 分 类	上海浦东	上海全市	苏 州
A. 提起仲裁	50.00	50.81	56.99
B. 诉诸法院	55.71	45.24	38.71
C. 向政府部门申诉	32.86	36.23	43.01
D. 向媒体反映	1.43	4.25	3.76
E. 请工商联协助	24.29	27.94	22.04
F. 请商会或协会协助	14.29	15.28	13.98
G. 人民调解	7.14	7.59	10.75
H. 私下调解	12.86	11.84	10.75
I. 托人向领导反映	1.43	0.71	0.00
J. 其他	0.00	0.10	0.00

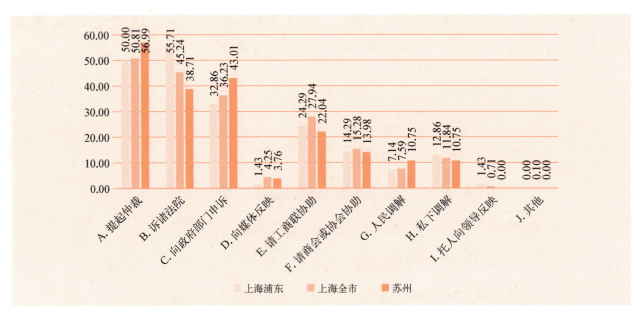

图 8-11　企业维权方式或渠道占比对比图（单位：%）

（七）法治环境改善

为营造更好的法治环境，企业认为浦东最需要加大工作力度的四个方面依次为提高政府部门诚信守法、依法行政意识，完善企业维权统一服务平台，提高司法机关涉企案件办理效率和建立政法机关涉企服务协调机制。占比分别为61.43%、57.14%、45.71%和41.43%。尤其是前两方面,近六成企业认为其工作力度需要进一步加强(见表8-12)。

表8-12 完善法治环境需加大工作力度占比数据表　　　　　　　　单位:%

具 体 分 类	上海浦东	上海全市	苏　州
A.提高政府部门诚信守法、依法行政意识	61.43	49.90	48.92
B.提高司法机关涉企案件办理效率	45.71	43.22	39.78
C.建立政法机关涉企服务协调机制	41.43	45.95	48.39
D.公布一批保护企业家权益的典型案例	22.86	25.40	22.04
E.完善企业维权统一服务平台	57.14	49.90	51.61
F.加大普法宣传	28.57	34.21	34.41
G.发挥工商联维权和商会调解作用	27.14	34.82	38.17
H.加快法治民企建设	15.71	16.60	16.13
I.其他	0.00	0.00	0.54

与上海全市、苏州相比,认为需要提高浦东政府部门诚信守法、依法行政意识的企业比例较高。数据显示,上海全市49.90%的企业、苏州51.61%的企业与浦东57.14%的企业选择该项。完善企业维权统一服务平台也是如此。这一定程度上说明,企业对提高浦东政府部门诚信守法、依法行政意识和完善企业维权统一服务平台需求较为迫切(见图8-12)。

三、政务环境

(一)政府部门制定与落实涉企政策

数据显示,企业对过去一年浦东地区有关政府部门制定与落实涉企政策工作满意度非常高,尤其是政策制定连续性、政策发布及时性、政策宣传解读丰富度、一站式政策服务平台建设与政策推送精准性,其满意度得分分别为4.59分、4.60分、4.57分、4.57分、4.50分。相对而言,企业参与政策制定的过程方面,企业满意度较低,得分为4.27分(见表8-13)。

与上海全市、苏州相比,浦东地区企业参与政策制定的过程和政策执行稳定性的满意度需要提升。调查显示,上海全市与苏州企业参与政策制定过程的满意度得分分别为4.49分和4.46分,比浦东高出0.22分和0.19分。由此可见,在政策制定过程中企业

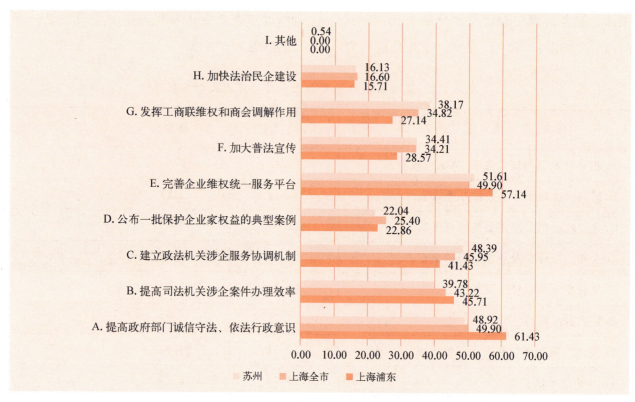

图 8-12　完善法治环境需加大工作力度占比柱状对比图（单位：%）

表 8-13　企业对政府部门制定与落实涉企政策工作满意度得分数据表　　　　单位：分

具 体 分 类	上海浦东	上海全市	苏 州
政策制定连续性	4.59	4.64	4.60
政策发布及时性	4.60	4.68	4.59
政策宣传解读丰富度	4.57	4.59	4.55
政策推送精准性	4.50	4.58	4.56
政策兑现便捷性	4.49	4.56	4.53
企业参与政策制定的过程	4.27	4.49	4.46
政策执行稳定性	4.49	4.59	4.59
一站式政策服务平台建设	4.57	4.62	4.59

的参与满意度浦东与上海全市和苏州存在一定的差距。政策执行稳定性也是如此；不过与上海全市、苏州的差距相对较窄，满意度得分相差 0.10 分（见图 8-13）。

产 业 研 究

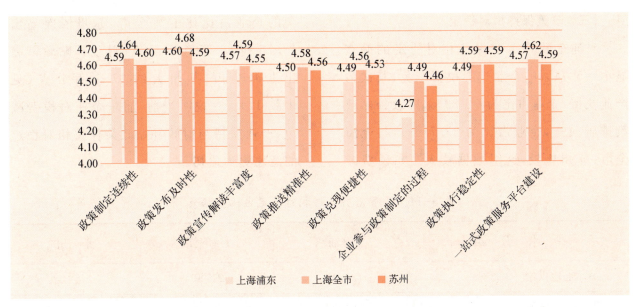

图 8-13　企业对政府制定与落实涉企政策工作满意度得分对比图(单位：分)

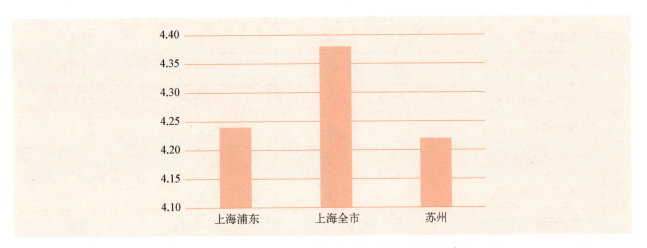

图 8-14　支付中小企业款项情况满意度得分对比图(单位：分)

进一步分析,企业对其参与浦东政策制定的满意度较低的主要原因在于中、微型企业,政策稳定性满意度相对不高在于微型企业。数据显示,上述两方面微型企业满意度得分依次为 3.88 分与 4.00 分,中型企业对其参与政策制定过程的满意度得分为 4.27 分。与上海全市、苏州相应类型企业满意度存在明显差距[①]。

(二) 支付中小企业贷款

浦东机关、事业单位和大型国有企业等支付中小企业款项满意度调查显示,企业满意度得分为 4.24 分。总体来看,企业满意度不及政府部门制定与落实涉企政策的工作。其满意度略低于上海全市,与苏州大体相当(见图 8-14)。

---

① 具体见附表 3。

(三) 政策保持相对稳定

对浦东政策需要保持相对稳定的调查显示，85.71%的企业选择税费减免、其次为产业扶持，企业占比为64.29%，财政补贴政策排居前三，企业占比为55.71%。与上海全市、苏州比较，这组数据较大。如税费减免的企业占比比上海全市、苏州依次高出13.75和13.67个百分点；财政补贴政策高出上海全市、苏州大约17个百分点（见表8-14）。这说明当前，浦东企业对税费减免、产业扶持与财政补贴政策保持相对稳定的意愿更为迫切。

表8-14 政策需要保持相对稳定占比数据表　　　　　单位：%

具体分类	上海浦东	上海全市	苏州
A. 土地供给	27.14	21.86	27.42
B. 税费减免	85.71	71.96	72.04
C. 产业扶持	64.29	60.63	55.91
D. 金融政策	30.00	28.95	29.57
E. 人才引进	41.43	42.21	43.01
F. 外贸出口政策	18.57	9.72	14.52
G. 项目审批	37.14	26.62	33.87
H. 工厂等项目环评	14.29	11.13	13.44
I. "双碳"行动措施	7.14	8.40	9.68
J. 生产等项目安监	8.57	7.79	11.29
K. 招商引资政策	28.57	15.99	9.68
L. 财政补贴政策	55.71	38.77	38.71
M. 创新研发支持政策	31.43	21.15	19.89

相反，浦东企业对生产等项目安监和"双碳"行动措施政策的稳定性需求较弱，选择这两项的企业比例均不超过10%。与上海全市、苏州情形大体相当。

(四) 亲清政商关系

企业对浦东亲清政商关系满意度评价，总体较高。政府诚信履约（4.54分）、政商关系总体满意度（4.51分）、政商交往规则（4.50分）与服务企业的方式与效率（4.50分）满意度得分均不低于4.50分。解决企业反映问题的态度与结果方面满意度得分为4.43分，略微低些（见表8-15）。相关政策占比数据的对比图如图8-15所示。

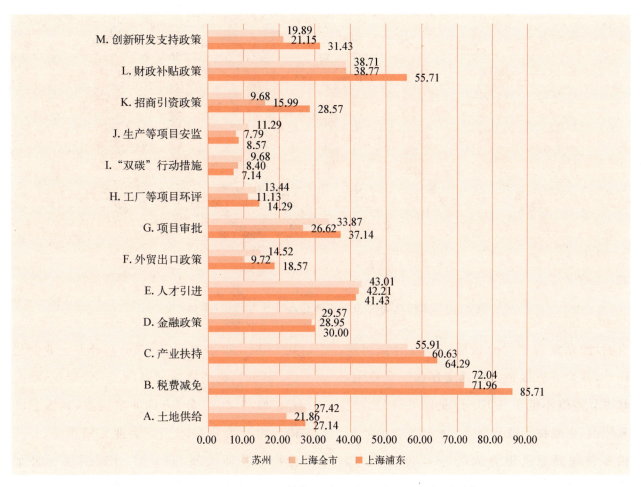

图 8-15 政策需要保持相对稳定占比对比图（单位：%）

表 8-15 亲清政商关系企业满意度得分数据表　　　　　　　　　　单位：分

具 体 分 类	上海浦东	上海全市	苏 州
1. 政商常态化沟通	4.49	4.60	4.57
2. 政府诚信履约	4.54	4.63	4.60
3. 政商交往规则	4.50	4.61	4.56
4. 服务企业的方式与效率	4.50	4.62	4.55
5. 解决企业反映问题的态度与结果	4.43	4.59	4.56
6. 政商关系总体满意度	4.51	4.62	4.61

与上海全市、苏州相比，浦东亲清政商关系的企业满意度可进一步提升。列举的6个

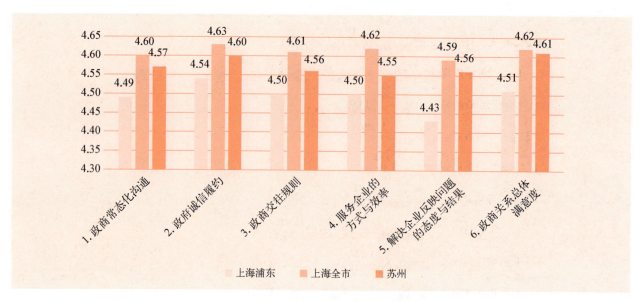

图 8-16　亲清政商关系企业满意度得分对比图(单位:分)

方面,浦东满意度得分最低。除政府诚信履约外,其余 5 方面企业满意度存在一定差距,其得分差值不低于 0.10 分(见图 8-16)。究其原因,主要在于微型企业。上述 5 方面浦东微型企业满意度得分依次为 4.00 分、4.13 分、4.13 分、4.13 分与 4.00 分;而上海全市与苏州微型企业满意度得分最小值 4.53 分,最大值 4.65 分[①]。

(五)政务服务工作

浦东政务服务工作企业满意度存在差别。其中,网上办事便利(4.63 分)、开办企业便利(4.63 分)、税费缴纳便利(4.59 分)与不动产登记便利(4.50 分)方面非常满意,其满意度得分均不低于 4.50 分。企业注销难易(4.33 分)、海关通关便利(4.44 分)、招投标公平(4.46 分)、投资项目审批便利(4.46 分)与建筑等行政许可事项办理效率(4.47 分)方面较满意,其满意度得分均大于 4.0 分(见表 8-16)。

表 8-16　政务服务工作企业满意度得分数据表　　　　　单位:分

政务服务类别	上海浦东	上海全市	苏　州
1. 网上办事便利	4.63	4.71	4.69
2. 开办企业便利	4.63	4.69	4.65
3. 企业注销难易	4.33	4.49	4.45

① 具体见附表 4。

续 表

政务服务类别	上海浦东	上海全市	苏 州
4. 不动产登记便利	4.50	4.58	4.58
5. 税费缴纳便利	4.59	4.69	4.66
6. 建筑等行政许可事项办理效率	4.47	4.58	4.57
7. 海关通关便利	4.44	4.59	4.54
8. 招投标公平	4.46	4.56	4.53
9. 投资项目审批便利	4.46	4.60	4.56

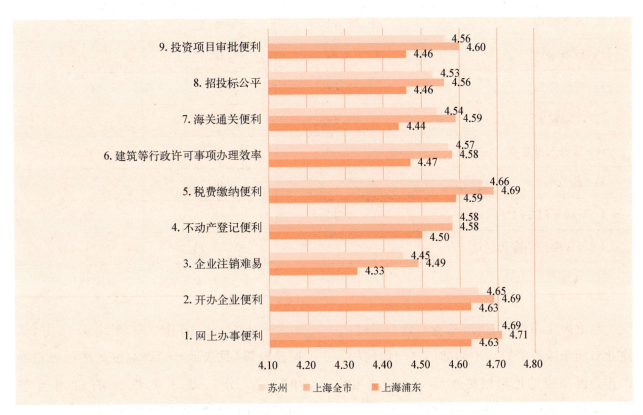

图 8-17 政务服务工作企业满意度得分对比图（单位：分）

企业对浦东政务服务工作的满意度均不及上海全市和苏州。其中，满意度得分差距超过 0.10 分的有企业注销难易、税费缴纳便利、建筑等行政许可事项办理效率、海关通关便利与投资项目审批便利（见图 8-17）。其主要原因也是微型企业对浦东政务服务工作相对较低的满意度所致[①]。这些方面，浦东地区存在一定的提升空间。

---

① 具体见附表5。

（六）政务环境改善

为营造更好的政务环境，浦东最需要加大工作力度的是减税降费与网络办事。数据显示，68.57%的企业选择减税降费，57.14%的企业赞同网络办事。加强不同部门之间的协同位居第三，企业占比为41.43%。相对而言，选择加强舆论和群众监督与政府采购的企业极少，比例不足10%（见表8-17）。

表8-17 政务环境改善最需要加大工作力度企业占比数据表　　　　单位：%

具 体 分 类	上海浦东	上海全市	苏 州
A. 网络办事	57.14	55.97	54.30
B. 亲清政商关系	18.57	19.23	23.12
C. 政务诚信	25.71	29.15	30.65
D. 政府采购	8.57	13.16	6.99
E. 减税降费	68.57	60.02	60.22
F. 政策稳定性	27.14	32.49	30.65
G. 基层人员素质	20.00	18.02	17.20
H. 政策落实	25.71	30.26	34.41
I. 不同部门之间协同	41.43	31.58	34.41
J. 加强舆论和群众监督	7.14	9.92	8.06
K. 其他	0.00	0.20	0.00

与上海全市、苏州情形基本一致。不过，企业对浦东减税降费与不同部门之间协同的工作力度加强的比例相对加大，浦东企业相应方面的需求更强（见图8-18）。

四、市场环境分析

（一）企业对市场监管满意度较高，但与苏州、上海全市仍有略微差距

企业对市场监管的满意度评价在4.27~4.59分，满分5分，平均4.48分，认同感较强（见表8-18）。对按照法律规定办事（4.59分）、基于大数据的信用监管（4.56分）、监管程序透明公开（4.54分）、环保、安监等合规监管（4.53分）的满意度评价较高，而对监管存在空白地带（4.27分）、对创新行为的包容审慎监管（4.44分）的满意度评价较低。与上海全市、苏州相比，浦东企业对市场监管的认同感稍弱。其中，监管存在空白地带的满意度评价与苏

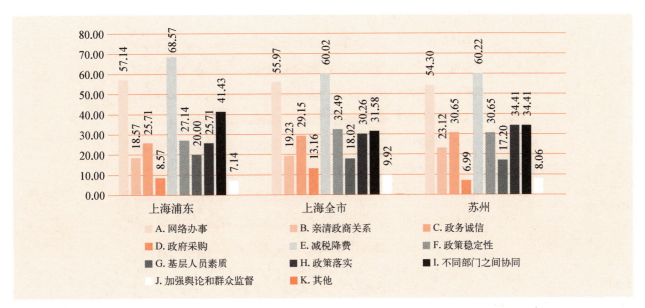

图 8-18 政务环境改善最需要加大工作力度企业占比对比图(单位：%)

州、上海全市差距最大,分别少了 0.24 分和 0.28 分；而基于大数据的信用监管差距最小，基本相当,仅少了 0.06 分和 0.04 分(见图 8-19)。

表 8-18 上海浦东、上海全市、苏州企业对市场监管满意度评价表 单位：分

各类监管情形	苏 州	上海全市	上海浦东
对各类企业一视同仁	4.63	4.60	4.44
按照法律规定办事	4.65	4.66	4.59
监管程序透明公开	4.61	4.63	4.54
对创新行为的包容审慎监管	4.61	4.61	4.44
"双随机、一公开"执行情况	4.63	4.63	4.50
对企业进行监管政策的培训解读	4.59	4.58	4.47
基于大数据的信用监管	4.62	4.60	4.56
环保、安监等合规监管	4.59	4.63	4.53
监管存在空白地带	4.51	4.55	4.27

从不同规模企业对市场监管满意度的评价可以看出(附表6),上海浦东大型企业的评价最高,平均为 4.57 分；其次是小型和中型企业,平均为 4.55 分和 4.51 分,而微型企业的评价最低,平均为 4.07 分。大型企业对各项监管措施的满意度基本一致,中型企业对"双

图8-19 上海浦东、上海全市、苏州企业对市场监管满意度评价图（单位：分）

随机、一公开"执行情况（4.65分）和基于大数据的信用监管（4.65分）的满意度较高；小型企业偏向于按照法律规定办事（4.69分）和监管程序透明公开（4.62分）；微型企业除了对同类企业一视同仁（4分）、对创新行为的包容审慎监管（3.88分）和监管存在空白地带（4分）三个方面满意度较低外，其余几项的满意度均为4.13分。

比较苏州、上海全市、上海浦东不同规模企业对市场监管满意度的评价（附表6），苏州微型企业的满意度最高（平均为4.75分），其次是大型（平均为4.66分）、中型（平均为4.64分）和小型企业（平均为4.53分），分别比浦东的平均分高了0.68分、0.09分、0.13分和0.02分。上海全市中型企业满意度最高（平均为4.65分），其次为小型（平均为4.6分）、微型（平均为4.58分）和大型企业（平均为4.55分）。中型、小型和微型企业的满意度分别比浦东的平均分高了0.14分、0.05分、0.51分，而大型企业的满意度则比浦东的平均分少了0.02分。

（二）民间投资在养老、教育、医疗和市政工程领域的准入门槛降低

就民间投资的市场准入门槛而言，48.57%的企业不了解情况，20%以上的企业认为养老、教育、医疗和市政工程的准入门槛降低了，其次是金融（14.29%）和体育（12.86%），而对石油、天然气、铁路、矿产和电力准入门槛降低的感受度较弱。与苏州、上海全市企业相比，浦东企业进入金融、养老领域更为便利，进入市政工程、医疗、电力、电信和铁路领域相对较难（见图8-20和表8-19）。

（三）信用体系建设方面，守信激励不足、失信惩戒不力的情况仍需改善

信用体系建设方面，企业最希望改善的

产业研究

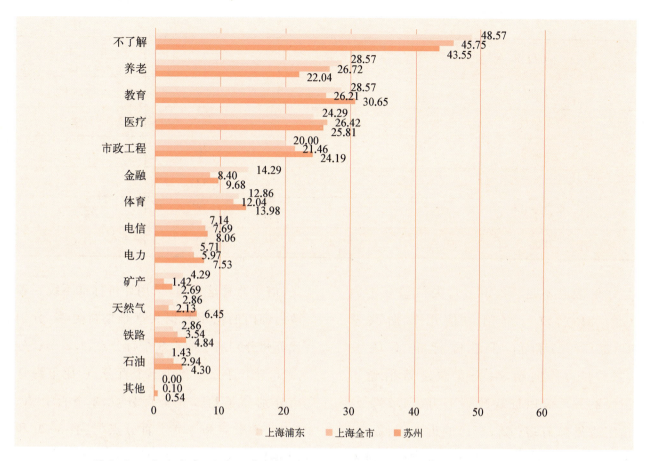

图 8-20 上海浦东、上海全市、苏州企业对民间投资准入门槛的评价图（单位：%）

表 8-19 上海浦东、上海全市、苏州企业对民间投资准入门槛的评价表　　单位：%

民间投资领域	苏 州	上海全市	上海浦东
市政工程	24.19	21.46	20.00
教育	30.65	26.21	28.57
医疗	25.81	26.42	24.29
体育	13.98	12.04	12.86
养老	22.04	26.72	28.57
电力	7.53	5.97	5.71
电信	8.06	7.69	7.14
铁路	4.84	3.54	2.86

续表

民间投资领域	苏州	上海全市	上海浦东
石油	4.30	2.94	1.43
天然气	6.45	2.13	2.86
金融	9.68	8.40	14.29
矿产	2.69	1.42	4.29
不了解	43.55	45.75	48.57
其他	0.54	0.10	0.00

是守信激励不足(52.86%)、失信惩戒不力(34.29%)、政府部门的信用数据共享难(28.57%)和信用评价标准不统一(27.14%)等问题,对企业缺乏诚信意识(14.29%)、信用贷款政策不力(14.29%)、信用修复障碍多(12.86%)的诉求较低。与苏州、上海全市相比,浦东企业对守信激励不足、信用监管落实慢、信用评价标准不统一和政府部门的信用数据共享难期待更多,分别比苏州分别高了约1.8个百分点、1.2个百分点、6.7个百分点和4.4个百分点,比上海全市分别高了约3.6个百分点、2个百分点、5.2个百分点和3.9个百分点(见表8-20和图8-21)。

表8-20　上海浦东、上海全市、苏州企业对信用体系建设存在问题评价表　单位:%

具体分类	苏州	上海全市	上海浦东
企业缺乏诚信意识	22.04	19.13	14.29
守信激励不足	51.08	49.19	52.86
失信惩戒不力	33.87	42.11	34.29
信用修复障碍多	18.28	15.89	12.86
信用监管落实慢	14.52	13.77	15.71
信用贷款政策不力	14.52	12.55	14.29
信用评价标准不统一	20.43	21.96	27.14
政府部门的信用数据共享难	24.19	24.60	28.57
其他	1.08	0.81	0.00

图 8-21　上海浦东、上海全市、苏州企业对信用体系建设存在问题评价图（单位：%）

（四）"双减"政策作用显著，有效维护市场公平竞争秩序，减少中小企业经营成本

企业认为"双减"政策及反资本无序扩张的市场监管政策最大的作用在于维护市场公平竞争秩序（62.86%）和减少中小企业经营成本（60%），其次是帮助中小企业摆脱歧视待遇（47.14%）、保障中小企业合法权益（41.43%）和促进实体经济发展（40%），浦东企业在这几方面的感受度比苏州和上海全市企业更深。仅有54.84%的苏州企业和57.09%的上海全市企业认为"双减"政策的作用是维护市场公平竞争秩序，分别比浦东少了约8个百分点和约5.7个百分点。41.4%的苏州企业和39.17%的上海全市企业认同"双减"政策帮助中小企业摆脱歧视待遇，分别比浦东少

了约5.7个百分点和约8个百分点。而在激发中小企业自主创新动力方面，苏州企业的感受度比浦东企业更深，高了约3.2个百分点（见表8-21和图8-22）。总体分析，"双减"政策对浦东企业的作用较大，效果较好。

（五）政府采购、危废处理政策有待改善

约1~2成的企业认为浦东仍存在一些不利于改善市场环境的现象（见表8-22），主要有限制危废跨省转移，只接受本辖区危废（20%）；政府采购时，要求企业必须进入当地事先确定的"企业库"（18.57%）；定向采购或指定购买，政府机构指定购销本地产品（17.14%）等。其中，在"定向采购或指定购买，政府机构指定购销本地产品""增加税费门槛，或制定特殊标准，限制外地产品进入"

表8-21 上海浦东、上海全市、苏州企业对"双减"政策作用的评价表　　单位：%

具体分类	苏州	上海全市	上海浦东
帮助中小企业摆脱歧视待遇	41.40	39.17	47.14
维护市场公平竞争秩序	54.84	57.09	62.86
减少中小企业经营成本	60.22	57.19	60.00
提高资源配置效率	26.34	28.64	27.14
保障中小企业合法利益	34.41	36.23	41.43
激发中小企业自主创新动力	36.02	31.48	32.86
有力保障消费者权益	16.67	18.83	18.57
促进实体经济发展	26.34	25.51	40.00
没有作用或有负面作用	3.23	2.23	2.86
其他	0.00	0.40	0.00

图8-22 上海浦东、上海全市、苏州企业对"双减"政策作用的评价图（单位：%）

"跨区域企业侵权或经济纠纷的司法保护主义"方面，苏州企业的感受度比浦东企业更深，分别比浦东高约6个百分点、7.4个百分点和3个百分点。而上海全市企业仅在"定向采购或指定购买，政府机构指定购销本地产品""增加税费门槛，或制定特殊标准，限制外地产品进入"两方面比浦东企业感受度深，其他行为和现象的认同度较低（见表8-22和图8-23）。

表8-22　上海浦东、上海全市、苏州企业对市场存在问题的评价表　　单位：%

具体分类	苏州	上海全市	上海浦东
增加税费门槛，或制定特殊标准，限制外地产品进入	18.82	14.78	11.43
采取硬性禁绝方式，阻挠和不准外地产品进入	11.83	13.06	14.29
定向采购或指定购买，政府机构指定购销本地产品	23.12	19.53	17.14
保假护劣，充当本地假冒伪劣产品的保护伞	9.14	9.62	12.86
特定行业如医保药品采购的本地限制	12.37	11.84	14.29
限制危废跨省转移，只接受本辖区危废	15.05	12.04	20.00
跨区域企业侵权或经济纠纷的司法保护主义	17.20	10.93	14.29
排斥或者限制外地经营者参加本地招投标活动	5.38	5.77	12.86
政府采购时，要求外地企业在本地注册经营实体	5.91	8.00	11.43
政府采购时，要求企业必须进入当地事先确定的"企业库"	15.05	17.51	18.57
其他	27.42	31.17	34.29

（六）企业期待政府加大产业政策支持力度、完善信用体系建设和公平监管执法

为营造更好的市场环境，企业希望在以下三个方面加大力度：加大产业政策支持力度（67.14%）、完善信用体系建设（58.57%）、公平监管执法（47.14%），且浦东企业在这三方面的诉求比苏州和上海全市企业高，分别比苏州高约3.6个百分点、13个百分点和5.7个百分点，比上海全市高约0.7个百分点、11.8个百分点和2.6个百分点。在提升监管部门与工作人员素质（17.14%）、规范中介机构收费（20%）方面的诉求则比苏州和上海全市企业低，分别比苏州低约1.14个百分点和16个百分点，比上海全市低约0.7个百分点和8.64个百分点（见图8-24和表8-23）。

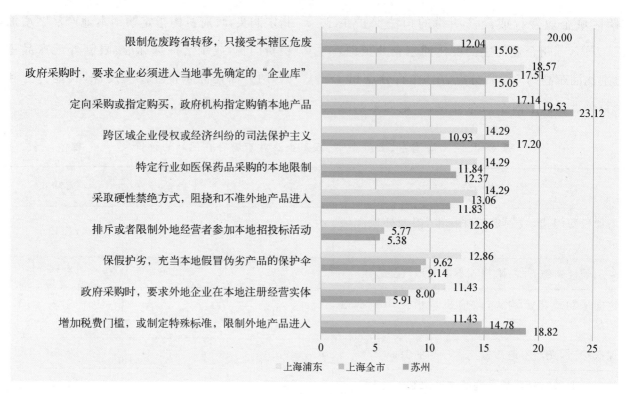

图 8-23　上海浦东、上海全市、苏州企业对市场存在问题的评价图（单位：%）

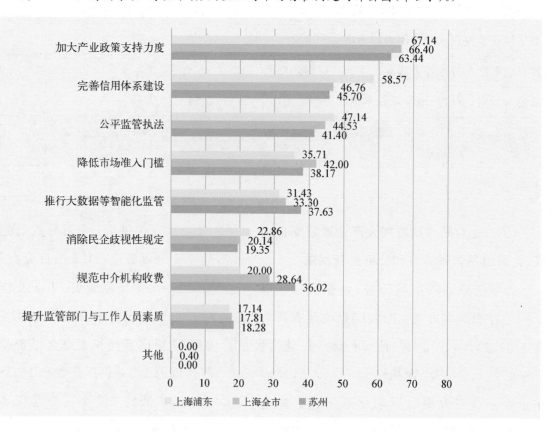

图 8-24　上海浦东、上海全市、苏州企业对优化市场环境的期许图（单位：%）

表8-23 上海浦东、上海全市、苏州企业对优化市场环境的期许表　　　　单位：%

具体分类	苏州	上海全市	上海浦东
公平监管执法	41.40	44.53	47.14
降低市场准入门槛	38.17	42.00	35.71
加大产业政策支持力度	63.44	66.40	67.14
完善信用体系建设	45.70	46.76	58.57
规范中介机构收费	36.02	28.64	20.00
消除民企歧视性规定	19.35	20.14	22.86
推行大数据等智能化监管	37.63	33.30	31.43
提升监管部门与工作人员素质	18.28	17.81	17.14
其他	0.00	0.40	0.00

五、创新环境分析

（一）科创资源与创新氛围较好，企业对高等教育资源和高端人才吸引力的满意度较高，对宽容创新失败氛围的满意度较低

企业对科创资源与创新氛围满意度的评价在4.33～4.54分，平均4.45分，认同感较强。对高等教育资源（4.54分）、高端人才吸引力（4.54分）、创新平台与服务体系（4.5分）、科技型中小企业帮扶（4.49分）的满意度较高，对科技项目立项审批（4.41分）、第三方数字化专业服务（4.4分）和宽容创新失败氛围（4.33分）的满意度较低。

比较上海浦东、上海全市和苏州企业的满意度可以看出，浦东企业对科创资源与创新氛围的整体满意度低于上海全市，除了对高等教育资源和高端人才吸引力的满意度高于苏州外，对其他各项的满意度均低于苏州，特别是在宽容失败创新氛围和科技项目立项审批方面仍需改善，分别比上海全市低了0.18分和0.17分，比苏州低了0.19分和0.13分。具体如图8-25和表8-24所示。

就不同营业额企业的满意度而言，营业额501万～1 000万（4.7分）、10亿～50亿（4.72分）和100亿以上（5分）的上海浦东企业对科创资源与创新氛围的满意度最高，分别比上海全市同规模企业的满意度高了0.12分、0.2分和0.52分，比苏州高了0.3分、0.24分和0.48分。营业额500万以下的企业满意度最低（4.13分），比上海全市低了0.4分，比苏州低了0.28分。不同营业额企业对不同科创

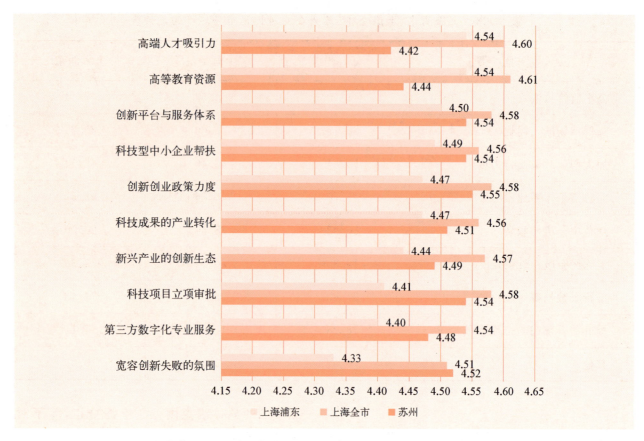

图 8-25　上海浦东、上海全市、苏州企业科创资源与创新氛围满意度比较图（单位：分）

表 8-24　上海浦东、上海全市、苏州企业科创资源与创新氛围满意度比较表　单位：分

科创资源与创新氛围分类	苏　州	上海全市	上海浦东
高等教育资源	4.44	4.61	4.54
高端人才吸引力	4.42	4.60	4.54
科技成果的产业转化	4.51	4.56	4.47
创新平台与服务体系	4.54	4.58	4.50
新兴产业的创新生态	4.49	4.57	4.44
创新创业政策力度	4.55	4.58	4.47
科技项目立项审批	4.54	4.58	4.41
科技型中小企业帮扶	4.54	4.56	4.49

续表

科创资源与创新氛围分类	苏州	上海全市	上海浦东
宽容创新失败的氛围	4.52	4.51	4.33
第三方数字化专业服务	4.48	4.54	4.40

资源和创新氛围的评价也存在差异(表26)。营业额500万以下的企业对创新创业政策力度(4分)评价较低,对高等教育资源、科技型中小企业帮扶、宽容创新失败的氛围评价相对较好,均为4.25分。而营业额501万~1000万的企业则认为创新创业政策力度(4分)、科技项目立项审批(4分)和宽容失败创新氛围(4分)方面仍需改善(见表8-25和表8-26)。

表8-25 上海浦东、上海全市、苏州不同营业额企业科创资源和创新氛围满意度评价表

单位:分

具 体 分 类	苏州	上海全市	上海浦东
500万以下	4.41	4.53	4.13
501万~1 000万	4.40	4.58	4.70
1 001万~3 000万	4.63	4.59	4.53
3 001万~5 000万	4.56	4.63	4.52
5 001万~1亿(包含1亿)	4.62	4.58	4.53
1亿~10亿(包含10亿)	4.47	4.57	4.46
10亿~50亿(包含50亿)	4.48	4.52	4.72
50亿~100亿(包含100亿)	3.40	4.61	—
100亿以上	4.52	4.48	5.00

注:上海浦东调查企业中没有营业额50亿~100亿的企业。

表8-26 上海浦东不同营业额企业科创资源和创新氛围满意度评价表 单位:分

营 业 额	500万以下	501万~1 000万	1 001万~3 000万	3 001万~5 000万	5 001万~1亿(包含1亿)	1亿~10亿(包含10亿)	10~50亿(包含50亿)	100亿以上
高等教育资源	4.25	5.00	4.67	4.83	4.50	4.43	5.00	5.00
高端人才吸引力	4.17	5.00	4.58	4.67	4.60	4.52	5.00	5.00

续　表

营　业　额	500万以下	501万～1 000万	1 001万～3 000万	3 001万～5 000万	5 001万～1亿(包含1亿)	1亿～10亿(包含10亿)	10～50亿(包含50亿)	100亿以上
科技成果的产业转化	4.08	5.00	4.58	4.50	4.70	4.39	4.80	5.00
创新平台与服务体系	4.08	5.00	4.58	4.50	4.60	4.52	4.80	5.00
新兴产业的创新生态	4.08	5.00	4.42	4.50	4.60	4.48	4.60	5.00
创新创业政策力度	4.00	4.00	4.58	4.67	4.60	4.48	4.80	5.00
科技项目立项审批	4.08	4.00	4.42	4.67	4.40	4.48	4.60	5.00
科技型中小企业帮扶	4.25	5.00	4.58	4.50	4.50	4.48	4.60	5.00
宽容创新失败的氛围	4.25	4.00	4.42	4.17	4.30	4.35	4.40	5.00
第三方数字化专业服务	4.08	5.00	4.50	4.17	4.50	4.43	4.60	5.00

从不同规模企业对科创资源和创新氛围满意度的评价可以看出(附表7),上海浦东小型企业的评价最高,平均为4.57分;其次是大型和中型企业,平均为4.51分和4.49分,而微型企业的评价最低,平均为3.91分。大型企业对创新创业政策力度的满意度较高,为4.71分;中型企业对高端人才吸引力的满意度较高,为4.58分;小型企业偏向于高等教育资源(4.69分)和高端人才吸引力(4.66分);微型企业对高等教育资源、高端人才吸引力和科技成果的产业转化较为满意,平均为4分。

比较苏州、上海全市、上海浦东不同规模企业对科创资源和创新氛围满意度的评价(附表7),苏州微型企业的满意度最高(平均为4.62分),其次是中型(平均为4.57分)、大型(平均为4.45分)和小型企业(平均为4.44分),大型和小型企业的评价分别比浦东的平均分低了0.06分和0.13分,中型和微型企业的评价则比浦东的平均分高了0.08分和0.71分。上海全市中型企业满意度最高(平均为4.61分),其次为小型(平均为4.56分)、微型(平均为4.55分)和大型企业(平均为4.51分)。大型和小型企业的满意度均比浦东的平均分低了0.01分,而中型和微型企业的满意度则比浦东的平均分高了0.12分和0.64分。

(二)高端创新人才引进政策较好,公共技术研发平台建设政策仍需完善

企业对创新政策完备性的评分最高为4.5分,其次为创新政策含金量4.46分,创新政策落实效果4.44分。其中,创新政策含金量和完备性分别比苏州高了0.04分和0.01分,而落实效果比苏州低了0.02分。完备性方面与上海全市相当,含金量和落实效果分别比上海全市低了0.01分和0.02分。分析不同的创新政策,企业对高端创新人才引进政策(4.48分)和科技金融扶持政策(4.45分)的好感度较高,分别比苏州高了0.13分和0.02分;对政府产业创新引导政策(4.42分)和公共技术研发平台建设(4.35分)的好感度相对较低,比苏州低了0.01分和0.04分。各创新政策的完备性均高于含金量和落实效果(见表8-27和图8-26)。

表8-27 上海浦东、上海全市、苏州企业创新政策满意度评价表　　　　单位:分

创 新 政 策	苏 州	上海全市	上海浦东
高端创新人才引进政策┊含金量	4.32	4.49	4.47
高端创新人才引进政策┊完备性	4.41	4.53	4.51
高端创新人才引进政策┊落实效果	4.32	4.48	4.47
科技金融扶持政策┊含金量	4.43	4.47	4.43
科技金融扶持政策┊完备性	4.46	4.48	4.49
科技金融扶持政策┊落实效果	4.40	4.43	4.43
政府产业创新引导政策┊含金量	4.42	4.47	4.41
政府产业创新引导政策┊完备性	4.46	4.48	4.46
政府产业创新引导政策┊落实效果	4.42	4.47	4.39
公共技术研发平台建设政策┊含金量	4.38	4.45	4.33
公共技术研发平台建设政策┊完备性	4.42	4.48	4.39
公共技术研发平台建设政策┊落实效果	4.38	4.44	4.33
对创新政策的总体评价┊含金量	4.42	4.47	4.46
对创新政策的总体评价┊完备性	4.49	4.50	4.50
对创新政策的总体评价┊落实效果	4.46	4.46	4.44

从不同规模企业对创新政策满意度的评价可以看出(附表8),上海浦东大型和小型企业的评价最高,平均为4.57分;其次是中型企业,平均为4.50分,而微型企业的评价最低,平均为3.88分。大型企业除对高端创新人才引进政策的满意度较低(平均为4.43分),其余平均为4.57分;中型企业则对高端创新人才引进政策的科学合理性和含金量的满意度较高,分别为4.65分和4.62分;小型企业偏向于科技金融扶持政策;微型企业偏向于高端创新人才引进政策和科技金融扶持政策。

比较苏州、上海全市、上海浦东不同规模

图 8-26　上海浦东、上海全市、苏州企业创新政策满意度评价图（单位：分）

企业对创新政策满意度的评价（附表 8），苏州微型企业的满意度最高（平均为 4.69 分），其次是大型（平均为 4.57 分）、中型（平均为 4.51 分）和小型企业（平均为 4.34 分），小型企业的评价比浦东的平均分低了 0.24 分，微型企业的评价则比浦东的平均分高了 0.81 分。上海全市中型企业满意度最高（平均为 4.54 分），其次为微型（平均为 4.52 分）、小型（平均为 4.44 分）和大型企业（平均为 4.40 分）。大型和小型企业的满意度比浦东的平均分低了 0.18 分和 0.13 分，而中型和微型企业的满意度则比浦东的平均分高了 0.04 分和 0.64 分。

分析不同营业额企业对创新政策满意度的评价，营业额 501 万～1 000 万（5 分）、10 亿～50 亿（5 分）、100 亿以上（5 分）、1 001 万～3 000 万（4.64 分）、1 亿～10 亿（4.49 分）的上海浦东企业对创新政策满意度的评价较高，分别比上海全市高 0.54 分、0.52 分、0.72 分、0.09 分，比苏州高了 0.75 分、0.45 分、0.27 分、0.21 分和 0.05 分。营业额 500 万以下（4.17 分）、3 001 万～5 000 万（4.17 分）的企业对创新政策满意度相对较低，分别比上海全市低了 0.27 分和 0.34 分，比苏州低了 0.25 分和 0.71 分（见表 8-28）。

表 8-28　上海浦东、上海全市、苏州不同营业额企业对创新政策满意度评价表　　单位：分

具 体 分 类	苏　州	上海全市	上海浦东
A. 500 万以下	4.42	4.44	4.17
B. 501 万～1 000 万	4.25	4.46	5.00
C. 1 001 万～3 000 万	4.43	4.55	4.64
D. 3 001 万～5 000 万	4.87	4.51	4.17
E. 5 001 万～1 亿（包含 1 亿）	4.45	4.45	4.37
F. 1 亿～10 亿（包含 10 亿）	4.44	4.48	4.49
G. 10 亿～50 亿（包含 50 亿）	4.55	4.48	5.00
H. 50 亿～100 亿（包含 100 亿）	4.00	4.63	—
I. 100 亿以上	4.73	4.28	5.00

（三）企业期待政府在科技成果孵化和中试平台、成果转化的财税支持及研发投入方面加大政策扶持

科技成果的产业转化方面，企业希望在建立科技成果孵化和中试平台（58.57%）、科技成果转化的财税支持（47.14%）、出台政策鼓励企业加大研发投入（42.86%）三个方面出台更多的政策，在鼓励扶持资产评估、知识产权代理等中介服务机构发展（11.43%），加强知识产权保护（18.57%）方面的诉求较低。苏州企业则希望政府出台政策鼓励企业研发投入（51.61%）和设立技术经理人培训基地（48.39%）；上海全市企业期待政府鼓励研发投入（43.93%）以及建立科技成果孵化和中试平台（42.91%）。科技创新资金、创新人员投入以及科技成果转化能力的培育是科技成果产业转化的重点（见图 8-27 和表 8-29）。

（四）知识产权行政执法力度及宣传力度仍需加强

就知识产权保护工作而言，浦东企业认为存在的主要问题有知识产权行政执法力度小（52.86%）、知识产权保护宣传力度不足（47.14%）、知识产权维权服务不及时（37.14%）以及知识产权仲裁、调解等多元纠纷解决渠道不畅（30%）等问题，与苏州和上海全市企业的看法基本一致，差别在于上海浦东企业对维权服务不及时、行政执法力度小的认同感比苏州和上海全市企业更强，而在保护宣传力度不足、调解纠纷渠道不畅的认同感较低。仅有 4.29% 的企业认为知识产权审判不公正，8.57% 的企业认为知识产权立法与政策制定不科学（见图 8-28 和表 8-30）。

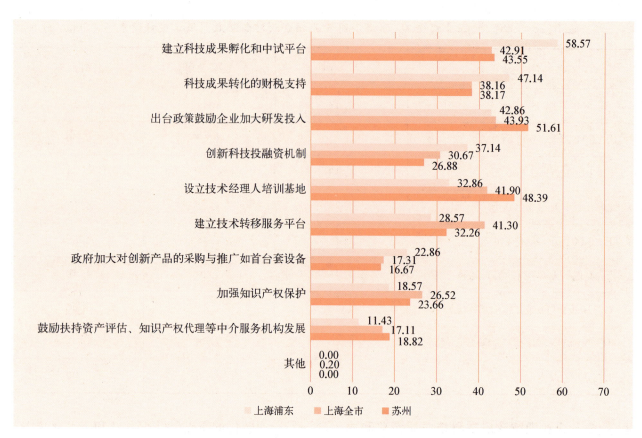

图 8-27 上海浦东、上海全市、苏州企业对科技成果产业转化政策的期许图（单位：%）

表 8-29 上海浦东、上海全市、苏州企业对科技成果产业转化政策的期许表　单位：%

具 体 分 类	苏 州	上海全市	上海浦东
设立技术经理人培训基地	48.39	41.90	32.86
建立科技成果孵化和中试平台	43.55	42.91	58.57
建立技术转移服务平台	32.26	41.30	28.57
创新科技投融资机制	26.88	30.67	37.14
出台政策鼓励企业加大研发投入	51.61	43.93	42.86
政府加大对创新产品的采购与推广如首台套设备	16.67	17.31	22.86
科技成果转化的财税支持	38.17	38.16	47.14
鼓励扶持资产评估、知识产权代理等中介服务机构发展	18.82	17.11	11.43
加强知识产权保护	23.66	26.52	18.57
其他	0.00	0.20	0.00

产业研究

图 8-28 上海浦东、上海全市和苏州企业对知识产权保护工作存在问题的评价图（单位：%）

表 8-30 上海浦东、上海全市和苏州企业对知识产权保护工作存在问题的评价表　　单位：%

具 体 分 类	苏 州	上海全市	上海浦东
知识产权维权服务不及时	30.65	30.67	37.14
知识产权行政执法力度小	47.31	43.52	52.86
知识产权审判不公正	8.60	9.21	4.29
知识产权仲裁、调解等多元纠纷解决渠道不畅	23.66	29.96	30.00
知识产权保护宣传力度不足	59.68	58.81	47.14
知识产权立法与政策制定不科学	9.14	9.41	8.57
当地知识产权保护的总体氛围不好	15.05	9.92	10.00
其他	5.91	8.50	10.00

（五）具有良好的民营投资舆论环境，民营企业家表彰机制较为完善

92.86%的企业认为当地党委政府、媒体经常性地宣传优秀民营企业家或优秀企业，92.47%的苏州企业以及91.09%的上海全市企业认同这一观点。94.29%的上海浦东企业认为当地党委政府建立了定期表彰民营企业家的机制,比苏州高 3.43 个百分点,比上海全市高 3.1 个百分点。浦东营造了良好的民营投资舆论环境,在媒体宣传机制方面较为完善,宣传较为到位,激发了民营企业的活力,促进民营经济的发展(见图 8-29 和图 8-30)。

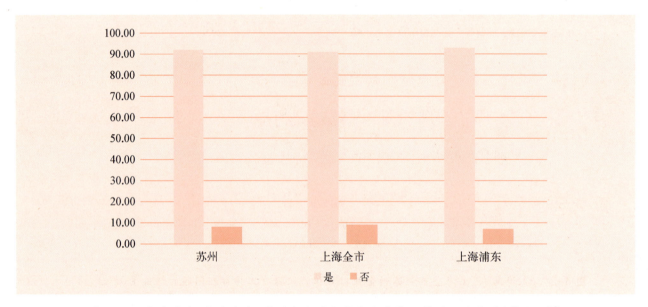

图 8-29　上海浦东、上海全市、苏州企业对优秀企业宣传工作的认同度图(单位:%)

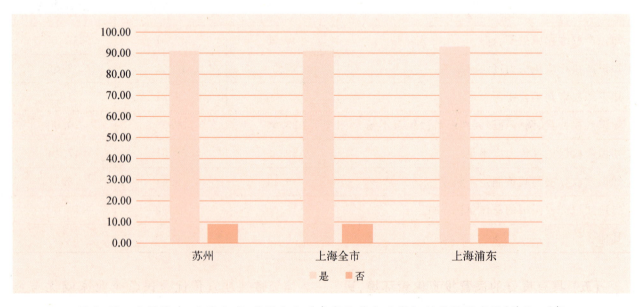

图 8-30　上海浦东、上海全市、苏州企业对表彰民营企业家机制的认同度图(单位:%)

(六)企业希望政府在创新平台建设、高端人才引进和财政补贴政策方面加大扶持力度

良好的创新环境是企业创新的基础和保障。为营造良好的创新环境,企业最希望在创新平台建设(57.14%)、高端人才引进(52.86%)和财政补贴政策支持(51.43%)三个方面加强工作力度,其次是科技金融支持(28.57%)、创新政策落实(28.57%)和高等教育资源投入(20%),对中介服务机构和城市品牌塑造的要求最低。而苏州企业最期待政府重视高端人才引进(62.37%)和高等教育资源投入(42.47%);上海全市企业的诉求与浦东企业一致,呼吁政府重视创新平台建设、高端人才引进和财政补贴政策支持,但企业的感受度低于浦东,所占比例相对较低,分别比浦东低了大约6个百分点、7.7个百分点和10个百分点(见图8-31和表8-31)。

(七)五成企业已开展数字化转型,期待政府在新兴基础设施的投资和建设以及数字化人才队伍方面加大政策扶持

数字化转型方面,50%的浦东企业已开展数字化转型工作。其中,营业额1亿~10亿的企业开展数字化转型的比例最高,为18.57%;其次是营业额500万以下、1 001万~3 000万、5 001万~1亿的企业,比例均

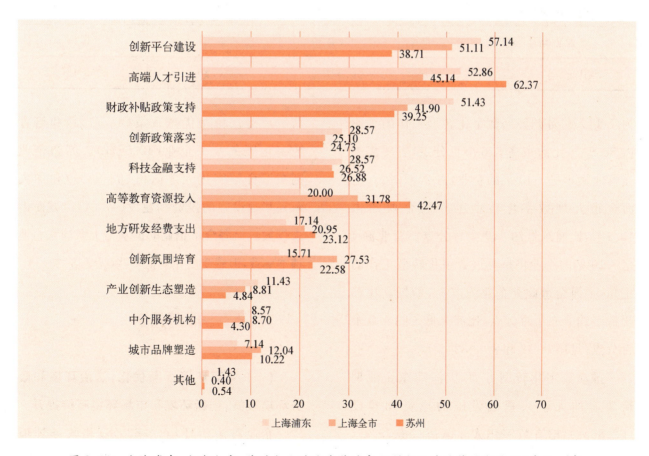

图8-31 上海浦东、上海全市、苏州企业对政府营造良好创新环境政策的期许图(单位:%)

表8-31 上海浦东、上海全市、苏州企业对政府营造良好创新环境政策的期许表　　单位：%

具 体 分 类	苏 州	上海全市	上海浦东
创新平台建设	38.71	51.11	57.14
高端人才引进	62.37	45.14	52.86
高等教育资源投入	42.47	31.78	20.00
科技金融支持	26.88	26.52	28.57
创新氛围培育	22.58	27.53	15.71
中介服务机构	4.30	8.70	8.57
地方研发经费支出	23.12	20.95	17.14
财政补贴政策支持	39.25	41.90	51.43
创新政策落实	24.73	25.10	28.57
城市品牌塑造	10.22	12.04	7.14
产业创新生态塑造	4.84	8.81	11.43
其他	0.54	0.40	1.43

为7.14%。苏州开展数字化转型工作的企业占58.6%，比浦东高8.6个百分点，主要集中在营业额1亿～10亿的企业，占23.12%。上海全市开展数字化转型工作的企业约占45.1%，比浦东低约4.9个百分点。营业额1亿～10亿的企业仍是开展数字化转型工作的主角，上海全市此类企业约占14.27%。比苏州低了约8.6个百分点，比浦东低了约4.3个百分点（见图8-32和表8-32）。

推动数字化转型方面，上海浦东企业期待政府加大新兴基础设施的投资和建设（62.86%）、培育数字化人才队伍（58.57%）、为产业发展提供丰富的应用场景（52.86%）。其次是提供税费优惠政策（45.71%）和培育数字化服务龙头企业（42.86%）。苏州企业则在培育数字化人才队伍（63.98%）和加大新兴基础设施的投资和建设（47.31%）方面诉求较大。上海全市企业的诉求与上海浦东企业基本一致，但感受度相对低一些（见表8-33）。

六、营商环境分析

（一）营商环境逐渐优化，法治环境和政务环境较好，创新环境和市场环境有待提升

企业对法治环境（4.63分）和政务环境（4.53分）的满意度较高，对市场环境（4.47分）

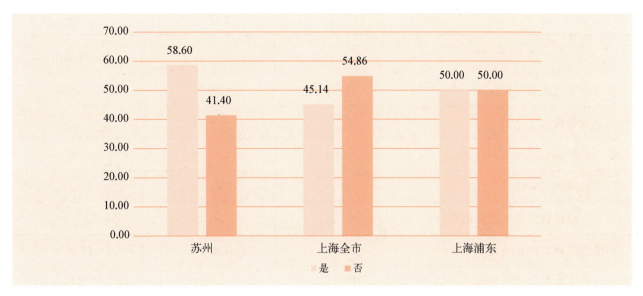

图 8-32　上海浦东、上海全市、苏州企业开展数字化转型的比例图（单位：％）

表 8-32　上海浦东、上海全市、苏州不同规模企业开展数字化转型的比例表　　单位：％

具 体 分 类	苏　州	上海全市	上海浦东
500 万以下	6.45	7.39	7.14
501 万～1 000 万	3.23	3.85	1.43
1 001 万～3 000 万	7.53	6.07	7.14
3 001 万～5 000 万	1.61	3.24	1.43
5 001 万～1 亿（包含 1 亿）	7.53	5.16	7.14
1 亿～10 亿（包含 10 亿）	23.12	14.27	18.57
10 亿～50 亿（包含 50 亿）	6.45	3.44	5.71
50 亿～100 亿（包含 100 亿）	0.54	0.71	—
100 亿以上	2.15	1.01	1.43

表 8-33　上海浦东、上海全市、苏州企业对政府推动数字化转型政策的期许表　　单位：％

具 体 分 类	苏　州	上海全市	上海浦东
加大新兴基础设施的投资和建设	47.31	47.17	62.86
为产业发展提供丰富的应用场景	41.94	44.64	52.86

续 表

具 体 分 类	苏州	上海全市	上海浦东
培育数字化服务龙头企业	45.16	39.68	42.86
培育数字化人才队伍	63.98	44.64	58.57
建立专项资金投入机制	37.63	32.19	38.57
提供税费优惠政策	45.16	39.68	45.71
建立产业链数字化生态协同平台	24.19	24.49	30.00
加快推进核心技术研究	19.35	16.50	22.86
对行业实施包容审慎监管	10.75	11.23	12.86
其他	0.00	1.11	1.43

和创新环境(4.47分)的满意度略低。与2020年相比，2021年的营商环境逐渐优化，64.29%的企业认为2021年浦东整体营商环境比2020年改善了，仅有2.86%的企业认为营商环境变差了。其中，超七成的企业认为法治环境和政务环境更好了，超六成的企业认为要素环境、市场环境和创新环境更优了(见表8-34和表8-35)。

与苏州、上海全市相比，上海浦东企业对营商环境的满意度稍显不足，营商环境评分比苏州低0.1分，比上海全市低0.12分。其中，法治环境与苏州、上海全市基本相当，要素环境、政务环境、市场环境和创新环境与苏州、上海全市的差距在0.1~0.13分。在营商环境的改善方面也略有差距，超8成的企业认为苏州整体营商环境、要素、法治、政务、市场、创新环境改善了，75%以上的企业认为上海全市的营商环境优化了。上海浦东的这一比例在60%~75%之间(见表8-34和图8-33)。

表8-34　上海浦东、上海全市、苏州企业对营商环境满意度评价表　　单位：分

营 商 环 境	苏 州	上海全市	上海浦东
营商环境总体评价	4.63	4.65	4.53
要素环境	4.61	4.61	4.50
法治环境	4.65	4.66	4.63
政务环境	4.63	4.63	4.53

续表

营商环境	苏州	上海全市	上海浦东
市场环境	4.59	4.60	4.47
创新环境	4.58	4.60	4.47

表 8-35　上海浦东、上海全市、苏州企业对营商环境改善情况的评价表　　单位：%

营商环境	苏州	上海全市	上海浦东
所在城市 2021 年的要素环境,比 2020 年改善了	85.48	77.43	67.14
所在城市 2021 年的要素环境,和 2020 年一样	13.98	22.17	31.43
所在城市 2021 年的要素环境,比 2020 年更差了	0.54	0.40	1.43
所在城市 2021 年的法治环境,比 2020 年改善了	84.95	78.44	74.29
所在城市 2021 年的法治环境,和 2020 年一样	13.98	21.46	25.71
所在城市 2021 年的法治环境,比 2020 年更差了	1.08	0.10	0.00
所在城市 2021 年的政务环境,比 2020 年改善了	86.02	78.85	71.43
所在城市 2021 年的政务环境,和 2020 年一样	13.44	20.65	27.14
所在城市 2021 年的政务环境,比 2020 年更差了	0.54	0.51	1.43
所在城市 2021 年的市场环境,比 2020 年改善了	81.18	75.40	65.71
所在城市 2021 年的市场环境,和 2020 年一样	17.74	22.57	32.86
所在城市 2021 年的市场环境,比 2020 年更差了	1.08	2.02	1.43
所在城市 2021 年的创新环境,比 2020 年改善了	82.26	76.21	60.00
所在城市 2021 年的创新环境,和 2020 年一样	17.20	22.98	38.57
所在城市 2021 年的创新环境,比 2020 年更差了	0.54	0.81	1.43
所在城市 2021 年的总体营商环境,比 2020 年改善了	86.02	79.15	64.29
所在城市 2021 年的总体营商环境,和 2020 年一样	12.37	19.64	32.86
所在城市 2021 年的总体营商环境,比 2020 年更差了	1.61	1.21	2.86

从不同规模企业对营商环境满意度的评价分析,浦东中型企业对营商环境满意度最高,为 4.65 分,其次为小型企业(4.62 分)、大型企业(4.29 分)和微型企业(4 分)。而苏州微型企

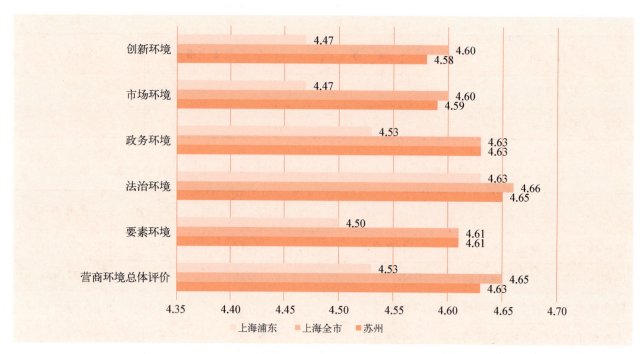

图 8-33　上海浦东、上海全市和苏州企业对营商环境满意度评价图（单位：分）

业(4.76分)和大型企业(4.75分)对营商环境的满意度最高，分别比浦东高0.76分和0.46分，其次是中型企业比浦东高0.01分，而小型企业则比浦东低0.08分。上海全市中型企业满意度最高，其次是小型、微型和大型企业，分别比浦东高0.07分、0.02分、0.59分、0.25分(见表8-36)。

表 8-36　上海浦东、上海全市、苏州不同规模企业对营商环境满意度的评价表　　单位：%

	企业规模	营商环境总体评价	要素环境	法治环境	政务环境	市场环境	创新环境
苏州	大型	4.75	4.71	4.75	4.75	4.71	4.67
	中型	4.66	4.65	4.71	4.66	4.66	4.63
	小型	4.54	4.53	4.55	4.57	4.49	4.49
	微型	4.76	4.76	4.76	4.71	4.65	4.71
上海全市	大型	4.54	4.54	4.55	4.54	4.53	4.54
	中型	4.72	4.66	4.72	4.70	4.66	4.64
	小型	4.64	4.60	4.65	4.63	4.59	4.61
	微型	4.59	4.58	4.60	4.59	4.59	4.56

续 表

	企业规模	营商环境总体评价	要素环境	法治环境	政务环境	市场环境	创新环境
浦东	大型	4.29	4.57	4.57	4.57	4.29	4.29
	中型	4.65	4.62	4.73	4.58	4.54	4.58
	小型	4.62	4.52	4.72	4.66	4.59	4.59
	微型	4.00	4.00	4.00	3.88	4.00	3.88

（二）加强城市基础设施建设，加大政策落实力度以及增加财税支持有利于优化和建设城市营商环境

城市营商环境的优化和建设方面，企业更偏向于城市基础设施建设（38.57%），政策落实（38.57%），财税支持（35.71%）和信用监管（30%），其次是科技创新（21.43%），人才引进（22.86%），税费减免（22.86%），支持民营经济发展的社会氛围（21.43%）等，对政府采购（0%），民企市场准入（0%），文化教育资源（1.43%），政府诚信（1.43%）的关注较低。苏州企业则更偏向于政策落实，人才引进和税费减免，上海全市企业偏向政策落实、财税支持和城市基础设施建设（见表8-37和图8-34）。

表8-37　上海浦东、上海全市、苏州企业对优化和建设城市营商环境的政策期许表　单位：%

	苏 州	上海全市	上海浦东
城市基础设施	23.66	30.57	38.57
政策落实	38.17	37.25	38.57
信用监管	24.73	26.52	30.00
市场准入	18.28	17.71	15.71
企业家权益保护	13.44	14.88	11.43
科技创新	27.42	22.27	21.43
人才引进	31.72	23.68	22.86
金融服务	9.68	10.12	11.43
财税支持	23.66	31.98	35.71
水电气等要素成本	7.53	8.40	2.86

续 表

	苏 州	上海全市	上海浦东
行政审批服务	9.14	9.62	10.00
市场监管	10.75	8.20	8.57
税费减免	29.57	27.43	22.86
土地指标	8.60	3.34	1.43
司法公正	0.54	3.34	2.86
民企市场准入	6.99	5.47	0.00
文化教育资源	5.91	5.77	1.43
政府诚信	1.08	1.42	1.43
政府采购	0.54	2.43	0.00
支持民营经济发展的社会氛围	8.60	9.51	21.43
其他	0.00	0.10	1.43

（三）上海全市、浙江、广东、北京和江苏是营商环境最好的五个地区，上海全市、北京、深圳、杭州、苏州是营商环境最好的五个地区

上海全市、浦东和苏州地区的企业普遍认为营商环境最好的前五个地区为上海全市、浙江、广东、北京和江苏，但五个地区的营商环境满意度在三个地区企业的排名情况略有区别。浦东企业认为营商环境最好的前三个地区为上海全市（55.7%）、浙江（27.14%）和广东（37.14%）；上海全市企业认为是上海全市（62.65%）、北京（22.57%）和广东（24.39%）；而苏州企业则认为是江苏（54.84%）、浙江（25.27%）和广东（21.51%）。企业对于自身所在地区营商环境的满意度较高（见表8-38）。

从地区角度分析，企业对上海全市、北京、深圳、杭州、苏州营商环境的满意度较高。浦东企业认为营商环境最好的前三个地区是上海全市（55.71%）、北京（22.86%）和深圳（24.29%）；上海全市企业同样认为上海全市（60.63%）、北京（20.85%）和深圳（18.62%）营商环境最好。而苏州企业则对苏州（47.31%）和上海全市（22.04%）营商环境的满意度较高（见表8-39）。

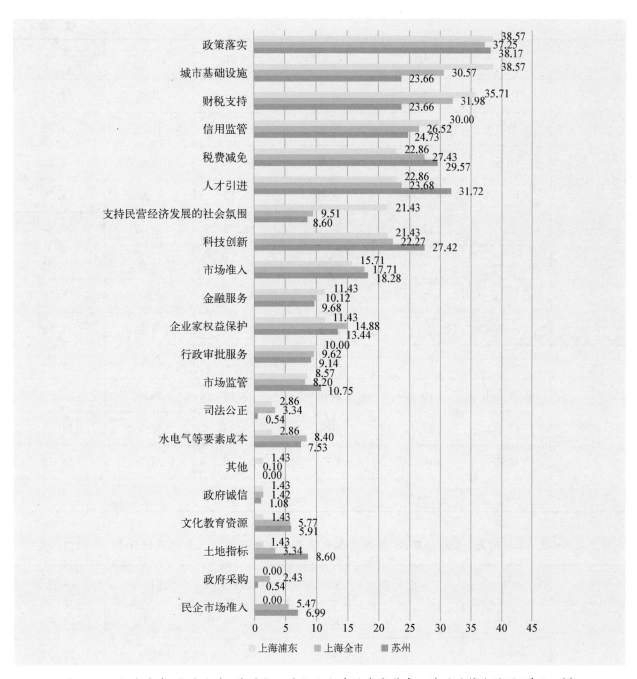

图8-34 上海浦东、上海全市、苏州企业对优化和建设城市营商环境的政策期许图(单位:%)

表8-38 上海浦东、上海全市、苏州企业认定的营商环境最好的前三个地区统计表 单位:%

	地区1	占比	地区2	占比	地区3	占比
上海浦东	上海全市	55.70	浙江	27.14	广东	37.14
	浙江	12.90	北京	20.00	浙江	17.14

续 表

	地区1	占比	地区2	占比	地区3	占比
上海浦东	广东	11.43	上海全市	18.57	北京	14.29
	北京	10.00	广东	14.29	江苏	10.00
	江苏	7.15	江苏	10.00	上海全市	4.29
上海全市	上海全市	62.65	北京	22.57	广东	24.39
	浙江	11.74	浙江	20.75	浙江	19.64
	北京	9.21	广东	17.61	江苏	18.52
	广东	6.68	上海全市	14.78	北京	8.10
	江苏	5.47	江苏	12.25	上海全市	7.49
苏州	江苏	54.84	浙江	25.27	广东	21.51
	上海全市	16.13	上海全市	23.12	江苏	20.97
	广东	10.75	江苏	22.04	上海全市	16.67
	浙江	10.22	广东	12.37	浙江	14.52
	北京	4.84	北京	3.23	北京	6.45

表8-39 上海浦东、上海全市、苏州企业眼中营商环境最好的前三个地区统计表　　单位：%

	地区1	占比	地区2	占比	地区3	占比
上海浦东	上海全市	55.71	北京	22.86	深圳	24.29
	深圳	11.43	深圳	20.00	杭州	15.71
	北京	8.57	上海全市	17.14	广州	14.29
	杭州	7.14	杭州	14.29	北京	12.86
	苏州	4.29	苏州	5.71	苏州	7.14
上海全市	上海全市	60.63	北京	20.85	深圳	18.62
	北京	8.91	深圳	15.89	杭州	15.69

续表

地区1		占比	地区2	占比	地区3	占比
上海全市	杭州	8.40	杭州	15.79	苏州	11.34
	深圳	6.48	上海全市	13.46	广州	10.93
	苏州	2.63	苏州	6.58	上海全市	6.17
苏州	苏州	47.31	上海全市	22.04	苏州	14.52
	上海全市	13.98	杭州	16.13	上海全市	12.37
	杭州	6.99	苏州	15.59	深圳	11.29
	北京	4.30	深圳	9.68	杭州	10.75
	广州	2.69	北京	3.23	广州	7.53

七、进一步改善浦东新区营商环境的分析建议

（一）公共要素服务较好，融资及金融支持需进一步加强

一是进一步优化公共要素服务。公共要素服务满意度虽然较高，但总体满意度仍略低于上海全市，与苏州持平，尤其是其中的供热、网络、土地等资源要素服务需进一步改善提升，进而为民营企业经营生产带来更好的体验。二是进一步加强对民营企业的金融支持。要鼓励引导民营企业拓宽融资渠道，进一步发挥民营银行在金融支持中的作用。同时还要在金融支持的具体环节上不断优化、细化，比如相关金融部门应努力提高贷款便利性，缩短贷款获取时间；在贷款利率上充分考量民营企业的实际情况，尽可能降低企业贷款成本，或对一些国家重点扶持产业、行业中具有发展潜力、诚信度较高的中小科技民营企业，给予更为便利、优惠、精准的金融支持。另外还要积极发挥政府纾困基金在金融支持中的独特作用。

在要素市场中，民营企业对浦东新区的公共要素服务普遍满意度较高，在5分制评分设置中，总体评价为4.6分，且对各具体要素项评价都在4.5分以上。其中又以用水（4.71分）、用电（4.69分）、天然气（4.66分）、物流（4.64分）与交通（4.61分）保障满意度较高，而供热（4.46分）、网络（4.49分）与土地（4.50分）保障满意度相对较低。

从要素市场中的融资情况及金融支持政策来看，相较公共要素服务，企业满意度较低，金融支持政策的总体效果满意度为4.23

分,低于上海全市和苏州的4.34分。具体来看,获得风险投资、获得政府产业基金与担保政策效果的满意度分别为4.03、4.09、4.09分,相较于全市和苏州,有0.09~0.2分的差距。

在融资资金获取方面,国有大型商业银行仍是浦东新区民营企业的主要获取渠道(52.86%),而从民营银行获取贷款的比例仅为12.86%,较之苏州这一比例低6.19个百分点。调查显示浦东新区政府纾困基金融资支持为0,而苏州、上海全市分别有3.95%、3.57%不等占比的政府纾困基金。

另从贷款时长和利率来看,最近一次银行贷款与苏州相比,浦东企业获取所用时间较长,苏州地区企业办理贷款时长的众数与中位数均为"三周左右",上海全市与浦东一致,均为"一个月左右";在贷款利率方面,与上海全市、苏州相比,浦东地区3%以下、3.1%~5%、5.1%~8%三档利率水平企业占比较小,8%以上利率水平比例相对较大;因此,浦东地区企业的银行贷款平均利率较高。

(二)法治环境满意度高,有关涉企法律服务仍有提升空间

一是政法各部门涉企法律服务意识与相关工作需进一步强化提升。保持良好的法治环境是提升营商环境的重要一环,也是确保民营企业健康发展、维护民营企业合法权益的终极保障。在依法服务保障企业方面,政法各部门不仅要牢固树立意识、完善相关措施,更要落实于涉企法律工作的各环节,包括涉企纠纷人民调解,涉企案件的受理、侦查、审理、执行,对涉企案件个人、财产采取的强制措施等,既要依法办理,进一步规范程序、提高效率,也要从企业实际出发更为人性化执法。二是不断提高政府部门的依法行政意识和能力。调查显示,为进一步改善法治环境,企业认为浦东新区最需要加大工作力度的是提高政府部门诚信守法、依法行政意识,完善企业维权统一服务平台,提高司法机关涉企案件办理效率和建立政法机关涉企服务协调机制四个方面。而61.43%的企业认为要提高政府部门诚信守法、依法行政意识,相较于上海全市、苏州,分别高了11.53和12.51个百分点。因此,政府相关部门要加强审视自身在涉企行政、服务工作中的诚信、守法、依法情况,并及时倾听民营企业对这方面工作的意见建议,不断提升企业对这方面工作的满意度,包括政策承诺的及时兑现,办事程序合规和努力提高效率,建立健全涉企服务协调机制等。

调查中民营企业对浦东新区的法治环境总体满意度较高,为4.63分,超七成的企业认为法治环境更好了;企业对浦东新区政法系统及相关服务机构开展的涉企工作比较满意,得分均超4.50分,其中又以商协会满意度最高为4.59分。但具体来看,有关政法部门的涉企法律服务满意度仍需进一步提升。相较于上海全市和苏州,企业对人民调解机构、法院开展工作的满意度有差距,前者分别比全市和苏州低 0.1 和 0.09 分,后者分别比全市和苏州低 0.08 和 0.11 分。企业对浦东新区人民法院满意度尽管得分 4.54 分,但在政法系统中排位较低;聚焦到具体的涉企工作,审判效率与执行效率与全市与苏州相比存在较明显差距,数据显示,25.71% 的企业对浦东法院审判效率满意,上海全市、苏州企业对该项工作的满意度分别为 30.26% 和 34.52%;执行效率满意度浦东企业为 15.71%,相较上海全市与苏州分别低 8.68 与 12.86 个百分点。对浦东新区公安机关满意度相对较低的涉企工作为规范拘留、查封财产等强制措施,杜绝暴力取证和维护重点工程项目建设环境等,企业满意度占比均不超过 9%。对区检察院满意度相对较低的涉企工作为审判活动的监督与严格企业家人身限制措施使用等,样本中仅 10% 的企业满意。

(三)政务环境不断优化,一些涉企政务服务仍需持续改善

一是切实提高涉企政策制定出台过程中的企业参与度。尤其是一些惠及民营企业发展的政策出台,应通过公开征询、调研座谈、重点访谈等多种形式,尽可能广泛倾听民营企业意见建议,让民营企业参与其中,促进相关涉企政策更具针对性、操作性、有效性。二是在涉企政务服务的短板处、细微处下功夫。政务环境的改善涉及政务服务的各项具体涉企工作,要拓宽眼界,善于学习,虽然浦东新区的政务服务工作总体上民营企业认可度较高,但相较于上海全市和苏州市,仍有一定差距,尤其是在一些诸如网上办事、企业注销难易、解决企业反映问题的态度与结果以及保持减税降费、产业扶持和财政补贴政策稳定等方面反映比较集中或得分相对偏低的工作上,要认真查找问题,对照学习,注重细节,不断改善优化。

调查显示,民营企业对浦东新区政务环境认可度较高,政务环境得分 4.53 分,仅次于法治环境的 4.63 分,优于要素环境、市场环境和创新环境。其中,企业对过去一年浦东新区有关政府部门制定与落实涉企政策工作满意度高,尤其是政策制定连续性、发布及时性、政策宣传解读丰富度、一站式政策服务平台建设与政策推送精准性,其满意度得分均在 4.5 分以上,最高 4.60 分。但在企业参与政策制定的过程方面满意度较低,得分为 4.27 分。

在政策保持相对稳定方面,浦东新区 85.71% 的民营企业选择税费减免,产业扶持为 64.20%,财政补贴政策居第三为 55.71%。选择税费减免的企业比上海全市、苏州分别高出 13.75 和 13.67 个百分点;选择财政补贴政策稳定的企业分别高出上海全市、苏州 16.94 和 17 个百分点。说明浦东新区更多的民营企业希望税费减免、产业扶持与财政补贴政策保持相对稳定。

企业对浦东新区亲清政商关系满意度评价总体较高,除解决企业反映问题的态度与结果方面满意度得分为 4.43 分以外,政府诚信履约、政商交往规则、服务企业的方式与效率、政商关系总体满意度得分均在4.5分以上。但比较而言,所列举的几个方面,浦东新区满意度得分均低于上海全市和苏州。

民营企业对浦东新区政务服务工作总体上有较高的满意度,除企业注销难易(4.33分)外,其他网上办事便利、开办企业便利、税费缴纳便利等8项工作得分均在4.5分以上。但经比较,所列9项政务服务工作得分均低于上海全市和苏州。

在政务环境改善方面,所列举11项涉企政务环境改善的具体工作中,民营企业认为需加大工作力度相对集中的分别是:减税降费68.57%,网络办事57.14%,加强不同部门之间的协同位居第三为41.43%。

(四)进一步加强对微型企业的关注度和支持度

给予小微民营企业更多关注支持。在营商环境的持续改善优化上,要避免"抓大放小",相反要从小微处入手,不仅体现在对营商环境各项工作、各项环节的细微处改善优化,更要把眼光投射到小微民营企业,不能因为这些小微企业目前规模小、贡献不大而在落实政策、提供法律、政务服务,或在沟通交往、解决反映问题等方面予以轻视、忽视,而应一视同仁,特别是对一些具有发展潜力、重点行业的科技型小微企业,要积极关注、精准服务、重点扶持,促进发展壮大。

相对于大中型企业,处于初创或成长期的民营小微企业往往不引人注目,也往往容易被人忽视。但良好的营商环境对小微民营企业更快健康发展壮大具有至关重要的作用,城区营商环境的真正优化改善,离不开小微民营企业的认可度。此次调查数据显示,浦东新区微型民营企业对法院与人民调解机构工作的满意度、对融资情况及金融支持政策满意度、对涉企法律法规和行政规章的定改废满意度、对政府部门制定与落实涉企政策工作满意度、对亲清政商关系满意度、对政务服务工作满意度等方面认可度普遍较低,满意度得分均不超过4.3分,最高得分建筑等行政许可事项办理效率4.25分,最低得分担保政策效果3.63分。由此,整体上拉低了对浦东新区营商环境的评价得分。而上海全市和苏州市的微型企业对上述相同项目的评价得分大多超过4.5分。

(供稿单位:浦东新区工商联,主要完成人:浦东新区工商联)

八、附表

附表1　不同规模企业对融资情况及金融支持政策满意度得分数据表　　单位：分

	获得银行贷款	获得风险投资	获得政府产业基金	担保政策效果	金融支持政策的总体效果
上海浦东	**4.37**	**4.03**	**4.09**	**4.09**	**4.23**
大型	4.71	4.57	4.57	4.43	4.43
中型	4.35	3.85	3.88	3.96	4.23
小型	4.45	4.14	4.24	4.24	4.31
微型	3.88	3.75	3.75	3.63	3.75
上海全市	**4.43**	**4.21**	**4.26**	**4.29**	**4.34**
大型	4.44	4.25	4.22	4.31	4.35
中型	4.48	4.23	4.30	4.30	4.39
小型	4.42	4.17	4.23	4.28	4.29
微型	4.36	4.25	4.26	4.31	4.36
苏州	**4.51**	**4.20**	**4.18**	**4.24**	**4.34**
大型	4.58	4.29	4.42	4.50	4.63
中型	4.52	4.21	4.26	4.34	4.40
小型	4.47	4.17	4.05	4.07	4.22
微型	4.59	4.24	4.24	4.29	4.29

附表2　不同规模企业对涉企法律法规、行政规章的定改废满意度得分数据表　　单位：分

	清理歧视民企的法律法规	制定新兴产业发展的前瞻法律法规	法　院	人民调解机构
上海浦东	**4.47**	**4.44**	**4.54**	**4.51**
大型	4.43	4.43	4.57	4.43

续 表

	清理歧视民企的法律法规	制定新兴产业发展的前瞻法律法规	法　院	人民调解机构
中型	4.54	4.50	4.69	4.62
小型	4.55	4.52	4.59	4.62
微型	4.00	4.00	3.88	3.88
上海全市	**4.57**	**4.56**	**4.62**	**4.61**
大型	4.52	4.52	4.57	4.54
中型	4.59	4.57	4.64	4.65
小型	4.57	4.56	4.63	4.62
微型	4.56	4.56	4.56	4.58
苏州	**4.56**	**4.55**	**4.65**	**4.60**
大型	4.71	4.71	4.75	4.71
中型	4.60	4.56	4.69	4.61
小型	4.49	4.48	4.57	4.53
微型	4.59	4.65	4.76	4.71

附表3　不同规模企业对政府部门制定与落实涉企政策工作满意度得分数据表　　单位：分

	企业参与政策制定的过程	政策执行稳定性
上海浦东	**4.27**	**4.49**
大型	4.43	4.43
中型	4.27	4.50
小型	4.34	4.62
微型	3.88	4.00
上海全市	**4.49**	**4.59**
大型	4.46	4.54
中型	4.49	4.58

续表

	企业参与政策制定的过程	政策执行稳定性
小型	4.49	4.61
微型	4.51	4.56
苏州	**4.46**	**4.59**
大型	4.46	4.71
中型	4.52	4.66
小型	4.41	4.48
微型	4.47	4.65

附表4 不同规模企业对亲清政商关系满意度得分数据表　　　单位：分

	政商常态化沟通	政商交往规则	服务企业的方式与效率	解决企业反映问题的态度与结果	政商关系总体满意度
上海浦东	**4.49**	**4.50**	**4.50**	**4.43**	**4.51**
大型	4.43	4.57	4.43	4.43	4.57
中型	4.58	4.50	4.50	4.42	4.54
小型	4.55	4.59	4.62	4.52	4.62
微型	4.00	4.13	4.13	4.13	4.00
上海全市	**4.60**	**4.61**	**4.62**	**4.59**	**4.62**
大型	4.57	4.58	4.58	4.53	4.57
中型	4.63	4.65	4.64	4.62	4.63
小型	4.61	4.61	4.62	4.59	4.63
微型	4.53	4.54	4.59	4.57	4.59
苏州	**4.57**	**4.56**	**4.55**	**4.56**	**4.61**
大型	4.71	4.71	4.63	4.63	4.67
中型	4.61	4.68	4.63	4.65	4.68
小型	4.48	4.42	4.47	4.48	4.54
微型	4.65	4.65	4.59	4.59	4.59

附表5 不同规模企业对政务服务工作满意度得分数据表　　　　单位：分

	企业注销难易	税费缴纳便利	建筑等行政许可事项办理效率	招投标公平	投资项目审批便利
上海浦东	**4.33**	**4.59**	**4.47**	**4.46**	**4.46**
大型	4.57	4.57	4.57	4.43	4.57
中型	4.46	4.69	4.54	4.50	4.50
小型	4.34	4.66	4.45	4.55	4.52
微型	3.63	4.00	4.25	4.00	4.00
上海全市	**4.49**	**4.69**	**4.58**	**4.56**	**4.60**
大型	4.55	4.64	4.53	4.52	4.60
中型	4.53	4.76	4.62	4.58	4.64
小型	4.47	4.68	4.57	4.55	4.57
微型	4.44	4.62	4.57	4.53	4.56
苏州	**4.45**	**4.66**	**4.57**	**4.53**	**4.56**
大型	4.50	4.67	4.63	4.58	4.58
中型	4.61	4.68	4.58	4.58	4.60
小型	4.33	4.63	4.51	4.46	4.51
微型	4.35	4.76	4.76	4.65	4.65

附表6 上海浦东、上海全市、苏州不同规模企业对市场监管满意度评价　　　　单位：分

	企业规模	对同类企业一视同仁	按照法律规定办事	监管程序透明公开	对创新行为的包容审慎监管	"双随机、一公开"执行情况	对企业进行监管政策的培训解读	基于大数据的信用监管	环保、安监等合规监管	监管存在空白地带
苏州	大型	4.75	4.71	4.71	4.71	4.71	4.63	4.67	4.63	4.46
	中型	4.65	4.69	4.63	4.68	4.68	4.60	4.63	4.68	4.52
	小型	4.55	4.57	4.54	4.51	4.57	4.54	4.57	4.48	4.47
	微型	4.76	4.76	4.76	4.76	4.71	4.71	4.76	4.76	4.76

续 表

	企业规模	对同类企业一视同仁	按照法律规定办事	监管程序透明公开	对创新行为的包容审慎监管	"双随机、一公开"执行情况	对企业进行监管政策的培训解读	基于大数据的信用监管	环保、安监等合规监管	监管存在空白地带
上海全市	大型	4.53	4.58	4.59	4.55	4.53	4.56	4.56	4.56	4.55
	中型	4.65	4.72	4.69	4.64	4.68	4.59	4.66	4.68	4.56
	小型	4.61	4.65	4.61	4.61	4.63	4.58	4.57	4.62	4.55
	微型	4.56	4.60	4.61	4.56	4.59	4.57	4.58	4.61	4.53
上海浦东	大型	4.57	4.57	4.57	4.57	4.57	4.57	4.57	4.57	4.57
	中型	4.42	4.62	4.58	4.42	4.65	4.50	4.65	4.58	4.19
	小型	4.55	4.69	4.62	4.59	4.45	4.52	4.59	4.59	4.34
	微型	4.00	4.13	4.13	3.88	4.13	4.13	4.13	4.13	4.00

附表7 上海浦东、上海全市、苏州不同规模企业对科创资源和创新氛围满意度评价　　单位：分

	企业规模	高等教育资源	高端人才吸引力	科技成果的产业转化	创新平台与服务体系	新兴产业的创新生态	创新创业政策力度	科技项目立项审批	科技型中小企业帮扶	宽容创新失败的氛围	第三方数字化专业服务
苏州	大型	4.25	4.33	4.42	4.50	4.46	4.50	4.54	4.54	4.54	4.46
	中型	4.48	4.48	4.58	4.65	4.56	4.61	4.61	4.61	4.56	4.53
	小型	4.43	4.36	4.45	4.45	4.43	4.49	4.46	4.47	4.45	4.42
	微型	4.53	4.59	4.65	4.71	4.59	4.71	4.65	4.59	4.65	4.59
上海全市	大型	4.56	4.52	4.51	4.57	4.48	4.54	4.53	4.51	4.41	4.46
	中型	4.66	4.65	4.61	4.61	4.61	4.61	4.66	4.61	4.54	4.58
	小型	4.60	4.60	4.55	4.57	4.55	4.57	4.54	4.55	4.51	4.54
	微型	4.54	4.56	4.56	4.57	4.56	4.58	4.54	4.55	4.52	4.53

续　表

	企业规模	高等教育资源	高端人才吸引力	科技成果的产业转化	创新平台与服务体系	新兴产业的创新生态	创新创业政策力度	科技项目立项审批	科技型中小企业帮扶	宽容创新失败的氛围	第三方数字化专业服务
上海浦东	大型	4.57	4.57	4.57	4.57	4.43	4.71	4.43	4.43	4.43	4.43
	中型	4.54	4.58	4.50	4.54	4.50	4.46	4.50	4.54	4.31	4.46
	小型	4.69	4.66	4.55	4.62	4.55	4.59	4.48	4.62	4.45	4.48
	微型	4.00	4.00	4.00	3.88	3.88	3.88	3.88	3.88	3.88	3.88

附表8　上海浦东、上海全市、苏州不同规模企业对创新政策满意度评价　　单位：分

企业规模	苏州				上海全市				上海浦东			
	大型	中型	小型	微型	大型	中型	小型	微型	大型	中型	小型	微型
高端创新人才引进政策¦科学合理性	4.50	4.42	4.35	4.59	4.40	4.60	4.51	4.54	4.43	4.65	4.55	4.00
高端创新人才引进政策¦含金量	4.50	4.35	4.19	4.59	4.39	4.55	4.47	4.48	4.43	4.62	4.48	4.00
高端创新人才引进政策¦落实效果	4.38	4.34	4.23	4.65	4.38	4.57	4.42	4.53	4.43	4.58	4.52	4.00
科技金融扶持政策¦科学合理性	4.50	4.55	4.31	4.76	4.46	4.54	4.44	4.51	4.57	4.54	4.55	4.00
科技金融扶持政策¦含金量	4.50	4.52	4.29	4.71	4.43	4.51	4.43	4.49	4.57	4.38	4.55	4.00
科技金融扶持政策¦落实效果	4.46	4.50	4.24	4.76	4.39	4.48	4.40	4.44	4.57	4.42	4.55	3.88
政府产业创新引导政策¦科学合理性	4.58	4.47	4.35	4.76	4.42	4.57	4.43	4.47	4.57	4.62	4.45	3.88
政府产业创新引导政策¦含金量	4.54	4.50	4.24	4.82	4.44	4.55	4.43	4.44	4.57	4.54	4.39	3.88

续 表

企业规模	苏州				上海全市				上海浦东			
	大型	中型	小型	微型	大型	中型	小型	微型	大型	中型	小型	微型
政府产业创新引导政策|落实效果	4.58	4.47	4.28	4.71	4.46	4.53	4.41	4.49	4.57	4.42	4.45	3.88
公共技术研发平台建设政策|科学合理性	4.46	4.42	4.35	4.71	4.42	4.54	4.44	4.48	4.57	4.42	4.45	3.88
公共技术研发平台建设政策|含金量	4.29	4.39	4.34	4.65	4.42	4.51	4.43	4.42	4.57	4.38	4.34	3.88
公共技术研发平台建设政策|落实效果	4.38	4.40	4.29	4.76	4.38	4.53	4.38	4.47	4.57	4.35	4.38	3.88
对创新政策的总体评价|科学合理性	4.54	4.55	4.39	4.71	4.40	4.57	4.45	4.56	4.57	4.58	4.59	3.88
对创新政策的总体评价|含金量	4.58	4.45	4.30	4.65	4.40	4.52	4.46	4.47	4.57	4.46	4.59	3.88
对创新政策的总体评价|落实效果	4.58	4.52	4.33	4.71	4.38	4.51	4.42	4.52	4.57	4.46	4.55	3.88

专题九

充分发挥市场主体作用，加快推动上海生物医药产业高质量发展

习近平总书记在科学家座谈会上强调，要发挥企业技术创新主体作用，推动创新要素向企业集聚，促进产学研深度融合。国家"十四五"规划的纲要中也明确提出，"强化企业创新主体地位，促进各类创新要素向企业集聚，形成以企业为主体、市场为导向、产学研用深度融合的技术创新体系"。民营经济贡献了50%以上的税收，60%以上的国内生产总值，70%以上的技术创新成果，80%以上的城镇劳动就业和90%以上的企业数量，是当之无愧的产业创新主力军。

当前，我国生物医药产业正处于快速发展期，处于从模仿创新向自主创新的战略转型期，生物医药新技术、新产品正在加快追赶欧美发达国家。上海是我国生物医药重要的创新策源地，生物医药被列为上海三大先导产业之一，培育和集聚了一大批国内领先、国际一流的生物医药企业。通过对生物医药民营企业开展调研，深入了解企业在创新发展过程中面临的瓶颈问题，提出切实可行的对策建议，有助于政府部门精准发力和资源聚焦，形成以企业为核心的产学研用深度融合的创新体系，实现全市生物医药产业高质量发展。

一、上海生物医药产业发展及民营企业的表现

（一）上海生物医药产业发展现状

生物医药是上海重点发展的战略性新兴产业，也是全市三大先导产业之一。初步形成以张江为核心，以临港、奉贤、闵行、宝山、金山等为重点区域的"1+5+X"发展格局。经过多年发展，上海生物医药创新要素集聚、产业链条齐备、企业主体活跃、综合配套优势明显，成为提升上海城市产业能级和核心竞争力的重要力量。

1. 生物医药产业总体保持良好发展态势

2021年生物医药产业规模7 517.14亿元，比上年增长13.7%。生物医药制造领域产业规模1 712.47亿元，占全市工业总产值4.3%，同比增长12.0%，占医药工业总产值的76.5%。2022年上半年生物医药产业规模达3 868亿元，同比增长0.4%。从产业细分领域看，全市生物医药产业规模排名前五的领域包括化药、生物医药装备辅料及耗材、治

产业研究

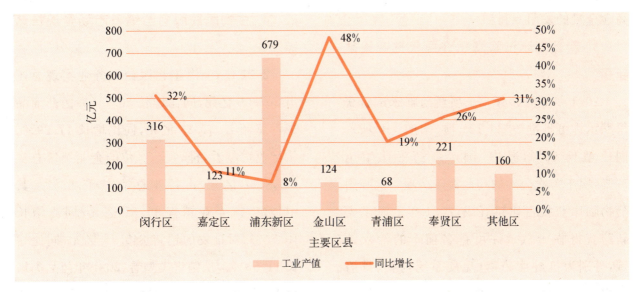

图 9-1 2021 年上海主要区县生物医药产业产值及增长情况

疗性生物制品、体外诊断试剂及设备、医学影像设备,约占全市生物医药总产值的 67%。产值增速排名前三的领域分别是预防性生物制品、体外诊断试剂及设备、生物医药装备辅料及耗材。从龙头企业发展看,拥有上海医药、复星医药等产值过百亿、市值超千亿的龙头企业,累计上市生物医药企业 38 家,如君实生物、三生国健和科华生物等。全球制药公司 TOP10 中,有 8 家在上海设立了地区总部或研发中心,全球制药公司 TOP50 中,有半数以上国际医药公司选择在上海设立地区总部(中国或亚太地区)。从空间发展布局看,上海生物医药产业集聚态势明显,特色园区之间加快实现有机联动,"1+5+X"重点产业园区聚集了全市 80% 的规模以上生物医药企业,贡献了超过 80% 制造业产值。其中,浦东新区、闵行区、奉贤区的生物医药产值占全市生物医药制造业总产值的 70% 以上(见图 9-1)。

2. 生物医药研发能力保持国内领先水平

Ⅰ类新药和三类医疗器械获批上市数量稳居全国各城市首位,高价值发明专利数量可观。新药研发方面,上海获批的国家Ⅰ类新药长期占全国的 1/4～1/3,创新实力在全国数一数二。2021 年上海企业获批 8 款Ⅰ类新药(7 个品种)。2022 年已获批 3 个Ⅰ类国产创新药,居全国第一。从新药研发的领域看,研发重点主要集中在抗肿瘤药、诊断试剂、基因工程药物、抗感染药物等方向,其中抗肿瘤药占主导地位。医疗器械领域,截至目前,上海市累计 70 项产品进入国家医疗器械创新特别审查程序,获批注册证 30 张,均居全国前列。2021 年上海三类医疗器械首次注册获批达 111 个,涉及神经和心血管手术器械、医用成像器械、无源植入器械等三大领域获批数量最多。专利申请方面,2011—2021 年期间,上海生物医药领域 PCT 专利申请量总体呈上升趋势,累计申请 4 105 件,且均为高含金量的发明专利。

3. 新药临床试验默示许可获批数量创新高

2021年上海共有571项新药临床试验获得默示许可批准(进口131项、国产440项),同比增长56%,其中,国产新药占比增至77%,属于首次公示的药品有407项。抗肿瘤药物临床获批占比超五成,2021年上海Ⅰ类新药获得临床默示许可排名前十的治疗领域,分别为抗肿瘤药物、免疫系统药物、骨骼肌肉系统药物、神经系统药物、内分泌系统和代谢药物、皮肤疾病药物、感官系统药物、消化系统药物、呼吸系统药物、抗感染药物。其中,抗肿瘤药物达到351项,占比达52.4%,免疫系统药物、骨骼肌肉系统药物和神经系统药物分列第二、三位。化学新药占首次公示获批新药比重超过五成,2021年首次公示的407项药品中,化学新药198项,化药改良型新药23项,生物制品新药177项,生物制品改良型新药9项,化药总占比达54.3%(见图9-2)。

4. 生物医药服务与销售市场呈现快速增长

2021年,上海生物医药服务业实现总产出807.06亿元,同比增长26.7%。医药商品销售总额1 831.33亿元,同比增长11.29%。从行业贡献看,排名前20位的企业销售总额1 568.17亿元,占行业总销售85.63%。其中,对生产企业销售11.51亿元,同比增长10.75%;对批发的销售845.75亿元,同比增长11.53%。从销售类型看,2021年药品类销售1 541.95亿元,同比增长12.63%,其中西药类1 357.47亿元,同比增长11.83%,中成药销售184.48亿元。同比增长18.83%;非药品类销售289.38亿元,同比增长4.67%。

(二)民企在全市生物医药产业领域占据重要地位

1. 上海生物医药民企整体实力强劲

根据胡润研究院发布的《2021胡润中国500强》显示,生物医药领域上榜企业有62家,上榜的上海生物医药企业有17家,其中

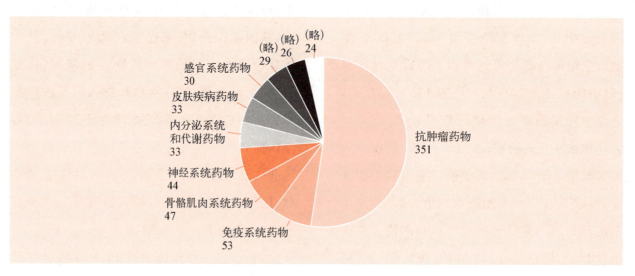

图9-2 2021年上海Ⅰ类新药获得临床默示许可的领域分布

16家为民营企业,占全国生物医药上榜企业总量的27.4%。在科创板上市的上海生物医药民营企业数量领先,截至目前,在科创板上市的生物医药民营企业有101家,其中上海的生物医药民营企业有23家,占科创板上市生物医药企业总量的22.8%,稳居全国各城市首位。生物医药民营龙头企业纷纷在沪设立研发总部,上海汇集了江苏恒瑞、药明康德、江苏豪森、天士力、石药集团、云南白药、扬子江药业等众多国内医药龙头企业的研发中心和创新总部。近年来,齐鲁药业上海研发中心、江西济民上海研发中心、罗欣药业上海研发中心等纷纷落户。

2. 生物医药细分领域民企表现抢眼

在上海生物医药的各重点细分领域,民营企业都是当之无愧的主角。生物创新药领域,在癌症、肿瘤免疫治疗等领域,生物医药民企都有不俗表现,集聚了天境生物、君实生物、三生国健等多家胡润500强抗体药企业,拥有迈威、近岸蛋白等国内重组蛋白行业的领先者,以及莱士等国内血液制品龙头企业。细胞与基因治疗领域,拥有药明巨诺、复星凯特、恒润达生、信念医药、和元生物等国家行业龙头企业,研发创新能力达到国际领先水平。2021年复星凯特和药明巨诺为分别开发的两款靶向CD19的CAR-T细胞疗法(益基利仑赛注射液和瑞基仑赛注射液)获批。化学创新药领域,集聚了和黄医药、绿谷制药、再鼎医药、华领医药等国内领先企业,根据米内网《2021年度中国生物医药企业创新力百强系列榜单》,在小分子创新药企业创新排名TOP30中,来自上海的民营企业有9家,占全国各城市第一位。医疗器械领域,联影、微创等龙头医疗成绩斐然,在医疗临床、医学影像、生物信息与医学大数据、人工智能等前沿领域形成了特色优势。医药外包服务领域,药明康德、美迪西、皓元、维亚、缔脉生物等CXO企业在全国居于领先地位。此外,上海凯宝、神奇制药等企业在中成药领域也处于国内领先地位。

3. 上海生物医药民企创新成果丰富

全市生物医药领域的创新药和医疗器械领域的首台套层出不穷。新药创形成多项"第一个"纪录,近五年上海上市的国产Ⅰ类创新药共19个,其中,民营企业研制并上市的国产Ⅰ类创新药有14个,创新产品类型涉及化学药品、生物制品、抗肿瘤药、抗感染药等多个领域。绿谷制药甘露特钠胶囊为中国原创、国际第一个靶向脑—肠轴的阿尔茨海默病治疗新药,和黄医药的索凡替尼为全球首个且唯一覆盖所有部位来源的神经内分泌瘤的创新靶向药,等等。医疗器械领域创新活跃,2022年上海进入创新通道的9项医疗器械产品以及6张获批注册证,成果多数来自民营企业。联影医疗研制形成了多项国产首款,包括国产首款高性能临床型3.0T MR产品、国产首款320排超高端CT产品、国产首款96环超高清高速光导PET/CT产品等。微创推出了国产第一支药物支架、第一个三维标测系统、第一个主流神经支架等,打破了欧美国家垄断了近百年的高端医疗器械行业的壁垒,在经导管瓣膜、手术机器人等领域也都有了远超国内同行的布局(见表9-1和表9-2)。

表9-1　2017—2021年上海生物医药民营企业国产Ⅰ类创新药

年　份	品　　名	研发企业	地　　位
2022	斯鲁利单抗	复宏汉霖	国内首个针对高度微卫星不稳定型(MSI-H)实体瘤适应证提交上市申请的PD-1单抗
2022	普特利单抗	乐普生物	第8款获批上市的国产PD-1抗体,同时也是国内获批的第14款PD1/PD-L1单抗
2022	多格列艾汀片	华领医药	全球首创的GKA类药物
2021	奥马环素	再鼎医药(上海)	新型氨甲基环素类抗生素
2021	赛沃替尼	和黄医药	首个国产MET抑制剂
2021	康替唑胺	盟科医药	目前世界上顶级的抗生素
2021	甲磺酸伏美替尼	上海艾力斯医药科技	中国原研的第三代EGFR-TKI靶向药
2021	瑞基奥仑赛	药明巨诺	全球第六款、中国第二款CAR-T疗法
2021	派安普利单抗	正大天晴康方(上海)	第五个国产上市药物,也是目前全球已上市产品中唯一采用IgG1亚型且经Fc段改造的新型PD-1单抗
2020	索凡替尼	和黄医药	全球首个且唯一覆盖所有部位来源的神经内分泌瘤的创新靶向药
2019	甘露特钠(九期一)	绿谷制药	中国原创、国际第一个靶向脑—肠轴的阿尔茨海默病治疗新药
2018	呋喹替尼	和黄医药	第一个在国内自主研发的抗肿瘤新药
2018	特瑞普利单抗	上海君实生物	第一个上市的国产PD-1产品
2017	甲苯磺酸尼拉帕利	再鼎药业	全球首个获批的适用所有铂敏感复发卵巢癌患者的PARP抑制剂

表9-2　2021—2022年上海部分民营企业获批国家创新医疗器械产品

年　份	品　　名	研发企业	地　　位
2022	直管型胸主动脉覆膜支架系统	微创心脉	全球首款"会呼吸"的覆膜支架
2022	腹腔内窥镜手术系统	微创医疗机器人	—

续表

年份	品名	研发企业	地位
2022	消化道振动胶囊系统	安翰医疗	国内外同类首个国家药品监督管理局审批的创新医疗器械
2022	颅内出血CT影像辅助分诊软件	联影智能	国内首款颅内出血CT影像辅助分诊软件
2022	5.0T磁共振成像系统	联影医疗	全球首款5.0T人体全身磁共振系统
2022	质子治疗系统	艾普强	全国首套完全由国内设计、研制加工的国产质子治疗系统
2021	幽门螺杆菌23S rRNA基因突变检测试剂盒（PCR-荧光探针法）	芯超生物	国内上市的首个幽门螺杆菌23SrRNA基因突变检测试剂盒
2021	三维电子腹腔内窥镜	微创医疗机器人	—
2021	Avenir™机械解脱弹簧圈	沃比医疗	国内首个获得美国FDA、欧盟CE和日本PMDA认证的神经介入栓塞产品
2021	经导管主动脉瓣膜及可回收输送系统	微创心通	—
2021	分支型术中支架系统	微创心脉	国内乃至全球范围内首个获批上市的分支型外科手术专用支架

二、本市生物医药产业发展面临的瓶颈问题

上海生物医药产业基础好、创新能力强，民营企业取得成绩十分显著，但也存在一些制约企业发展的瓶颈问题。通过调研发现，生物医药企业面临的瓶颈问题如下。

1. 生物医药产业链面临"中间重、两端轻"的问题

我国生物医药产业整体正在从仿制研发向自主研发转变，作为我国生物医药产业创新策源地，上海生物医药产业链还有待完善。调研中有企业反映，欧美国家生物医药制造环节往往是少数几家大公司把控，前端则是大量从事新药研发的生物技术公司，生物技术公司研发出新药后，转让给制药企业生产，然后生物技术公司接着投入到新的药物研发中去。上海以及国内的生物医药企业都有产业化情结，很多生物技术公司做到一定程度后，都倾向于朝着制药公司的方向发展，这就导致企业能力和创新资源错配，形成前端的生物技术公司发展不足、后端的制药公司扎堆的局面。与此同时，国外很多生物技术

公司是由大学和研究院所孵化出来的,这方面上海的高校院所作用发挥得不明显,潜力有待挖掘。此外,受政府集采价格低、进入医保难度大、进入医院药房难度大等因素影响,对企业开展创新药研发也带来不利影响。

2. 研究成果转化率低、技术成果本地产业化不足

从国际生物医药产学研发展经验看,生物医药领域特别注重研究成果的转化与产业化。当前阶段,上海生物医药大量成果仍是停留在论文上和实验室中,各阶段的研究或研发成果转化率不高,特别是进场交易的意愿不强。据上海技术交易所相关数据显示,2020年10月—2021年底,进场交易的生物医药相关技术成果仅有25项,金额不到10亿元人民币。与此同时,生物医药技术成果本地产业化不足,"墙内开花墙外香"的问题在本市生物医药领域特别明显。据了解,在沪科研机构技术成果在外转化情况比较普遍,如中科院上海药物研究所在苏州等地成立了成果转化中心,江苏恒瑞医药接近1/3的成果来自中科院上海有机化学研究所和上海药物研究所。加上外省市在产业用地、资金支持、税收政策等方面的优惠政策,导致产业化项目向外转移趋势明显。

3. 临床医学研究和临床试验的床位资源非常紧缺

上海医疗资源总量和人均量都位居全国前列,全市有430多家医院、8万多执业医师、有35家三甲医院、6家国家临床医学研究中心、1个国家临床医学中心以及54家拥有临床试验资格的医疗机构等具有临床医学研究功能的高水平医疗和医学机构。但上海用于临床医学研究和临床试验的床位明显不足,很多医院尚未设立从事临床研究的单元或部门,各类医疗机构拥有的一期临床研究床位数不到1000张,从事临床研究人员也仅2000多人,难以高效组织临床研究。在建的上海临床研究中心,项目一期设置床位500张,其中300张为研究型床位,2026年投入使用,尽管对全市临床研究床位有较大补充,但与临床研究和临床试验的需求量仍有很大差距。调研中企业反映,上海临床试验资源非常紧缺,而且医院临床资源与企业需求之间存在信息不对称的情况,加剧了资源紧缺性。还有企业反映,国内生物医药企业在全球化布局过程中,需要针对国外企业产品进行对照试验,但企业在海外建实验室成本过高,国外产品在国内没有上市,缺少产品引入国内进行科研和临床试验的渠道。

4. MAH制度先发优势不明显、审批效率有待提升

通过MAH制度实现药品上市许可与生产许可分开管理,药物研发机构获得药品上市许可批件,生产和销售委托给其他企业,MAH上市许可证办在哪里,税收就落在哪里,这是各地政府通过支持生物医药研发形成经济效益的重要抓手。作为我国首批MAH制度的试点省市,2015年以来上海累

计有近70种药品以MAH方式取得上市许可,但随着2019年后MAH制度在全国推广,上海承接MAH上市许可申请的效率明显跟不上需求,导致很多研发成果(特别是仿制药领域)被外省市挖走并在当地迅速取得上市许可证,造成明显的税收外流。据了解,湖南湘潭某医药园区,通过设立药监驻场服务窗口,将企业办理MAH上市许可证书的时间缩短至半年左右(同样的证书在上海需要1年~1年半的时间),因此两年内吸引了长三角地区的200多家企业在当地投资(其中有不少是上海企业)。

5. 药品/医疗器械审评长三角分中心作用有待发挥

在2020年底,国家药品监督管理局药品审评检查长三角分中心、医疗器械技术审评检查长三角分中心正式在沪挂牌。根据前期的设想,两个审评分中心设立后,部分药品和器械审评可以在上海就地审评,资料审核、现场审评以及大量受理前沟通等药品评审事项的就近解决,可使长三角区域内的生物医药企业新药审批再提速,有望缩短新药研发周期、降低企业研发成本。但从两个审评分中心近两年的运行情况看,与预期效果存在差距,据企业反映,目前两个审评分中心没有发挥应有的作用,其功能主要体现在沟通交流和申报指导等层面,没有起到就地审评和就近解决评审事项等作用,企业药品/医疗器械审评检查该走的流程没有减少,时间没有节省。

6. 生物医药产业人才缺口大、成本高等问题突出

生物医药是知识密集型产业,高度依赖研发型人才和复合型人才。尽管上海在前端科研环节集聚了包括病毒学、感染学、微生物学、公共卫生学等众多国内顶级生物医药专家,但在医药研发和产业化环节缺少高层次创新人才,尤其是随着生物医药产业的快速发展,产业端的创新人才缺口越来越明显。一方面,企业培养人才的速度远跟不上产业扩张速度,高校和科研机构培养的新生代人才很难快速胜任企业研发工作;另一方面,受美国对华政策影响,高端海归人才回国发展受到限制,有限的归国人才也成为外企争夺的对象,民营企业很难吸引和留住海归人才。此外,调研中企业反映,目前上海生物医药行业内部非理性的竞争情况非常明显,企业(特别是初创企业)高薪挖人导致整个行业的人才稳定性较差,企业用人成本快速上升,加上长三角周边城市以及珠三角地区的人才政策力度非常大,近年来上海对生物医药领域的青年人才吸引力也相对下降。

三、发挥市场主体作用、支持本市生物医药产业发展的对策建议

针对生物医药企业反映的问题,围绕生物医药研发—临床试验—上市审批—产业落地—入院入保等关键环节,需进一步完善本市生物医药产业创新环境,充分激发市场主

体创新活力,推动上海生物医药产业高质量发展。

1. 加强生物医药基础研究领域的创新布局

依托本市在生物医药领域的大科学装置、大院大所以及高端人才等集聚优势,高水平推动生物医药领域的国家实验室建设,建设一批全球顶尖的医学院和研究型医院。加快集聚全球生物医药研发机构、创新企业以及高端人才,重点支持国家蛋白质科学中心、中科院上海药物所等研究机构加强对颠覆性技术和高端核心产品的研发攻关。支持在沪科研机构创新管理与激励机制,聚焦脑科学与类脑科学、干细胞与再生医学、微生物基因组与合成生物学、人类细胞图谱、糖类药物等学术前沿,布局实施一批重大项目和重大专项,发起、参与若干国际大科学计划。围绕药物发现、临床前研究、临床研究、产业化等阶段,建立包括学术资源平台、公共研发平台、试验验证平台和共享制药平台等在内的完整创新价值链。

2. 鼓励生物技术企业走专业化发展道路

生物技术公司处于生物医药产业链前端研发环节,是生物医药新技术重要的研发主体。建议上海加大生物技术企业培育和发展力度,支持大学、科研院所的生物医药领军人才和创新团队设立生物技术公司,在职务发明成果转化和利益共享方面进一步向科研人员倾斜。在政策支持、投融资、科创板上市等方面,对生物技术企业给予更大的支持力度,支持生物医药领域的科技企业孵化器与生物技术企业加强合作,吸引更多人才向生物技术企业集聚,让更多生物技术企业安心在前端研发创新环节最优做精。

3. 提升生物医药技术成果本地产业化效率

支持高水平孵化平台建设,推动投资机构、初创公司、科研院所、专业孵化器与产业园区加强合作,鼓励孵化平台和早期阶段的投资基金以股权形式加强合作。完善研发成果分段转化机制,发挥好 License-out(向海外授权某项技术或产品,引进方向授权方支付一定费用)机制作用,促进研发成果交易和转化。建立重点孵化器和创新平台跟踪对接机制,加强科技、产业、规土等部门联动,掌握并保障初创企业产业化用地需求,切实提高研发成果本地转化效率。对平台在孵企业有用地需求、但无法解决的情况进行汇总与定期跟踪,与平台所在区政府部门进行协调推进,区内无法解决的可以从全市层面进行资源对接,尽量实现企业在沪落地转化。

4. 加强临床研究资源供给和临床研究能力

在生物医药研发过程中,临床医学研究具有非常重要的作用,很多科学问题是从临床问题提炼出来的。生物医药研发和产业集聚的地方,也都是临床医学发展水平较高的地方。建议上海加快建设布局若干临床医学研究中心,试点建设独立的临床试验医院,支持三级医疗机构设立研究型病房,允许仅用于临床研究的病床不计入医疗机构总病床数。扩充各大医院专门用于临床研究的床位,增加临床医疗机构的专职研究人员、科研辅助人员与临床医务人员配置。提升申康医联工程数据库功能,加快推动数据向临床研究等领域开放,支持大数据、人工智能与生物医药研发、临床等融合发展。推动临床机构与生物医药研发机构、企业的联动合作,推动将临床试验和成果转化纳入医疗机构绩效评价和人员职称评定的依据。

5. 提升新药和医疗器械的审评审批效率

面对激烈的市场竞争,生物医药企业对审评审批环节的行政效率非常敏感,上海要想方设法打好药品和医疗器械审评长三角分中心两张牌,进一步优化完善MAH制度操作流程,切实提升新药和医疗器械的审评审批效率。充分把握浦东引领区建设契机,争取国家层面支持,进一步推动国家药品监督管理局下放审评职能,做实药品和医疗器械审评两个长三角分中心的功能,构建药品和器械在上海就地审评的正面清单,清单以外的药品和器械则强化资料审核、前期沟通等事项,真正解决企业关心的审评效率问题。加强MAH制度的优化与推广,提升上市许可证办理效率,对在本市申请上市许可证的委托方和生产企业进行政策和资金支持,鼓励研发企业与生产企业从临床试验早期进行对接,尽早锁定委托生产关系。

6. 加大对创新药械入院与入保的支持力度

政府支持生物医药企业发展的所有政策环节中,药械进入医院、纳入医保是最后环节,也是企业最为看重的政策环境(企业称之为大环境)。建议我市药品集采时应更多支持本地生物医药企业的创新产品,以此形成鼓励创新、支持创新的良好氛围。在支持创新药械入院方面,需从财政和医保两端着手:财政部门可制定相关政策鼓励"创新采购",对1~2年内取得创新认证的产品进行专门审核,将符合要求的产品纳入采购清单,并形成完善的退出机制。医保部门为新药新技术可开辟医保支付绿色通道,对通过国家医保谈判的药品实行单行支付,不受药占比控费指标等的束缚,适度减少对创新药品和创新诊疗项目的价格限制。

7. 加大生物医药领域的人才政策支持力度

建立完善本市生物医药产业领域紧缺人才开发目录,研究建立生物医药顶尖人才和紧缺人才全球数据库,支持企业和研究机构实施顶尖人才和紧缺人才招引计划。推进海外人才跨境就业便利化,探索科学家和高端紧缺人才等出入境免签,探索扩大自贸区永久居留推荐直通车制度试点,放开人才跨境就业的年龄、学历和工作经历限制,实施境外高端短缺人才15%个税政策。支持企业引进并留住人才,在落户、购房、子女上学等方面给予相应的政策支持,对生物医药领域的优秀应届毕业生优先安排落户。优化居住证积分管理办法,增加申请专利数、专利转化能力、发明创造奖励等有利于鼓励企业创新的指标。在本市优秀科技创新人才培育计划中,提升高科技企业人才的入选比例,确保企业优秀人才能够脱颖而出,形成专业人才流向优质企业的良性循环。

(供稿单位:上海市工商业联合会,主要完成人:施登定、王倩、韩莹、芮晔平、蒋英杰、王珏)

专题十

助推民营经济抢占绿色低碳新赛道赋能上海高质量发展研究

实现碳达峰碳中和,是我国贯彻新发展理念、构建新发展格局、推动高质量发展的内在要求,是党中央统筹国内国际两个大局作出的重大战略决策。今年7月,上海市召开碳达峰碳中和工作领导小组扩大会议,市委副书记、市长、领导小组组长龚正指出,要紧扣2030年前实现碳达峰、2060年前实现碳中和这个总目标,增强全国一盘棋意识,保持战略定力,科学有序推进"双碳"工作;要结合上海实际,做到更加注重统筹协调,更加注重变中寻机,更加注重分类施策,更加注重服务全国,在重点领域持续发力。会上,正式公布了我市碳达峰碳中和"1+1+N"政策体系的两个顶层设计文件——《上海市关于完整准确全面贯彻新发展理念做好碳达峰碳中和工作的实施意见》和《上海市碳达峰实施方案》,明确了我市碳达峰碳中和的时间表和路线图,也明确了我市碳达峰的具体施工图。

在"双碳"目标愿景下,抢抓绿色低碳新赛道、培育绿色发展新动能已成为上海构筑未来发展竞争优势的战略方向,也是促进经济加快恢复和重振的重要抓手。当前,上海正积极培育绿色低碳新赛道,加快构建绿色低碳产业体系。受市工商联委托,课题组拟通过本研究,梳理国内外碳达峰碳中和发展动向,分析民营经济面临的机遇和挑战,提出助推民营经济抢占绿色低碳新赛道的建议,助力民营企业在推动绿色低碳发展、改善环境质量、提升生态系统质量和稳定性、提高资源利用效率、培育壮大发展新动能中,积极发挥主体作用。

一、国内外碳达峰碳中和发展动向

(一)"碳中和"国际影响日益扩大

1. 什么是"碳达峰"和"碳中和"

通俗来讲,碳达峰指在一段时间内(一般不少于10年),特定组织或整个社会活动产生的二氧化碳排放量在某一年达到了最大值,之后进入下降阶段(可以有波动,但不能超过峰值);碳中和则是指特定组织或整个社会活动产生的二氧化碳,通过植树造林、海洋吸收、工程封存等手段被吸收或抵消掉,实现人类活动二氧化碳相对"零排放",或称"净零排放"。

2.《巴黎协定》催生全球"碳中和"目标

国际社会普遍认为,人类活动引起的二氧化碳等温室气体过度排放是导致气候变化的主要因素。全球变暖加剧气候系统的不稳定性,导致一些地区干旱、台风、高温热浪、寒潮、沙尘暴等极端天气频繁发生,强度增大。20世纪90年代至今,国际社会先后通过了《联合国气候变化框架公约》《京都议定书》和《巴黎协定》三个应对气候变化的重要国际法律文件,奠定了国际社会有关温室气体减排的法律基础、基本框架和路线图。特别是2015年的《巴黎协定》和联合国政府间气候变化专门委员会相关报告直接催生了全球及国家层面的"碳中和"目标。《巴黎协定》核心目标是到21世纪末把全球平均气温升高控制在2℃以内(较工业化前水平),并努力控制在1.5℃以内。协定指出,各方应加强对气候变化威胁的全球应对,只有全球尽快实现温室气体排放达到峰值,21世纪下半叶实现温室气体净零排放,才能降低气候变化给地球带来的生态风险以及给人类带来的生存危机。《巴黎协定》还推动各方以"自主贡献"的方式参与全球应对气候变化行动,积极向绿色可持续的增长方式转型。未来全球投资偏好将进一步向绿色能源、低碳经济、环境治理等领域倾斜。

2018年,联合国政府间气候变化专门委员会(IPCC)发布《全球1.5℃升温特别报告》指出,升温1.5℃带来的风险远低于升温2℃带来的风险,但需要进行重大和迅速的变革,必须在2030年前将全球年排放总量削减一半,到2050年左右实现净零排放。包括涉及能源、土地、工业等各种系统史无前例的大规模低碳转型,需要在低碳技术和能效领域增加巨额投资。

3. 绿色低碳转型开启新一轮产业竞争

《巴黎协定》签订后,"争1.5保2"的温控目标成为各国际组织的工作要点和世界多数经济体的减排方向。由于碳排放与能源种类及其加工利用方式密切相关,全球范围内能源及产业发展低碳化的大趋势已经形成,各国纷纷出台碳中和时间表,社会、企业及民众层面对"碳中和"的认知也显著增强。

一是欧盟继续处于领跑地位。欧洲国家是"碳中和"行动的主要推动者,一直以来都是低碳发展的先行者,希望借助绿色产业转型对外争取更大战略自主,对内提振经济。欧盟于2005年正式实施的碳排放交易体系(EU-ETS)对其他国家和地区的碳排放交易市场产生了广泛的示范作用。2019年,欧盟委员会公布《欧洲绿色新政》,提出要努力实现2050年净零排放目标。2021年完成《欧洲气候法》立法程序,将"到2030年将温室气体净排放量在1990年水平上减少至少55%,2050年实现气候中性"目标以法律形式确定下来。之后公布了旨在落实《欧洲绿色新政》减排目标的"Fit for 55"一揽子气候计划,提出了包括能源、工业、交通、建筑等在内的12项更为积极的举措,其中碳边境调节机制与碳市场改革作为减缓气候变化的重要政策手段备受瞩目。

二是日本减排态度积极转变。石油危机后，受能源多样化政策、福岛核事故等影响，日本化石能源需求持续增长，使得政府的减排立场相对消极。进入后疫情时代，日本逐步将绿色转型视为经济复苏的新动能，致力于推动经济与环境的良性循环。2020年日本发布"2050碳中和"宣言，首次提出将在2050年实现碳中和。2021年宣布更新的2030年温室气体减排目标，并将"2050碳中和"写入《全球变暖对策推进法》。发布《2050年碳中和绿色增长战略》，提出将通过一揽子政策工具动员超过240万亿日元私营领域绿色投资，大力发展绿色产业，并针对涉及工业、交通、建筑和生活领域的14个有望持续增长行业提出了具体的发展路线图，以此带动经济增长和就业水平。日本政府还确定了涉及能源转型的一揽子政策文件，提出"最优先"发展可再生能源的能源方针。

三是美国气候立场转向积极。美国的气候立场极大程度上受其执政党和总统的影响，具有不连贯性和不稳定性。2017年6月，美国退出《巴黎协定》，将全球气候治理拖入低潮。直到拜登上台后，着力扭转消极的气候政策，宣布重返《巴黎协定》，积极推动多边气候外交，推动减少碳排放。2020年，为后疫情时代稳定国内就业、促进经济创新与环境协调发展，美国提出《零碳排放行动计划（ZCAP）》，为2050年温室气体净零排放目标提供了实现途径。2021年，拜登签署"应对国内外气候变化危机"行政令，将应对气候变化上升为"国策"；召开华盛顿气候峰会，宣布新的国家自主贡献目标，并承诺增加对发展中国家的支持；发布《迈向2050年净零排放的长期战略》，公布美国实现2050碳中和终极目标的时间节点与技术路径。

四是社会层面积极响应。多数国际组织对"碳中和"持积极立场。如世界银行设计了有关国别计划、技术援助、贷款产品等专门项目，帮助各国规划和实现长期脱碳。国际货币基金组织认为气候变化将对各国经济产生明显影响，应通过政策工具帮助实现2050年净零排放目标。一些国际知名企业纷纷制定"碳中和"目标，BP、壳牌、道达尔等国际石油公司通过更名、扩大新能源业务等方式加速向综合能源公司转型。

（二）我国碳达峰碳中和工作进展

2020年9月22日，我国在第75届联合国大会上提出："中国将提高国家自主贡献力度，采取更加有力的政策和措施，二氧化碳排放力争于2030年前达到峰值，努力争取2060年前实现碳中和。"此后，习近平总书记多次在重要国际场合发表讲话，并在各类工作会议上研究部署推动碳达峰碳中和工作。在2021年3月15日中央财经委会议上，总书记强调实现碳达峰、碳中和是一场广泛而深刻的经济社会系统性变革，要把碳达峰、碳中和纳入生态文明建设整体布局，拿出抓铁有痕的劲头。7月30日中共中央政治局会议要求，统筹有序做好碳达峰碳中和工作，坚持全国一盘棋,纠正运动式"减碳",先立后破。12月8日中央经济工作会议再次强调要立足以煤为主的基本国情,坚持先立后破,以保障国家能源安全和经济发展为底线,既不能搞"碳冲锋",也不能搞运动式"减碳"。2022年1月24日,习近平总书记在中共中央政治局第三十六次集体学习时强调把系统观念贯穿"双碳"工作全过程,注重处理好发展和减排、整体和局部、长远目标和短期目标、政府和市场4对关系。

两年来,我国各地区各部门扎实推进碳达峰碳中和各项工作,实现了良好开局。一是中央层面成立碳达峰碳中和工作领导小组,国家发展改革委履行领导小组办公室职责,强化组织领导和统筹协调。二是印发《关于完整准确全面贯彻新发展理念做好碳达峰碳中和工作的意见》《2030年前碳达峰行动方案》,制定了分领域分行业各地区实施方案和支撑保障政策,构建起"1+N"政策体系。三是稳妥有序推进能源绿色低碳转型,大力推进煤炭清洁高效利用,实施煤电机组"三改联动",规划建设大型风电光伏基地。四是大力推进产业结构优化升级,积极发展战略性新兴产业,着力推动重点行业节能降碳改造,坚决遏制"两高一低"项目盲目发展。五是推进重点领域低碳转型,2021年全国城镇新建绿色建筑面积达20多亿平方米,新能源汽车产销量连续7年位居世界第一,保有量占全球一半。此外,我国森林覆盖率和森林蓄积量连续保持"双增长",生态系统碳汇能力得到巩固提升;能耗双控制度、全国碳市场、统一规范的碳排放统计核算体系、绿色技术创新体系、绿色生活创建行动等机制不断建立完善。

(三)上海已开始布局绿色低碳新赛道

在"双碳"目标愿景下,抢抓绿色低碳新赛道、培育绿色发展新动能已成为上海构筑未来发展竞争优势的战略方向。今年8月,我市印发《上海市瞄准新赛道 促进绿色低碳产业发展行动方案(2022—2025年)》,提出能源清洁化、原料低碳化、材料功能化、过程高效化、终端电气化、资源循环化"六化方向",实施绿色低碳产业培育、特色园区升级、产业生态完善"三大行动",为各类企业瞄准新赛道、开展绿色低碳转型实践提供了方向和行动指引。

预计到2025年全市绿色低碳产业规模将突破5 000亿元,基本形成2个千亿、5个百亿、若干个十亿级产业集群发展格局,推动创新能力稳步提升,市场主体逐步壮大,园区体系健全完善。

二、"抢赛道"背景下民营经济面临的机遇和挑战

(一)民营经济要抢抓绿色低碳新机遇

"双碳"目标为发展绿色低碳技术、将传统产业转型为高端、智能和绿色产业创造了机会。党的二十大报告正式提出发展绿色低碳产业。在上海这片沃土上,民营企业要紧跟"双碳"步伐,主动顺应绿色低碳发展潮流,

切实开展绿色低碳技术创新及应用,积极布局绿色低碳新赛道。

1. 新兴产业发展壮大的机遇

加快推进能源绿色低碳转型是实现"双碳"目标的关键,随着技术进步,低碳氢能产业、风能光伏等新能源产业以及储能产业等将迎来重要机遇期。加强研发和引进新能源技术,率先在分布式可再生能源、智能电网、大容量长寿命安全电池等领域布局,做强智慧能源服务,是目前绿色低碳领域的核心赛道。除新能源外,节能环保、新能源汽车、新材料、高端装备制造等战略性新兴产业与互联网、大数据、人工智能、5G等新技术深度融合,有望催生能源资源消耗低、环境污染少、附加值高的产业发展新引擎。拓展碳纤维、高温超导电缆等绿色材料应用场景,推进二氧化碳捕集技术应用,加强与储能、氢能等技术的集成创新,有望在赛道中实现弯道超车。随着排放主体低碳转型意愿提升,对节能技改和碳排放诊断等绿色低碳服务业的需求也将持续增长。

2. 传统产业转型升级的机遇

传统产业有着更大的减排潜力,是更需要绿色化、数字化赋能的领域。在工业、建筑、交通运输等传统产业领域,率先开展传统工艺流程低碳零碳改造,实现关键技术创新突破,推进清洁能源应用和数字化转型升级等,将为企业发展赢得新的竞争优势。以钢铁行业为例,通过发展低碳零碳冶金、有序推动短流程的电炉炼钢、大力发展智能制造等路径,可有效降低碳排放,但这有赖于大量创新资源投入、关键技术攻坚突破、废钢回收和加工配送体系建设完善等,这些技术创新和转型发展的需求也为民营企业的参与提供了机会。在减碳实践中,参与并推动全产业链伙伴协同减碳将助推民营企业成为绿色低碳新赛道上的先锋。对于产品全生命周期的碳排放管理是加速减碳的关键因素之一,能够帮助传统行业实现实时采集数据并实现跨平台反馈和优化的软件业和相关服务业有望占得低碳转型的先机。此外,为用户提供绿色低碳材料、产品以替代传统的高碳材料、产品,或者提供可大幅减少高碳材料、产品使用量的创新解决方案,将为企业带来新的市场机遇。

3. 上海发展绿色低碳产业已具备优势条件

一是丰富的产业载体。上海具有相对完备的新能源汽车产业链。上海大力吸引世界知名车企建设研发中心及高端整车项目,支持高性能电机、电池、电控等核心部件配套项目落地,集中了特斯拉、上汽集团、上汽英飞凌IGBT、宁德时代临港生产基地、捷氢科技等一批国内外领先的制造基地,推进了特斯拉超级工厂、大众MEB、恒大国能等一批百亿级项目。在部分重点能源装备产业上优势突出。以上海电气为代表的综合性装备制造企业,聚焦能源装备、工业装备、集成服务等领域,核电设备、风能设备、智能微网、清洁燃机等技术方面国内领先,部分技术在国际上具有较强竞争力。船舶制造业在绿色低碳船舶设计制造、海上风电施工船舶设计等方面在国内处于领先水平。能源互联网、超导技术等取得突破。初步打造形成了国内领先的碳中和先进材料产业集聚高地。我市基本形成了以上海石化、上海化工区、华谊集团等为主体的化工产业集群，产出的碳纤维、改性塑料、黏合剂、膜材料等一系列先进材料能够广泛应用于汽车、建筑节能、新能源装备等行业和领域。以宝钢为龙头的钢铁产业集群，在轻量化高强度钢板、无取向硅钢等材料方面为汽车、新能源等产业提供支持。节能环保产业规模持续增长。已形成节能环保领域装备制造、产品生产、技术研发、诊断检测、设备采购、工程施工、分包集成、调试运行、体系认证、维护管理等完整产业链。围绕主要产业链以及冶金渣、工业副产石膏、粉煤灰等工业固废，形成了以宝武环科、中冶环工为引领的产业龙头企业。

二是雄厚的技术创新与服务体系基础。汇集一批国内领先、具有国际影响力的科研院所，中科院上海分院、上海交大、同济、华东理工、东华大学、上海大学、上海理工等高等院校在二氧化碳资源化利用、新能源、新能源汽车、零碳建筑、先进材料等领域具有较强的科研力量，培育了大量碳中和相关产业人才。功能服务平台形成良好支撑，围绕新材料、高端能源装备、节能环保、新能源汽车等碳中和重点领域，我市形成了涵盖技术开发、检测认证、实验、技术转移服务在内的100多个功能性服务平台，综合配套服务能力在全国处于领先。产学研合作深入开展，例如科思创与同济大学加强合作研发，从最初的生态建筑和材料领域拓展到了新能源车，围绕电池的轻量化和电池的安全性等开展科研攻关；在进博会上，科思创还与中国科学院上海有机化学研究所（SIOC）签署合作伙伴协议，同时深化与同济大学的战略合作，达成了新的五年合作协议。

三是突出的企业总部碳中和集成与引领作用。截至2021年，我市累计设立跨国公司地区总部827家。母公司以制造业为主的在沪跨国公司地区总部占比71%，主要集中于生物医药、集成电路、汽车制造、智能制造等行业；服务业占29%，主要集中于商贸、物流、检验检测等行业。累计认定的贸易型总部233家、民营企业总部388家。这些企业总部落户上海，为上海市在碳中和各领域技术创新、贸易、服务等方面树立了领先形象，有利于形成产业号召力。在社会责任驱动下，强生、欧莱雅、宜家等跨国公司不仅提出了自身碳中和目标，还对供应链提出了减碳要求，有利于我市围绕开展相关服务和提供低碳产品，形成产业竞争优势。

四是全国性的金融与服务平台。2021年7月，全国碳排放交易市场正式启动，上海承担了全球最大碳市场交易中心的角色，未来还将迈向国际级的碳定价中心、碳交易创新中心，在碳金融领域形成强大的影响力，并带动相关服务业发展。

(二) 民营经济绿色低碳转型面临的挑战

民营经济千万人士创业建企，逐步占到全部企业的九成以上，是我国经济快速发展的最大微观基础。由于企业数量庞大，在管理机制、资金实力等方面存在巨大个体差异，民营经济落实碳达峰、碳中和目标行动，或将更加任重道远。

1. "双碳"目标下对企业减碳要求将更趋严格

目前，我国化石能源燃烧产业的二氧化碳排放量约占全球排放量的31%，要实现"3060""双碳"目标，意味着我国将成为全世界减排最快的国家，不仅要采取人为措施实现碳达峰，而且从碳达峰到碳中和的时间窗口远远少于欧美，亟须加快成熟技术推广应用、提前部署深度减排技术，并通过法律法规和提高相关标准加以贯彻落实。同时，在市场机制作用下高排放行业用能成本将显著增加，倒逼产业进行绿色低碳创新转型。2021年全国碳排放权交易市场启动交易，在这之前有关部门已连续多年开展了发电、石化、化工、建材、钢铁、有色、造纸、航空等高排放行业的数据核算、报送和核查工作。目前发电行业被率先纳入碳配额管理和全国市场，将推高发电行业化石能源机组的综合供给成本。随着碳市场覆盖范围进一步扩大，其他行业的用能成本也将显著增加。

2. 能源低碳转型的创新投入不足

中国科学院丁仲礼院士将碳中和过程概括为能源供应端、能源消费端、人为固碳端"三端发力"促成的经济社会大转型，而"减碳、固碳""电力替代""氢能替代"均需要增加企业的额外成本。当前，我国在电气化、氢能、生物质能及碳捕集、利用与封存等关键技术领域的创新投入仍然不足。根据清华大学气候变化研究院的计算，要实现《巴黎协定》提出的全球升温控制在2℃和1.5℃的目标，仅中国能源系统转型所需的投资成本就将达到100万亿元～138万亿元。对于民营企业而言，绿色转型的成本和风险显然是一个不小的挑战。

三、本市民营经济绿色低碳产业发展现状

(一) 民营企业已在部分领域崭露头角

在"双碳"目标的引领下，本市一些嗅觉敏锐的民营企业早已纷纷布局"碳中和"相关产业领域，通过科技创新、商业模式创新加速提升绿色低碳竞争力，在清洁能源、节能环保等领域显示出民营企业的积极性和发展实力。

1. 氢燃料电池领域：积极参与示范应用

上海积极抢占氢能产业新赛道。2022年8月4日上海举办"国家燃料电池示范应用"上海市第一批车辆集中发车仪式，标志着上海燃料电池汽车示范应用城市群建设取得了重要的阶段性成果。此前，上海市经济和信息化委员会发布《2021年度上海市燃料电池汽车示范应用拟支持单位公示》，明确了6家

企业作为燃料电池汽车"示范应用联合体"牵头单位,成为现阶段上海燃料电池系统环节的代表,其中 3 家(50%)为民营企业,分别是上海重塑、上海神力、上海青氢。

> **案例:上海重塑——燃料电池汽车示范应用**
>
> 重塑集团专注于氢燃料电池系统及控制领域、电堆及膜电极领域和电力电子领域的技术研发和产品开发。基于燃料电池行业技术快速迭代的特点,以商业应用为导向,持续打磨精进产品,保持技术领先,推动燃料电池汽车向技术可靠、性能稳定、安全性强、经济性好的方向迈进。多年来,通过持续研发投入,包括吸引和培养高水平专业人才,打造一流的研发硬件,形成了可持续的技术竞争力。获得2021上海市燃料电池系统技术创新中心授牌,并入选了2022上海硬核科技企业TOP100榜单。作为燃料电池汽车"示范应用联合体"牵头单位之一,重塑集团正与合作伙伴一起,共同致力于探索燃料电池汽车商业运营模式,为零碳交通运输做出努力。2022年8月,重塑集团携手整车制造、车辆运营、加氢站运营、车辆使用等产业链合作伙伴打造的首批燃料电池汽车率先启动运营。结合在上海市燃料电池汽车示范应用申报方案中提出的具体任务与目标,目前重塑集团已在电堆、膜电极、双极板、氢循环系统、升压转换器等关键零部件上构建了自主开发和规模化生产能力,实现了自主可控的产业链。搭载重塑集团燃料电池系统的车辆覆盖从4.5吨到49吨的多款车型,服务于马士基、宜家家居、京东、顺丰、上海赛科、国药集团等不同类型的终端客户,依托中石化氢能源公司、轻程物联网等共同构建氢能商业化应用生态链,构建可持续的商业场景。

2. 节能环保领域:探索多元化服务模式

近年来,我市节能环保产业快速发展推动了各类创新服务模式的发展,民营企业在其中也发挥了积极作用。例如,上海市"地沟油"专项整治工作经历建章立制、规范运收等一系列动作后,形成了餐厨废弃油脂收、运、储、调、用全程闭环治理体系。中器环保作为"餐厨废弃油脂制生物柴油混合燃料在柴油公交车示范应用"课题的合作方之一,承担了生物柴油研发生产的重要角色,参与探索"地沟油"综合治理和资源化利用的"上海模式"。

> **案例:中器环保——地沟油变身能源的"上海模式"**
>
> 上海中器环保科技有限公司是市政府指定的"专业化处置餐厨废弃油脂生产生物柴油"的高新技术企业,同时担任全国生物柴油行业协作组、中国可再生能源行业协会2个国家级协会理事单位及上海市循环经济协会等4个市级协会理事单位。可以说,绿色技术创新为公司发展提供了契

机。一是注重技术创新引领发展。通过多年坚持自主研发,公司已拥有生物柴油调和装置、生物柴油酯化反应塔、电加热的生物柴油蒸馏塔、餐厨废弃油脂油水分离装置等19项专利技术。积极参与国家行业标准、上海市团体标准的制定起草工作以及市科委研究课题,荣获2016—2017年度中国生物柴油行业"科技突出贡献奖",2018年"B5生物柴油"项目获得上海市重点产品质量攻关成果一等奖。二是依托试点项目推广应用。为杜绝"地沟油"重返餐桌,2013年公司参与签署六方合作协议,将全市收集的餐厨废弃油脂优先供应"餐厨废弃油脂循环利用试点项目"。利用餐厨废弃油脂生产的生物柴油、生物柴油调和燃料产品分别荣获"上海市节能产品"称号,被认定为上海市高新技术成果转化项目,不仅可为车辆、柴油机械及船舶等提供燃料,还可用作精细化工原料、增塑剂、生物质润滑油等。目前,在上海市中石化、中石油、中化的300余处加油站可加注B5柴油,实现了餐厨废弃油脂应收尽收、应处尽处、应用尽用,探索了"地沟油"综合治理和资源化利用的"上海模式",率先在"地沟油"治理和产业发展领域走出一条新路。

3. 前沿新材料领域:高温超导电缆领跑全球

作为具有战略意义的前沿技术,高温超导技术已在城市电力、高端医疗设备、磁悬浮交通、轨道交通和大科学装置等领域展现出广泛的应用场景。高温超导电缆具有低损耗、大容量、无污染等优点,是智能电网的基础技术之一。奥盛集团旗下上海国际超导科技有限公司牵头自主研发制造的世界首条35千伏千米级高温超导电缆示范工程2021年12月在上海投运,实现了关键核心技术的系统性突破,多项指标达到全球第一。

> **案例:奥盛集团——坚持高科技"落地"行动**
>
> 奥盛集团是一家高科技制造企业集团,秉持企业发展要融入国家发展格局的理念,始终立足主业、深化主业,以科技创新引领企业转型升级,已形成以上海新材料产业技术研究院为"一树""桥梁缆索、心脑血管介入医疗器械、高端精密制造、超导电缆"为"四翼"的产业布局。在集团创始人汤亮博士看来,新材料、新工艺的科技含量就是未来市场的制胜法宝,唯有科技创新,才能创造新的商业模式,催生新的市场需求,推动经济社会进步。2021年12月,由奥盛集团旗下公司牵头自主研发制造的世界首条35千伏千米级高温超导电缆示范工程在上海正式投运,多项指标达到全球第一,这是上海企业与全球先进国家"拼抢"前沿新材料新赛道并取得"领跑"的标志性成果。作为全国人大代表,汤亮在今年两会中提出,建议加快推广高温超导技术,促进我国超导科技的产业化、市场化,

只有"落地"推广才能在实际应用中不断提升科技含量,保持全球领先地位。建议国家电网尽快在上海推进5千米级超导电缆输电示范工程建设,"十四五"期间首先在长三角人口密集、大型城市集中、用电负荷增长的地区全面推进高温超导电缆工程建设。建议国家尽早开展全国布局,在大中城市中逐步构建多电压等级的超导电缆网,并加快超导电缆输电技术在城市轨交建设中的应用。

4. 光伏发电领域：培育隐形制造冠军

在"双碳"目标以及构建新型电力系统的背景之下,光伏行业进入了高速发展时期,装机规模迅猛增长。2021年,我国分布式光伏新增装机首次超过集中式电站,同时为应对光伏发电对电网稳定性的冲击以及自身消纳等问题,市场对于储能的需求也进入了"新阶段"。正泰电源立足上海良好的产业基础,被工信部认定为上海市光伏设备领域隐形制造冠军和专精特新重点"小巨人"企业。

案例：正泰电源——探索光伏＋储能解决方案

上海正泰电源系统有限公司（以下简称"正泰电源"）是正泰集团光伏发电产业链中的重要一员,专业从事光伏逆变器和储能系统制造,为新能源及电力行业提供完善的光伏逆变器及储能系统产品和智能化解决方案。产品陆续通过新能标、UL、EN、IEC及KS等多项国际权威的认证测试,批量销往25个国家,累计光伏发货量超过20 GW,储能发货量超过100 mWh。三相组串光伏逆变器产品自2015年起连续在北美市场拥有超高占有率,2020年起在韩国市场拥有超高占有率。公司在2021年彭博逆变器融资价值报告中全球排名第八。针对不同场景,探寻解决方案。随着光伏应用场景不断丰富,正泰电源可提供不同的光伏和储能解决方案。针对集中式应用,今年发布了"1＋2＋N"光储解决方案,采用同一平台设计,适用于光伏和储能两个行业,多种灵活配置方案,解决光伏电站弃光存储、削峰填谷、电力调频等需求,多台储能PCS并联使用功率最大可做到5.5兆瓦。针对地面电站储能应用场景,正泰电源研发了POWER BLOCK储能系统解决方案,一体化系统方案,无须现场安装调试；非步入式磷酸铁锂电池模组设计,20尺集装箱容量3.4 mWh,占地面积减少46%,能量密度提升36%,辅助设备均摊成本降低30%,运输、安装费用降低50%。针对工商业光储系统,正泰电源可提供组串式光伏系统方案和模块化户外柜储能系统方案,满足用户侧不同容量的储能需求。

（二）民营经济绿色发展存在问题分析

尽管一些民营企业已开始积极实践,探寻助力"双碳"的解决方案,并形成了一批创新成果。但也应看到，统计制度不完善、龙头企业不多、中小企业管理能力不足等问题，在一定程度上制约了民营经济抢占绿色低碳新赛道、赋能上海高质量发展。

一是相关产业统计制度和体系有待建立完善。自我国提出"双碳"目标以来，全国上下掀起了绿色发展热潮，但对于绿色产业面临概念泛化、标准不一、监管不力等问题。为此，我国先后发布《绿色产业指导目录（2019年版）》《节能环保清洁产业统计分类（2021）（国家统计局令第34号）》，指导进一步厘清绿色低碳产业边界，准确反映绿色发展新动能培育情况。从本市情况看，目前市统计局依据34号令正在开展全市相关企业名单梳理和数据统计工作，未来可逐步满足对绿色产业发展规模、结构和速度等统计测算的需要。

二是民营龙头企业不多，带动作用难以有效发挥。从市统计局已梳理出的节能环保、清洁生产、清洁能源三个领域50多家头部企业名单看，以国企和外企为主，民营企业占比不到10%。在清洁生产领域，制造业头部企业80%以上为外资企业，本市具有自主知识产权的关键技术和战略材料自给率低，对碳中和新兴产业的支撑保障作用有待加强。在节能环保领域，受市场开放度等因素制约，民营企业的领军作用难以有效发挥。

三是部分民企碳排放管理能力有待加强。部分民营企业特别是广大中小企业，因不具备敏锐的政策洞察力，尚未充分认识做好"双碳"工作的重要意义。也有部分企业虽然有转型的意愿，但因管理机制相对欠缺，在落实"双碳"目标方面基础薄弱，对碳排放统计核算和管理能力不足，对如何实施绿色转型感到无所适从。

四、助推民营经济抢占绿色低碳新赛道的相关建议

（一）整合各方资源，共建绿色低碳产业生态

创新创业生态越活跃就越容易培育新赛道。从全市层面看，建议调动各方力量、整合各方资源，共同构建适合绿色低碳发展的产业生态圈，为民营企业创新创业提供市场环境和激励机制。

促进"政、产、学、研、金、介、用"合作。以创新联合体、科创平台、产业联盟等为载体，围绕绿色低碳共性关键技术、前沿引领技术、颠覆性技术和相关设施装备等开展联合攻关，激发协同创新的动力和活力。推动绿色低碳发展是一项需要全社会广泛参与的系统性工程，需要多方协作、形成合力。如在推进大型的开创性项目的过程中，不仅要考虑加大研发、加快技术应用试点推广等因素，还要考虑建设和改造相关技术所需的基础设施，为此特别需要加大产业部门与政府部门之间的交流，寻求相关政策支持和法律保障，对项目的成功推进至关重要。

发挥龙头企业的市场主导优势和引领作用。一是强化企业的创新主体地位。加强企

业与高校、科研院所的联合研发，推进科技体制改革和科技成果转化，促进绿色低碳产品、技术、方案的推广应用，加快培育拥有自主知识产权的绿色品牌，带动一批"专精特新"企业成长，打造绿色低碳领域创新创造的生力军。二是带动产业链、供应链协同减排，共建绿色产业生态。如将绿色低碳理念纳入对供应商的管理维度，遵循循环经济的减量化、再利用、再循环"三R"原则，鼓励开展碳信息披露，将履行可持续发展的社会责任作为对供应商进行绩效考评的重要因素，实现供应商减排效应更大化。

加强绿色标准和认证体系建设和运用。绿色标准和认证体系在绿色低碳转型过程中具有重要作用。根据《国家标准化发展纲要》《关于鼓励、引导和规范工商联所属商会开展团体标准化工作的意见》等要求，支持有条件的商会围绕绿色低碳转型发展需求，结合实际参与有关行业标准或团体标准的制订。支持头部民营企业加强与国有企业、行业协会、国际组织等合作，共同参与和引领绿色标准和认证体系的开发设计。开展民营企业标准"领跑者"和商会团体标准"领先者"活动，引导民营企业有序开展学标贯标达标工作。

营造公平竞争、包容有序的市场营商环境，加大节能环保等绿色发展领域对民营企业开放的力度，让优质民营企业更多地参与到国家基础设施建设等重要战略领域中来。深化混合所有制改革，构建国企和民企协调共融机制，充分释放资本融合优势，实现互相借鉴、优势互补。推进孵化器、加速器等创新创业载体建设，对民营企业绿色低碳领域"高精尖缺"技术创新成果转化项目给予奖励。

（二）贯彻绿色理念，落实创新、减排主体责任

民营企业既是创新主体，也是落实节能降碳的责任主体。从企业层面看，建议民营企业要始终将绿色低碳理念贯穿生产经营管理全过程，抢抓能源低碳转型机遇，积极布局新赛道。

结合"双碳"目标，优化企业发展战略。依托专业机构和专业人员或指定专门人员，系统梳理企业生产经营管理活动的碳足迹，了解各工艺环节、重点设备的实际能效以及能源资源利用情况，做好碳排放统计监测与核算，主动摸清企业"碳"家底。结合国家"双碳"目标与企业实际情况，科学制定企业低碳转型发展目标，处理好当下发展和长远目标、经济效益和生态保护的关系。结合产能替换、节能技改、设备更新、能源低碳化、工艺流程再造、资源循环利用、固碳、数字化改造、倡导低碳化办公、低碳出行等方式，研究确定符合企业实际的碳减排路径措施，开创绿色低碳发展的新局面。

持续保持科技创新的优势和活力，争取在更多行业或细分领域占据绿色低碳技术高地。具有技术研究和创新能力的民营企业要敢于"揭榜挂帅"，积极参与绿色低碳重大科技攻关项目，围绕在低碳零碳负碳和储能新材料、新技术、新装备等关键领域具有共性以及社会公益性的技术需求开展攻关。积极参与节能降碳和新能源技术产品研发国家和省级重点实验室、技术创新中心等科技创新平台建设。以市场需求为导向,推进高效率太阳能电池、可再生能源制氢等低碳前沿技术攻关、示范和产业化应用,瞄准新产业、新赛道和未来市场提前布局、率先行动,加快破解"卡脖子"问题。

做好要素资源保障。瞄准绿色低碳新赛道,持续开展新产品自主研发,积累领先的核心技术储备。更加主动地融入全球创新网络,在开放合作中提升绿色低碳科技创新能力。加强与政府部门、金融机构和风险投资等的合作,吸引社会资本广泛参与,落实研发投入的资金保障。发挥民间渠道优势,积极引进急需的高科技人才,通过培训、产学研合作等方式培养高素质、创新型的绿色低碳技术人才和管理人才,为碳达峰、碳中和提供良好的人才支撑。

(三)拓展场景应用,推动绿色低碳实践探索

新场景诞生是涌现新赛道的先决条件。从应用层面看,建议各类创新主体,积极搭建多元化的绿色低碳技术应用场景,开展新技术的试点应用和示范推广,为抢先布局新赛道提供实践基础。

以试点示范推进绿色低碳转型实践。在能源、工业、建筑等重点领域,持续挖掘一批绿色低碳技术应用场景,充分发挥典型场景和试点示范的引领作用,以点带面推广绿色低碳的优秀经验和做法,让绿色低碳的生产生活方式逐步深入人心。如在产业园区以太阳能、风能逐步替代传统的化石能源发电;对现有物流运输体系进行智能化、低碳化改造,以提升运营效率。

以绿色生产引领绿色消费升级。通过建立产品的绿色表现评价基准,从源头上引导用户形成绿色消费的购买决策。利用 AI、VR/AR 等技术构建线下及线上的智慧零售场景,提供虚拟沉浸式的购物体验,引导用户形成理性决策,避免购后不满意导致的浪费。串联消费者衣食住行的各个场景,构建碳减排计量模型,形成整合的个人碳账户,帮助用户清晰地了解个人碳足迹及消费活动对环境的影响。

(四)积极主动作为,加强绿色低碳引导服务

工商联是民营企业与政府部门之间的桥梁和纽带。从服务层面看,建议各级工商联加强"双碳"政策、标准的宣传贯彻,引导、支撑和服务民营企业加快绿色低碳转型升级,赋能上海高质量发展。

以政策标准为引领加强宣传服务。开展政策宣讲、调研走访等各类活动,或借助互联网、新闻媒体等各类平台,及时向民营企业传递党中央、国务院实施碳达峰、碳中和重大战略决策和推动经济社会发展全面绿色转型的坚定决心。做好政策措施的宣传解读,引导民营企业将绿色低碳理念贯穿生产经营管理全过程,参与绿色低碳项目建设,开展低碳、零碳、负碳技术研究、推广应用,加快数字化、网络化、智能化发展步伐,坚定不移走生态优先、绿色低碳的高质量发展道路。注意发掘在碳达峰、碳中和工作中走在前列、取得积极成效的民营企业,总结经验,树立典型,切实加大宣传力度,带动更多企业开展绿色低碳转型实践。围绕碳达峰、碳中和政策标准、路径措施、试点示范经验以及碳交易、碳金融、碳关税等内容,定期举办针对民营企业的培训活动。积极推进低碳技术知识产权服务。

以解决问题为导向加强调查研究。围绕碳达峰、碳中和目标,主动调研收集民营企业绿色低碳转型发展的情况。坚持问题导向,持续跟踪了解民营企业在绿色低碳转型中遇到的困难、在相关政策落地过程中出现的问题,通过各种方式及时反映企业诉求,推动政策落地落细落实,为企业绿色低碳发展营造良好环境。针对民营企业反映的涉及管理、技术、资金、人才等方面的痛点难点问题,深入开展绿色低碳领域课题研究,提出可操作的对策建议,形成高质量的调研报告,为市委、市政府及相关部门推进全市"双碳"工作提供决策支撑。在调研基础上积极联合有关部门,组织开展人才供需、银企对接、经验交流等活动,帮助民营企业解决实际问题。

以增强协同为目的促进合作交流。加强与市发改委、市科委、市经信委、市生态环境局等部门的合作,打好政策组合拳,推动碳达峰、碳中和技术创新研发和试点示范等支持政策和激励措施尽快落地落实,为民营企业加强核心技术攻关、提升发展能级提供保障。深化与金融机构的合作,引导贷款、债券、天使投资、创业投资企业等支持民营企业低碳技术创新成果转化。支持引导民营企业围绕绿色低碳新产业新赛道设立绿色低碳发展基金,以市场化运作方式,有效吸引民间资本投入,推动民营企业绿色健康发展。促进民营企业加强与产业链上下游、科研机构、高校院所等开展全方位合作,推动产业链实现绿色创新协同发展。促进民营企业参与绿色技术、绿色装备、绿色服务、绿色基础设施等领域国际合作,促进高质量、高技术、高附加值绿色产品贸易,助力绿色"一带一路"建设。

(供稿单位:上海市工商业联合会,主要完成人:施登定、王倩、刘佳、韩莹、徐玲玲)

专题十一

发展流量经济 打造有影响力的平台型企业研究

党的二十大报告明确指出,必须完整、准确、全面贯彻新发展理念,坚持社会主义市场经济改革方向,坚持高水平对外开放,加快构建以国内大循环为主体、国内国际双循环相互促进的新发展格局。发展流量经济,促进流量要素的高效配置是提高我国新发展格局质量和能级的关键。近年来,上海在我国经济高速增长过程中已经具备较高水平的对外连通性和开放性,并基本形成了大容量、高频率的全球要素流量高地。流量型经济在于推动要素高效流动增值,关键看平台。目前,上海已集聚一批流量型经济平台企业,深耕生鲜电商、本地生活、文创产业、共享出行等各个领域,并沿着产业链、供应链向上游赋能,通过数字化重新定义生产力和生产关系,成为经济社会发展变革的核心驱动力量之一。平台不仅可以成为信息社会的基础设施,更在线上线下融合中发挥着核心作用。步入"十四五"阶段,平台型企业在理念创新、技术创新、模式创新和制度创新的共同作用下将呈现新的发展趋势。如何应对"十四五"时期平台型企业发展趋势,加快构建以平台型企业为"圆心"的产业生态圈,成为"十四五"时期上海平台型企业发展需要面对并解决的新问题。

一、上海打造有影响力平台型企业的背景依据

(一)贯彻落实二十大精神,优化民营企业发展环境

习近平总书记在党的二十大报告上明确指出,要优化民营企业发展环境,依法保护民营企业产权和企业家权益,促进民营经济发展壮大。互联网的开放性使得各类流量资源自由选择去处,可以使有胆识、能够吸引流量的民营企业迅速崛起。同时,平台型企业连接双边市场,打通原有双边市场要素流动的障碍,通过平台的数据和算法实现要素的自由流通和高效配置,有助于进一步扩大市场,做大做强。站在新的历史征程,需对有可能对影响民营经济主体的生存发展的政策、机制不充分不完善等问题进行研究分析,解决平台型企业发展中存在的瓶颈问题,了解其政策诉求,将有助于促进民营经济做优做大做强。

（二）立足上海流量经济，助推经济高质量发展

上海2022年7月出台的《关于促进"五型经济"发展的若干意见》指出，"在'承载力'上下功夫，放大流量型经济溢出效应""着力打造汇聚各类流量的功能性平台。"流量型经济以"网络链接"为基础，作为"中心节点"的平台型企业往往也是制高点，能以一呼百应的号召力联动产业链、聚拢生态圈，构成城市经济内生的核心竞争力。资金流、物质流、知识流、信息流和人才流等各类流量汇聚而孕育出的平台型企业将在经济高效率增长、丰富有效供给、产业转型升级、绿色可持续、助力共同富裕等方面发挥重要作用。通过研究总结上海平台型企业的发展趋势，从而发现新机遇、总结新模式、激发新动能。

（三）应对后疫情时代机遇挑战，谋求平台型企业新爆发点

2022年底中央经济工作会议提出，要大力发展数字经济，提升常态化监管水平，支持平台企业在引领发展、创造就业、国际竞争中大显身手，对平台经济和平台企业的地位与作用给予充分肯定，并为其下一步发展指明了方向。平台型企业连接着大量的民营经济主体，而平台型企业主体当中，民营企业又占据绝大多数。疫情期间，平台经济在推动中小微企业复工复产以及产业链、供应链数字化转型和社会治理方面做出了突出贡献。后疫情时代下，地区冲突、贸易摩擦、科技封锁、大宗商品涨价等"黑天鹅""灰犀牛"层出不穷，民营企业生存发展面临着更多的不确定性；与此同时互联网与实体经济深度融合，已经成为促进经济稳定和持续发展的重要因素。2022年12月底中央政治局会议同时强调，要"坚持真抓实干，激发全社会干事创业活力，让干部敢为、地方敢闯、企业敢干、群众敢首创"。上海以"3+6"产业体系为基础，以城市为维度的数字化转型，将为各类产业向高能级发展提供新赛道、新机遇。平台型企业自身具有的颠覆式创新能力，能够更迅速地链接新的赛道资源，汇聚更优质的民营经济主体，开发更丰富的新服务、新应用，满足人民更高品质的生产生活需求。

二、国内有影响力的平台型企业发展现状分析

（一）当前平台型企业影响力评估的几种标准

1. 中国互联网企业综合实力指数

中国互联网企业综合实力指数研究选取代表企业规模、盈利、创新能力、成长性、风险防控能力和社会责任等6大维度的11类核心指标，综合行业发展态势和专家意见对指标设置权重，加权计算生成综合得分作为企业的最终得分，对候选的互联网企业进行排序，取前100名的企业作为2022年中国互联网企业综合实力前百家企业。2022年中国互联网企业综合实力榜单前十名依次为：腾讯、阿里巴巴、美团、蚂蚁、抖音、京东、百度、拼多多、

产业研究

快手、携程。

2. 互联网平台分级指南

根据国家市场监管总局《互联网平台分类分级指南（征求意见稿）》的分级依据，对平台进行分级，需要综合考虑用户规模、业务种类以及限制能力。用户规模即平台在中国的年活跃用户数量，业务种类即平台分类涉及的平台业务，限制能力即平台具有的限制或阻碍商户接触消费者的能力。根据上述分级依据，可以将互联网平台分为以下三级（见表11-1）。

表11-1 互联网平台分级情况表

平台分级	分级依据	具 体 标 准
超级平台	超大用户规模	在中国的上年度年活跃用户不低于5亿
	超广业务种类	核心业务至少涉及两类平台业务
	超高经济体量	上年底市值（估值）不低于10 000亿人民币
	超强限制能力	具有超强的限制商户接触消费者（用户）的能力
大型平台	较大用户规模	在中国的上年度年活跃用户不低于5 000万
	主营业务	具有表现突出的平台主营业务
	较高经济体量	上年底市值（估值）不低于1 000亿人民币
	较强限制能力	具有较强的限制商户接触消费者（用户）的能力
中小平台	一定用户规模	在中国具有一定的年活跃用户
	一定业务种类	具有一定业务
	一定经济体量	具有一定的市值（估值）
	一定限制能力	具有一定的限制商户接触消费者（用户）的能力

由于该征求意见稿尚未正式对外定稿，根据以上标准，本研究认为可以被评定为"超级平台"的互联网平台有：阿里巴巴、腾讯、美团、蚂蚁、京东、百度、抖音。

（二）国内有影响力平台企业分布情况

国内的平台型企业影响力评判，一般都以互联网百强为基础。因此就以2022年中国互联网企业综合实力百强为基础，探讨有影响力的平台型企业基本情况。

1. 区域分布：京津冀领先

得益于区域产业集群效应，京津冀、长三角、珠三角集中了超过八成的互联网前百家企业。以北京为中心的京津冀地区是互联网企业主要的聚集地，前百家企业中有33

家在京津冀地区，其次是以上海为中心的长三角地区，前百家企业有30家，珠三角有18家。

2. 省市分布：北上广占据半壁江山

2022年中国互联网100强的企业分布最多的省份是北京（32家）、上海和广东并列第二（均为18家），长三角区域的江苏、浙江分别有7家和5家。

3. 业务分布：数据服务为主

2022年互联网百强企业中，数据服务26家、云服务19家。此外，互联网公共服务15家、网络媒体15家、生活服务14家、互联网金融服务13家、实用工具9家、社交网络服务10家、生产制造服务5家、搜索服务2家、网络安全服务1家、互联网接入服务4家。其中，得益于数字化转型浪潮，数据服务行业、互联网接入服务增速较快。

（三）国内有影响力平台发展趋势

2022年度互联网百强企业，在面对内外挑战的情况下，奋楫笃行，不断进取，呈现以下发展态势。

1. 研发投入不断提升

中国前百家互联网企业的2021年的研发投入达到2 923.7亿元，同比增长41.3%，明显高于2020年16.8%的增速；前百家企业发明专利总数达到11万项，同比增长10.1个百分点。例如京东旗下物流事业部2021年研发投入就达28亿元。

2. 文娱业务贡献度高

2021年，前百家互联网企业中开展网络游戏和网络音视频业务的企业各有26家，是前百家企业涉及最广泛的业务种类。从垂直领域看前百家互联网企业平均境外营收占比，网络游戏的境外营收占比位居第一，达25%。

3. 产业互联网业务持续发展

2021年前百家互联网企业中有35家企业开展了产业互联网业务，35家企业的互联网业务收入占前百家企业的65.04%。榜单上的消费互联网平台和贸易B2B平台，也逐渐向全产业链数字化服务平台转型。

4. 资本市场有所收缩

2021年前百家企业中上市企业市值达151 355亿元，较2020年同比下降21个百分点；由于《网络安全审查办法征求意见稿》的出台，火热的互联网公司上市潮有降温之势，境外上市企业数量从2012年的32%降至2021年的21%。

三、上海有影响力的平台型企业发展现状分析

以前文所提到的2022互联网企业百强为基础，分析了18家上海的互联网平台型企业，主要有以下情况。

（一）上海平台型企业基本情况

1. 数量趋势：基本稳定在两成

从总体数量来看，2022年上海互联网企业维持在18家，基本稳定占据全国两成份额。10年来，互联网企业百强中上榜的上海企业

数量围绕在20家上下浮动。值得注意的是，2018年之前基本上能保持在20家，但近4年内则一直在20家以下徘徊。

2. 区域分布：嘉定区暂时领先

18家入围全国百强的上海平台型互联网企业中，嘉定区以5家企业的优势排名第一，其次为徐汇，浦东、杨浦、长宁并列第三。嘉定区拥有汽车产业的基础，现有互联网平台型企业的加持，在发展智能制造和产业互联网方面必将更有优势。

3. 业务分布：数字娱乐业务突出

18家入围全国百强的上海平台型互联网企业中，电商3家，数字娱乐8家。上海城市文化造就了数字娱乐企业的绝对优势，但更应该看到的是，上海的工业互联网、云计算等服务实体经济和城市数字化转型的行业龙头逐步涌现，呈现良好发展态势。

（二）上海平台型企业主要发展特点

近年来，上海在重点区域着力打造一批世界级战略性平台，对内链接国内大市场，对外成为世界经济的链接者，把服务全国作为自己发展的战略使命。依托丰富的流量资源，上海也涌现出了一批连接线上线下、整合国内外资源的有影响力的互联网平台型企业，其中不乏优质的民营企业。主要有以下特点。

1. 赛道垂直度高

上海的平台型企业，往往都是深耕某一行业，一直做到行业头部。例如叮咚买菜坚持只卖菜；携程专注旅游出行，致力于打造全球最大的旅游平台；虎扑是全国最大的体育类垂直社区，85%的用户都是男性；小红书聚焦"90后"年轻女性的生活方式，月活用户超1亿；哔哩哔哩是年轻人高度聚集的文化社区和视频平台；东方财富网聚焦金融信息服务。数据显示，目前上海已占全国第三方支付60%的市场份额，本地生活服务市场的70%，网络文学市场的90%，网络游戏市场的30%，在若干细分领域优势突出。

2. 体现上海特色

上海的平台型企业从价值链的角度来看，就是利用上海城市本身庞大、稳定的自然流量，减少长尾市场中信息/服务提供者的流量获取成本。在消费互联网领域，得物、小红书等平台汇聚全球时尚、潮流品牌新品，成为年轻人品质、潮流消费的首选，并让时尚消费品站上"上海制造"C位，助力上海确立引领时尚、定义潮流的"时尚之都"地位，使上海成为时尚出品地、潮流集聚地、创新策源地、消费引领地。在工业互联网平台领域，"独角兽"震坤行公司，经过较长时间在上海制造业领域深耕，对工业机理和制造设备具有深入的认知，在此基础上结合工业自动化知识和新一代信息技术搭建工业互联网平台，提供从供应端到服务端一站式敏捷供应服务，"数字化的工业用品服务平台"打造集交易平台、数字化工具、智能化服务于一体的综合数字化供应链解决方案。

3. 产业生态良好

平台企业营业收入的取得，表明平台价

值得以实现,是企业再生产不断进行和经济效益得以实现的根本保证,关系到平台企业的生存和发展。仍以"互联网百强"为例,上榜的上海平台型企业当中,既有拼多多这样营收近千亿的"大象"起舞,又有大量过10亿的"蚂蚁雄兵"登台,有的已经是"独角兽"。无论大小,皆生机勃勃,呈现和谐共生的生态。疫情期间,部分工业互联网企业逆势上扬。最新数据显示,钢银电商2022年5月交易量同比增长30%;欧冶钢好APP新增用户同比增长58%,显示了良好的产业生态。

(三) 近年来上海发展平台型企业的主要举措

上海近年来逐步出台了各类举措,一定程度上优化了平台型企业的发展环境。

1. 政策鼓励平台型企业持续健康发展

2020年以来,数字经济迅猛发展,上海再度发力,出台了扶持在线新经济、数字化转型、专门政策、服务好中小企业、助力疫后重振、培育产业新赛道等方面进行了探索,为平台型企业持续健康发展构建良好营商环境(见表11-2)。

表11-2 上海市相关政策情况表

发布时间	政 策	主 要 内 容
2020年	《上海市促进在线新经济发展行动方案(2020—2022年)》	聚焦在线医疗、金融服务、展览展示、工业互联网等10多个领域,鼓励平台企业做大做强
2021年	《推进上海经济数字化转型赋能高质量发展行动方案(2021—2023年)》	推动流量型业态创新。鼓励线上线下场景融合,发展多种平台经济,提升规模链接能力和流量运营能级。鼓励龙头企业建设20个具有行业影响力的工业互联网平台。形成10家左右千亿级电商平台
2022年	2022年上海市政府工作报告	大力发展平台经济,建立适应现代市场流通体系建设需要的平台经济治理体系,提升国内国际资源配置能力和定价话语权
2022年	《关于促进"五型经济"发展的若干意见》	培育一批亿级用户流量平台、万亿级交易平台和世界级节展平台

2. "三元协同"为中小企业发展保驾护航

上海平台型企业的高质量发展离不开众多充满活力、具有高成长性的中小企业。近年来,上海从服务、合作和监管三方面为中小企业主体打造良好的成长环境。在服务型政策方面,建立和完善企业服务专员工作制度,推动中小企业服务资源配送、服务下沉、网格覆盖;围绕中小企业经营全周期需求,为中小企业精准匹配政策导读、诉求反映、企业赋能、科创对接等功能；完善涉企信息发布体系，建立统一、规范、有序的政策发布工作机制等。在合作型政策方面，保障各类所有制企业依法平等使用资源要素，公平参与市场竞争；探索建立中小企业参与涉企政策制定的机制等等。在监管型政策方面，持续深化"放管服"改革，建立完善"一证准营"的行业综合许可制度；探索适用于新产业、新业态发展的监管措施。按照包容审慎的原则，放宽新兴领域产品和服务准入门槛。通过建机制、强服务等方式，上海加强了政府与中小企业之间的联系，更好地体现了"有为政府"的角色。

3. 政策"组合拳"助力平台企业疫后重振

2022年，上海认真贯彻党中央、国务院重要决策部署，在3月底和5月底先后出台抗疫助企"21条"、经济恢复重振"50条"两轮助企纾困稳增长综合性政策。8月底，国家在稳经济一揽子33项政策的基础上，又推出19项接续政策措施。为及时落实国家政策措施，加力巩固全市经济恢复发展基础，全力打好经济恢复和重振攻坚战，在充分听取各类市场主体诉求和建议的基础上，9月底制定了《上海市助行业强主体稳增长的若干政策措施》，特别提到"支持平台经济发展，落实国家关于支持平台经济规范健康持续发展政策措施，引导平台企业依法合规开展业务和发展，鼓励其参与国家重大科技创新项目。"无疑是给平台型企业的发展注入一剂强心针。

4. 培育产业"新赛道"提振平台企业信心

为加快培育壮大发展新动能，拓展上海新型产业体系的发展方向，培育增长新动能，强化"新赛道"布局、强化"终端带动"的部署，上海发布了绿色低碳、元宇宙、智能终端等新赛道行动方案，争取到2025年，三个产业总规模突破1.5万亿元，同时欢迎国内外创新团队、创业公司、企业家和各路人才、各路高手在上海抢占和布局"新赛道"。在当前复杂的经济形势下，三大行动方案的出台为上海经济恢复提供了有针对性的发力方向，提振了平台型企业发展的信心。上海将发挥自身产业特长和产业优势，营造良好的市场环境，鼓励和激发广大市场主体的创造热情和创新力，通过把握关键关口，将上海的基础优势、场景优势转化为产业优势、竞争优势，培育一批新生代品牌，打造新时代流量聚集地。

（四）上海平台型企业发展趋势

1. 融入长三角一体化发展大局

习近平总书记在扎实推进长三角一体化发展座谈会指出，实施长三角一体化发展战略要紧扣一体化和高质量两个关键词，让要素在更大范围畅通流动，有利于发挥各地区比较优势，实现更合理分工，凝聚更强大的合力，促进高质量发展。而平台企业的特性可以设立为双边或多边市场的虚拟网络市场，更加可以打破长三角地域空间上的阻隔，实现与促进生产要素、产品、服务、技术、创新成果、产业与资本等的快速流动，推动长三角区域市场一体化，区域协同发展战略性新兴产业群，获得更广阔的发展空间。平台型企业例如上海互联网文娱头部企业哔哩哔哩的电竞业务就落地杭州,为杭州乃至浙江省打造城市文化新名片,打造业内领先电竞文化生态。

2. 参与国内统一大市场建设

长远来看,对于几乎任何一个市场主体而言构建全国统一大市场的决策都是利好的,而其中能在短期内获得统一大市场建设红利的主体,一定是核心业务涉及"二流一高"(即物流、数据流、高技术)互联网平台型企业。例如深耕农产品供应链变革的拼多多,通过大数据、云计算和分布式人工智能的技术,打造"农地云拼"模式,从时间和空间两个维度归聚数亿消费者的农副产品需求,将分散的农业产能和分散的农产品需求在云端拼在了一起,形成了一个虚拟的全国市场。这不仅极大优化了中间交易环节,降低了农产品销售成本,也极大减少了农产品流通时间,让农产品从田间地头直达消费者的菜篮子和果盘子,并减少了各种保鲜化学品的使用。

3. 积极探索企业出海新模式

在国内流量竞争日益激烈的今天,海外流量资源的争夺逐渐成为平台企业新的热点。2022年1月,《区域全面经济伙伴关系协定》(RCEP)正式生效。RCEP覆盖全球30%的人口、经济规模、贸易规模以及投资流量,对于国内想要拓展用户的平台型企业是一个重大利好。而上海本土成长起来的、以跨境电商及种草社区为主要标签的小红书等为代表的企业正在积极探索出海新模式。通过自身的优势与特点,平台企业可以推动全球产业链和国际分工的发展变化,赋能中小企业参与全球产业链,推动普惠贸易和服务贸易的发展。

四、上海打造有影响力平台型企业遭遇的挑战

2014年,上海就曾出台过《关于上海加快推动平台经济发展的指导意见》强调"加快培育一批在国内外有一定影响力和示范性的平台企业",如今上海涌现出拼多多、小红书、震坤行等较为有影响力的企业,但其规模与国内头部BAT等企业仍有差距,与国际上谷歌、Meta等企业更不能同日而语,研究分析,认为主要存在以下几点原因。

(一)经济动能深刻转换

当前,经济从高速增长阶段转向高质量发展阶段,上海正走在依靠创新和新兴产业驱动的新动能形成的关键期。上海对标建设新发展格局中心节点和战略链接的要求,立足产业结构特点,面向集成电路、生物医药、人工智能三大先导产业,电子信息、汽车、高端装备、先进材料、生命健康、时尚消费品六大重点产业,以供给侧结构性改革为主线,以智能制造和企业数字化转型为主攻方向,推动工业互联网创新升级,以新一代信息技术与制造业融合发展为核心,推动上海经济数字化整体转型。

为加快产业转型升级,推动经济动能转

换,需要大量有科技实力、注重研发投入的企业参与建设。平台型企业具备网络效应的连接特征,是商业交易的桥梁搭建者和重要促成者,就必然要具备较高的技术水平,研发投入便是体现技术水平高低的重要指标。中华全国工商联"2022民营企业研发投入500家榜单"数据显示,入围的上海企业仅有15家,其中平台型企业仅有7家。拼多多2021年度研发投入89.93亿元,占全年收入比将近11%,而排名第一的华为1 427亿元,研发投入占全年收入比为22.4%,相对比例差1倍多。而作为工业互联网领域领先企业的钢银电商,其2021年度的研发投入仅为当年营收的0.7‰。由此看来,上海市平台型企业的科技创新、硬科技能力还存在广阔的提升空间。

(二)要素资源成本过高

平台型企业做强做大所仰赖的流量经济,建立在各类要素快速高效流动基础上。但受到疫情及一些历史原因的影响,上海的要素资源成本相较其他城市而言较为昂贵。2021年,北上广深四大一线城市的人口增量总和约12万人,而上海仅增长1.07万人。而成都、杭州、西安等"新一线"城市人口增长均超过20万。人口增量的持续减少,带来的直接后果是劳动力成本上涨,进而推动企业生产成本上涨;人口流量的下降又导致了各类商贸服务业成交额的下降。此外,《中国城市人才吸引力排名:2021》报告也指出,2020年上海对人才的吸引力地位被北京及杭州反超,列全国第3位。

在土地要素方面,此外,上海的工业用地成本一直偏高。以2021上半年为例,四大一线城市宅工价格比分别为:上海17.7;北京32.3;广州40;深圳19.3;此外,苏州为41.7。上海的宅工价格比在一线城市中最低,即相对住宅用地,上海的工业用地价格最高,不仅高于其他三个一线城市,也远高于邻近的苏州市,值得引起重视(见表11-3)。

表11-3 2021部分城市人口增量情况

城市	2021年常住人口数量(万人)	增加(万人)
武汉	1 364.89	120.12
成都	2 119.2	24.50
杭州	1 220.4	23.90
西安	1 316.3	20.30
南昌	643.75	18.25
长沙	1 023.93	18.10
青岛	1 025.67	15.10
郑州	1 274.2	12.50
宁波	954.4	12.40
贵阳	610.23	11.38
嘉兴	551.6	10.50
南京	942.34	10.37
广州	1 881.06	7.03
天津	1 373	3.60
上海	2 489	1.07

续表

城市	2021年常住人口数量（万人）	增加（万人）
无锡	747	0.80
北京	2 188.6	−0.4

（三）制度创新突破不够

由于平台型企业涉及的业务范围比较广泛，市场竞争的压力和逐利的驱动促成了创新的产生，转向技术更先进、附加值更高、发展空间更大的新业态，而这些新业态对于政府的监管能力、司法制度、市场制度配套能力提出了更高的要求。例如货币政策向民营企业的倾斜力度不够，对国有企业的倾向性更强，而民营企业综合融资成本相对较高，民营企业融资渠道较少，缺少获取金融资源的创新性制度安排。

在探索科技和商业模式创新实践过程中，难免会存在政策及审批制度等方面的"无人区"。例如在联影医疗在打造国际医疗器械平台的过程中，就遭遇了挑战。目前联影研发的AI属于高风险类别，不在免临床试验目录中，且需要经过严格的临床试验和伦理互认。医疗器械注册证整体从临床试验到审批周期过长，给企业发展带来了一定影响。再如，哔哩哔哩目前在元宇宙赛道聚焦"虚拟人交互""虚拟社区搭建"，在NFT数字资产方面有较多的业务深耕和需求，目标是在这方面可以形成新的创作者经济，但目前元宇宙新赛道还处于培育阶段，并没有相应业务

领域的政策制度可作为圭臬。面对现实中存在的阻碍创新的系统瓶颈，急需全面推进营商环境综合改革和全方位创新提升，形成一批首创性、突破性的制度创新成果。

（四）平台监管多重困境

流量经济由各类要素资源汇聚而成，离不开政府、平台企业、B端（生产者）、C端（消费者）、社会组织、个人等等不同主体的参与。由于平台型企业不直接拥有资产而是作为"提供服务的平台"，存在法律定位模糊的特点。此时由谁来制定规则、怎样制定规则就变得相当重要——这就诞生了平台监管的问题。目前来说，主要存在监管方式、监管主体、监管领域等方面的挑战。

从监管方式看，体现为"严进宽管"，"严进"即将监管重心集中在事前的准入环节，而"宽管"则主要体现为监管资源分散，可能会导致部门之间信息壁垒、职责边界不清等问题。实际操作中，平台型企业可能要同时面对市场监管、知识产权、绿化市容、消防、网安、文化执法等十几个部门，一方面平台型企业的运营成本将大幅度增加，另一方面也对企业未来可能的商业盈利点探索造成限制。

从监管领域看，平台企业在激发劳动者就业形态实现自主创新、自主择业等方面起到了重要作用，但也形成了新的监管挑战。比如工作流动性加大带来就业不稳定，部分新形态就业岗位的储量不高，劳动者权益缺乏制度保障，传统就业在被替代过程中带来的失业风险加大等，需要平台企业与劳动保

障部门共同解决,也需要相应的监管政策与之配套。

(五)企业出海暗礁丛生

从过往经验来看,平台型企业"出海"并不容易,特别是到欧美发达国家。现在一些企业"走出去",很大程度上都希望把原来的核心能力应用到海外市场,但它们仍然面临诸多挑战。

与一般企业不同,平台型企业技术含量高,应用场景复杂。海外拓展面临诸多监管和审查,尤其是涉及敏感行业、技术转移和战略设施等的交易都遭到了海外审查机构严密的监视。针对平台型企业,美国及相关国家可以利用的限制手段包括:提高贸易关税、抬高行业投资门槛,甚至禁止下载、强制要求下架等等。尤其是进入2020年后,美国等国家和地区接连对微信、抖音等社交平台下手,采取一系列强硬手段打压其地位,实质上已经在一定程度上破坏了"出海"的平台型企业及其APP产品所依赖的渠道。

即便在行政障碍消除的情况下,当地法律法规、文化背景、气候背景、消费习惯,以及交通基础设施等软障碍仍是摆在平台型企业面前的难题。当地企业及消费者可能对中企感到陌生和排斥,从而造成隐性的准入障碍。

(六)社会预期信心不足

在流量经济运行当中,平台型企业体现了人才、技术、数据、资本等多方面的独特优势,但当平台要按照股东的诉求进行迅速扩张时,可能会以牺牲服务质量,甚至安全性为代价,而这就会侵犯到顾客的利益,甚至引发不良社会舆论,最终会对平台企业的信誉、形象造成深远的伤害。根据《互联网平台企业社会责任蓝皮书(2022)》的评判标准,对上海18家"互联网百强"平台企业进行企业社会责任报告和专栏进行考察,有12家企业表现了其履行社会责任的意识,可见上海互联网平台企业的责任主体意识已初步建立,但仅有半数企业同时公开了2021年度社会责任报告并在公司官网开辟社会责任专栏。与之相伴随的"大数据杀熟""野蛮生长"等负面标签使社会大众对平台企业的认知存在褒贬不一的情况,平台主体责任问题越来越突出。

2020年以来,在经历对平台企业的穿透式监管、专项整改后,平台企业逐渐走向规范健康发展,但也使得企业家对平台经济的未来产生了较多不确定性;同时,当前我国经济恢复的基础尚不牢固,需求收缩、供给冲击、预期转弱三重压力仍然较大,外部环境动荡不安,给我国经济带来的影响加深,对于企业自身发展和企业家创业心态来说,市场信心变得比黄金还珍贵。

五、上海打造有影响力平台型企业的路径选择

如何才能编织好一张既有"巨头"和"独角兽",又有大量活跃中小微企业的流量经济生态圈?本课题建议,要聚焦习近平总书记交给上海的一系列重大战略任务,把握开放

机遇、坚持国际视野，结合上海实际，服务好实施好国家战略、规划好开发好重点区域、建设好运作好开放平台。以更高视野整合集聚流量资源，完善多元主体共同参与机制，释放民营企业更大活力，打造有影响力的平台型企业。

（一）服务大局，做强功能平台

建设功能型平台是上海实施创新驱动发展战略、加快培育新经济、塑造发展新动能的重要举措，也将有助于促进平台型企业在新发展格局找到新角色，开展新作为。

首先，结合上海科创中心建设，加大研发投入力度，针对当前产业发展和技术创新需求，通过政府引导、政府跟投、财税政策等方式，引导带动社会资本投入科技创新，鼓励企业、社会组织等以共建新型研发机构、联合资助、公益捐赠等途径开展基础领域科研攻关。

其次，结合上海金融中心建设，在资产管理领域，打造金融功能平台。依据《关于加快推进上海全球资产管理中心建设的若干意见》政策优势，加快建设重要功能性平台，探索在资管数据跨境流动、资金跨境管理等方面先行先试。围绕资管行业服务实体经济和居民共同富裕、高水平对外开放和行业数字化建设、养老金融和绿色转型，以及慈善资产管理等主题，鼓励民营企业参与资管平台建设。

再次，结合上海国际贸易中心建设，打造贸易功能型平台。鼓励有实业经营基础的企业将更多精力投入产业互联网的转型当中，将需求向供应、设计、金融、采购、生产、物流、服务等一系列环节连接，让数据无阻碍地流动，最终实现各个环节的智能化转型。同时，充分发挥消费互联网平台企业作用，挖掘这类平台雄厚的云计算、知识图谱、智能算法等技术资源，充分实现从资源匹配、下达订单到支付结算等全流程线上履约的平台化服务能力。

此外，在人力资源服务领域，打造就业服务功能型平台。根据平台企业用工特点，创新体制机制，培育一批"灵活用工""共享用工""社会化用工"等新型人力资源服务平台，挖掘释放更多的就业岗位。依托平台企业数字化管理的能力，大力拓展人力资源信息软件服务、人才测评以及高级人才寻访等为代表的一批与国际化发展相适应的人力资源服务业态，打造上海"人才服务"品牌。

（二）要素支持，盘活流量资源

支持企业家、科学家勇闯新赛道、"无人区"，盘活上海的资金流、技术流、人才流、数据流，不断强化原始创新、开放创新、协同创新。

一是完善所需流量经济要素支持。土地要素方面，给予平台型企业在产业用地用楼更多的优惠政策。人才要素方面，通过优惠政策吸引一批全球领军人才、紧缺重点人才和杰出青年人才，营造干事创业氛围。数据要素方面，鼓励数据要素市场主体参与公共管理，建立数据资源资产化和数据流通交换体系。资金要素方面，鼓励平台型企业围绕"3+6"产业体系、满足民生需求等领域加大项目建设力度,政府给予相应的配套资金支持,并在数字经济、绿色低碳、元宇宙、智能终端等新赛道、新领域予以倾斜。

二是为平台企业营造应用场景。提升应用场景能级,加快形成布局合理、服务高效、共建共享的5G网络部署和应用体系。构建应用场景体系,围绕服务实体经济、智慧城市建设、科技创新创业、人力资源协同、消费提档升级、绿色低碳发展、现代供应链创新等应用场景,着力促进新技术推广应用、新业态衍生发展和新模式融合创新。

(三)制度保障,优化营商环境

切实落实"两个毫不动摇",从制度和法律上把对国企民企平等对待的要求落下来,营造市场化、法治化、国际化一流营商环境。

一是破除制约民营企业公平参与市场竞争的制度障碍。全面梳理涉企法律法规和政策文件,清理和修订违反公平开放透明市场规则的法律和政策规定,完善产权保护、市场准入、公平竞争、社会信用等市场经济基础制度,推动破除在审批许可、招投标、要素获取等方面的隐性壁垒,把公平竞争落到实处。

二是加大主体培育力度,营造良好产业生态。按照梯度培育的策略,由跨国企业和大型公司负责技术创新,对现有产品进行技术升级。由"独角兽""瞪羚""哪吒"等新物种从事技术和商业性的颠覆性创新,探索元宇宙、5G、智能装备等各类新经济、新产业中的创新点、引爆点,让产业"雨林生态"更加繁荣茂盛。

三是优化政企沟通机制,了解民营企业所需。发挥政协、工商联、行业协会商会、产业联盟等专业机构的作用,结合上海年度工作重点,持续完善政企面对面、亲清直通车等品牌,扩大不同行业和规模平台型企业参与覆盖面,切实推动党委政府与民营企业通过工商联深度沟通、有效协商,形成共谋发展、共促创新合力。围绕平台型企业需求和企业家感受,持续改进和优化平台型企业评营商环境工作,推动地方党委政府更大力度优化营商环境、激发企业动能。

(四)机制创新,提升治理效能

坚持"对创新包容、对技术审慎"的监管原则,创新监管理念和方式,构建公共政府监管、平台监管与用户监管分类主导的全新平台监管治理方式。

一是探索平台经济的弹性监管和柔性治理模式。加强合规指引,坚持发展与规范并重,通过"一业一册""一业一单""一业一查""一业一评"等方式,增强企业合规经营的意识和能力,对于数字资产、数据交易等新兴领域的合规监管可通过试点改革方式,形成一批可复制可推广的制度创新经验。

二是探索支持包容性创新。在流量经济背景下,政府除了采用税收减免、财政补贴、政府采购等形式支持包容性创新,还可利用大数据在教育、医疗卫生、政务服务方面,为包容性创新提供更多的支撑,从而惠及更多的人群,产生更大的市场效应。

三是完善企业治理监督体系。落实、完

善平台企业承担公平就业、最低工资、劳动定员定额、劳动安全卫生责任、职业伤害保障试点等劳动保障责任，保障平台就业者权益。支持第三方机构开展算法评估，引导平台企业提升算法透明度与可解释性，促进算法公平，保障平台用户权益。结合中国特色现代企业制度建设，落实涉案企业合规第三方监督评估机制，促进企业完善内部治理和信用体系建设，保障股东权益。

（五）放眼国际，护航企业出海

相关部门可跨前一步助力平台企业出海发展。商务委、海关等部门可主动通过指导企业建立风险防范机制，搭建参与国际规则和标准制定的平台和机会等，为企业出海、产品出海、品牌出海提供便利。

一是营造出海环境。要抢抓"一带一路""RCEP"等历史机遇，整合全球民营企业资源要素，形成面向全球的贸易、投融资、生产、服务网络。要树立全球战略眼光，打造一批具有国际竞争力的民营企业和跨国公司。可开展"千团万企拓市场抢订单"等专项行动，组团包机帮助平台企业及其平台商家赴海外维护客户、争取订单，通过招商团队开展针对性招商，组织企业赴境外参展等，创造条件帮助企业赴海外抢市场、做生意。为出海企业提供反垄断、反倾销、知识产权等贸易规制方面的监测预警和其他服务，提高监管政策透明度，简化许可审批程序，从而减少企业跨境贸易成本。

二是融入当地发展。帮助企业在海外新兴经济体开展投融资行动，开展语言文化、法律法规等知识培训，让企业更好融入当地市场。进入当地后，引导企业在产品的语言、设计包装、卖点等方面尊重本土差异，将目标市场的本地文化与潮流趋势连接起来。

三是超前布局市场。以有竞争力的价格提供关键的基础设施，并不断调整商业惯例以适应当地规范，同时帮助新兴市场国家实现数字化和发展目标。让产品积攒较高的知名度和市场认可度，构筑起自己的品牌壁垒。

（六）提振信心，彰显社会责任

2022年底的中央经济工作会议一锤定音，平台企业迎来了党的二十大后最强烈的支持信号，需要政府通过各种方式提振企业发展信心，更需要使平台企业明确自身在时代浪潮中的历史使命，彰显社会责任。

一是营造关心关爱企业家的社会氛围。要积极营造民营企业和民营企业家都是"自己人"的舆论风气，要认识到民营企业在创造就业、扩大收入、带动发展，推进实现共同富裕方面应当发挥的重要作用，进一步树立民营企业发展信心。加强统战部门、工商联、行业协会商会的作用，深度挖掘上海市企业家群体创新精神，激励新生代企业家茁壮成长，努力造就一批以张謇为楷模、典范的新一代上海创新型企业家群体，发现、宣传一批具有全球战略眼光、市场开拓精神、管理创新能力和社会责任感的优秀企业家典型。

二是凝聚发展共识，改善企业家心理预期。突出加强对民营企业家的政治引领、思想引导，通过组织多层次的教育培训活动，讲清楚习近平经济思想和习近平总书记关于做好新时代党的统一战线工作的重要思想的深刻内涵,讲清楚我们面临的形势任务、党中央的大政方针、推动经济运行整体好转的有利条件,尤其是讲清楚我们社会主义市场经济的体制优势、超大规模市场的需求优势、产业体系配套完善的供给优势、勤劳智慧的广大劳动者和企业家等人力优势,讲清楚中央经济工作会议强调的"五个坚持",以及扩大国内需求、加快建设现代化产业体系、防范化解重大经济金融风险等方面的系列重大举措,引导民营企业家正确认识时与势、辩证把握危和机,认清我国经济长期向好的基本面和大趋势,进而切实改善心理预期、提振发展信心。

三是结合平台型企业业务特点,鼓励企业家在技术创新、经济发展等领域积极履行社会责任。引导平台型企业和企业家在社会较为关注的内容安全、共同富裕、绿色低碳、社区治理、疫情防控等方面体现积极正向价值观,贡献"硬核"力量,发挥独特作用。引导平台型企业更加注重保障平台从业人员、新就业形态劳动者权益,更加有效保护广大消费者权益,在增进民生福祉、共享发展成果方面承担更多责任。

六、外省市政府扶持平台型企业发展的主要做法

(一)北京市:坚持发展与规范并重

平台企业是北京数字经济的重要组成部分。2022年北京市政府工作报告中也提出,指导支持平台企业在合规中转型发展,培育具有国际一流竞争力的龙头企业。北京市印发促进平台经济规范健康持续发展若干措施,坚持发展与规范并重,完善平台经济治理体系,强化法治环境保障。组建工作组进驻17家平台企业开展指导,整改任务基本完成,有效维护公平竞争市场环境。率先搭建平台经济综合监管服务系统,建立常态化监测分析机制,制定平台企业合规手册,"一企一策"指导重点平台企业合规发展、支持企业转型升级。

(二)浙江省:布局超大型产业平台

浙江是平台经济大省,是电子商务、数字经济的重要发源地。浙江省委、省政府高度重视平台经济的规范健康持续发展,在完善法规政策体系、推动体制机制变革重塑、强化数字赋能平台监管等方面作出了一系列创新性举措。此外,浙江还推出"万亩千亿"新产业平台计划,布局重量级未来产业、万亩空间左右、千亿元以上产出的产业平台,从打造新产业平台的规划、定位、配套政策,到地方层面的积极有为,将优质资源汇聚到优质产业上,最终形成新动能。

(三)安徽省:自建和引进并举

近年来,安徽数字经济发展迅猛,平台经济总体呈现加快发展态势。一是集聚发展态势初步显现。通过自建园区和引进大型互联网平台企业等方式,推动平台经济集群发展。二是重点领域取得新突破。出台工业互联网

三年行动计划和支持政策,加快工业互联网平台培育和场景应用,多项政策措施开创全国首例。三是企业布局加快优化。三只松鼠、三七互娱、马鞍山小马科技等平台企业,在全国或省域已拥有一定的竞争力和影响力。此外,多多买菜、滴滴、携程、美团、快手、新浪等国内头部平台企业在皖均有分支机构。

(四)四川省：实施"平台+"行动

近年来,四川省颁布《关于加快发展新经济培育壮大新动能的实施意见》,高质量发展平台经济。实施"平台+"行动,发展链接产业上下游、供需端的行业共性平台,打造研发设计、智能物流、创业服务、建筑产业等功能型互联网平台,构建互联互通和跨界融合的平台经济生态。成都更是先行先试,成立"成都新经济委员会",发布"机会清单"等内容,为平台经济发展提供顶层设计上的支持。

(供稿单位：上海市工商业联合会,主要完成人：施登定、王倩、李琳、李沛欣、周晓榕、李莞)

专题十二

黄浦区文创园区创新发展研究

上海是我国率先发展文化创意产业的城市。经过不断地创新突破,以文创园区作为重要的产业载体和平台,文化创意产业已发展为上海的支柱产业之一。根据《上海市社会主义国际文化大都市建设"十四五"规划》,上海文创产业将坚持守正创新,建设具有核心竞争力、国际影响力的文化创意产业中心。在此背景下,大力推动黄浦区文创园区创新发展,是落实本市重大战略,打造黄浦区文创产业高地的重要举措,也是进一步助力提升上海城市软实力的重要路径。

为此,课题组重点调研了黄浦区商务委文创办、上海工业旅游促进中心、田子坊园区商会等部门和机构,全面了解了黄浦区文创园区发展的基本现状和活化再利用情况;同时,重点走访了八号桥创意产业园、田子坊、越界·智造局(锦和集团)等园区以及上海百万圆桌企业顾问有限公司、上海璟通文化传媒有限公司、上海左邻右舍文化艺术传播有限公司等多家文创企业,通过实地考察和访谈,了解文创园区及相关企业发展中的主要成效和所遇到的问题,为进一步形成发展建议提供了依据。

一、文创园区逐步向规范化高质量发展

(一)"文化强国"建设引领文创园区发展新方向

我国文化产业的地位逐步提升,为文创产业发展带来机遇。2006年,我国首次提出"创意产业"概念,随后国家出台了一系列支持文化创意产业发展的政策,提出"推动文化产业成为国民经济支柱性产业"。在国家"十三五"规划中,将文化创意产业列为重点培育的五大战略性新兴产业之一。根据《中华人民共和国国民经济和社会发展第十四个五年规划和2035年远景目标纲要》中对文化产业的发展规划,提出了要健全现代文化产业、建设文化强国的发展目标,着重实施文化产业数字化战略、文化品牌战略。

其中,规范发展文化产业园区成为扩大优质文化产品供给的重要手段之一。在《"十四五"文化产业发展规划》中指明,文化产业园区应坚持特色鲜明、主业突出、集聚度高、带动性强的发展要求,重点培育壮大一批品牌园区和品牌运营机构,形成面向区域和行

业的协同创新平台，成为促进文化企业发展的重要载体。

在文化强国建设的时代背景下，文创产业和文创园区将逐步向高质量发展转变，给未来黄浦区文创园区的发展指明了发展的方向，引导了发展的路径，提供了发展的机遇。

（二）"四大品牌"建设形成文创园区发展新目标

上海市"四大品牌"建设为文创产业发展提供了政策指引和行动指南。2018年，上海市委市政府发布《关于全力打响上海"四大品牌"率先推动高质量发展的若干意见》，提出打造"上海服务""上海制造""上海购物""上海文化"四大品牌，强调在服务经济、战略性新兴产业制造业、商圈商业街区、文化创意产业等方面的创新发展。园区承担着服务文创企业、文创人才和文化消费者的主要功能，为大量企业提供了生存和发展空间，为消费者提供都市特色文化休闲场所，是文创人才的聚集地和文化创意的策源地，文创园区发展将是"四大品牌"建设的着力点之一。

同时，上海文创园区发展的路径和目标更加明晰。2017年，上海印发《关于加快本市文化创意产业创新发展的若干意见》，其中对上海文创园区的发展确定了具体的发展要求，业态集聚、功能提升，实现专业化、品牌化、特色化发展成为现阶段上海文创园区的目标。

（三）黄浦区"四大核心"提出文创园区发展新要求

黄浦区围绕四大核心引导文创产业结构调整。根据《黄浦区关于加快推进文化创意产业创新发展的实施意见》，黄浦区将着力建设上海国际设计之都、上海国际时尚之都、上海亚洲演艺之都核心区与上海国际黄金珠宝商贸功能区，提升产业能级、增强产业带动力、优化产业环境成为文创产业发展重点。

其中，创意活跃、内涵丰富、服务优质是对文创园区的发展要求。未来，园区将更好地服务于黄浦区文创产业的重点发展领域，助力设计、时尚、演艺、黄金珠宝等产业的合作创新，汇集相关产业企业、品牌和人才的汇集，营造文化创意和城市发展融合的良好环境氛围。

二、黄浦区文创园区的发展现状

（一）上海市文创园区发展现状

上海是我国文创产业发展的高地，也是文创园区建设的先行者。文创园区作为上海文创产业发展的重要载体，经历了近二十年的发展，上海市文创园区在推动产业发展、加快城市更新、点亮经济新增长点等方面起到了积极作用。

从发展脉络来看，2000年上海正式启动了"都市型工业"规划，一些存在于市内的厂房、仓库吸引了很多文化创意产业从业者的进驻，并由此形成了小范围的文化创意园区集群，开启上海文化创意产业园区的萌芽。2004年，上海市经委为全市第一批18家创意产业园区正式挂牌"创意产业集聚区"，随后

产业研究

《上海创意产业发展重点指南》《上海市创意产业发展"十一五"规划》《上海市创意产业集聚区认定管理办法(试行)》《上海市文化产业园区认定办法(试行)》《关于加快上海市文化产业发展的若干意见》《关于加快本市文化创意产业创新发展的若干意见》《上海市文化创意产业园区管理办法》《上海市文化创意产业园区、示范楼宇和示范空间管理办法》等一系列政策文件的发布,逐步规范了文创园区的认定、扶持与发展。

从发展现状来看,截至2021年上半年,上海市共有149家市级文创园区(包括25家示范园区)、16家示范楼宇和28家示范空间,形成文创园区、楼宇、空间互为补充、梯度发展格局,入驻文创企业达2万余家,集聚效应已逐步显现。

从文创产业发展空间格局来看,上海市文创产业呈现"一轴、一圈、两带、多区"的发展格局。"一轴"为"东西向文化创意产业发展轴",包括大虹桥会展产业园区、昌平路设计集聚带、环人民广场演艺活力区等区域;"一圈"为"沿中外环新经济圈",汇集金领之都、长江软件园、越界创意园等园区;"两带"为"沿黄浦江、苏州河文化创意发展带",主要是涵盖徐汇西岸传媒文化走廊、浦东世博前滩文化园区、世博城市最佳实践区等区域;"多区"指环同济创意设计集聚区、上海江南智造文化创意产业集聚区、上海虹桥时尚创意产业集聚区、国家数字出版基地、国家音乐产业基地等重点文创产业集聚区。

在园区分布方面,上海八成左右文化创意产业园区位于中心城区,贯穿北部大学密集区、沿苏州河及内环线。上海市中心城区文化创意产业园区基本形成了连片发展的态势,整体呈现一带多点的分布格局。中心城区之外文化创意产业园区呈零星分布格局,布局于宝山区、嘉定区、青浦区、松江区、闵行区和浦东新区等周边各区。

如今,上海文化创意产业园区成为城市更新过程中的成功实践,从中心城区的自发社会实验,发展为全球范围内最具规模、多样性和复杂度的文创集群之主体,并不断拓展自身内涵,带动了产业升级,提升了市场经济活力,积极与社区、街区相融,推动产城融合,满足了市民多层次消费需求。

(二)黄浦区文创园区发展现状

1. 园区概况

在园区规模方面,黄浦区现有文化创意产业园区19家,占地面积25万平方米左右,总建筑面积约38万平方米,有2个园区的建筑面积超过3万平方米,其余17个园区(占比90%)的建筑面积均小于3万平方米,其中规模最大的上海世博城市最佳实践区建筑面积超13万方(见表12-1)。

表12-1 黄浦区文创园区建筑面积情况表

建筑面积	园区数量(个)
1万平方米及以下	7
1万到2万(含)平方米	7

续　表

建筑面积	园区数量(个)
2万到3万(含)平方米	4
3万平方米以上	2

在园区企业发展方面,2021上半年黄浦区文创园区内企业税收达9.5亿。园区入驻企业600余家,从业人员约9000人,其中从事咨询服务业的企业数量最多(约15%),广告及会展服务业(约15%)和时尚创意业(约14%)次之,同时建筑设计、互联网和相关服务业、工业设计三类企业(均约7%)也是黄浦区文创产业的重要组成。

在园区发展质量方面,黄浦区已有15家园区获市级文化创意产业园区(含示范园)、示范楼宇称号,数量上位居全市前列,其中世博城市最佳实践区、8号桥文化创意产业园入选市级文创示范园区,德必外滩WE入选市级文创示范楼宇。

2. 运营主体

黄浦区19家文创园区的运营主体分为四类(见附表):民营园区12家,国营4家(衍庆里、卓维700、龙之苑、经纬天地园),国营和民营共同运营的园区2家(世博城市最佳实践区、南苏河创意园),管委会、商会、居民三方共治的园区1家(田子坊)(见表12-2)。

表12-2　黄浦区文创园区运营方性质

序号	园区名称	运营方名称	性质
1	8号桥一期	上海八号桥房屋租赁有限公司	民营
2	8号桥二期	上海尚义房屋租赁有限公司	民营
3	8号桥三期	上海尚乐房屋租赁有限公司	民营
4	8号桥四期	上海尚禧房屋租赁有限公司	民营
5	智造局一期	上海史坦舍商务服务有限公司	民营
6	智造局二期	上海和矩商务发展有限公司	民营
7	龙之苑	上海龙头(集团)股份有限公司	国营
8	红双喜	上海红双喜体育用品销售有限公司	民营
9	SOHO丽园	上海八号桥投资管理(集团)有限公司	民营
10	宏欣科技园	上海宏欣物业管理有限公司	民营
11	宏慧·盟智园	上海宏慧创意产业投资管理有限公司	民营

续表

序号	园区名称	运营方名称	性质
12	卓维700	上海卓维700文化创意产业发展有限公司	国营
13	世博城市最佳实践区	上海世博城市最佳实践区商务有限公司	国营
13	世博城市最佳实践区	上海锦朗企业管理有限公司	民营
14	田子坊	田子坊地区管理办公室	无
15	经纬天地园	上海经纬集团天滋方不动产管理有限公司	国营
16	老码头	上海璞邑文化发展有限公司	民营
16	老码头	上海老码头文化创意发展有限公司	民营
17	南苏河	上海祐惟企业管理有限公司	民营
17	南苏河	上海南苏河资产管理有限公司	国营
18	德必外滩WE	上海德必经典创意发展有限公司	民营
19	衍庆里	上海百联盈石企业管理有限公司	国营

3. 空间布局

黄浦区现有19个文创园区呈现片区分布特征，主要为苏河南岸、新天地、外滩南滨、江南智造、世博最佳实践区五大片区，形成了两圈（新天地时尚、江南智造）两带（苏河南岸、外滩南滨＋世博传承创新）的空间发展格局。

苏河南岸片区依托南苏河创意园、八号桥艺术空间、百联时尚中心衍庆里等文创园区，随着苏州河南岸滨河公共空间提升、北京东路旧改、亲水慢行岸线打造，逐步形成城市休闲消费旅游带。

新天地片区集聚了新天地、田子坊、8号桥一期、卓维700等成熟园区，文创设计、教育培训、出版传媒等产业为基础产业，兼顾专业咨询服务业发展，并在电子竞技、体育、音乐、演艺、旅游等业态方面创新融合。

外滩南滨片区主要依托老码头等文创园区，以创意设计产业为主导，以主题文旅、创意夜游、文化活动等为特色，成为"商、文、旅"融合样板。

江南智造片区集聚了8号桥2期和3期、智造局一期、经纬天地园、宏慧·盟智力园、SOHO丽园、龙之苑、宏欣科技园等在内的诸多创意园区，发挥"一区多园"模式的集聚优势，以创意设计、专业咨询服务为两大主导产业，同步发展数字文化、教育培训、出版传媒作为延伸产业支撑主导产业发展。

世博最佳实践片区以世博城市最佳实践

区的创意产业发展为基础,以专业咨询服务为支撑,延伸发展数字文化、教育培训和出版传媒等产业,并逐步引进电竞相关企业,构建电竞产业链。

三、黄浦区文创园区发展的特色与优势

(一) 区位优势明显,高端服务业聚集

黄浦区位于国际化大都市上海的中心城区,是上海的经济、行政、文化中心所在地。在区位交通方面,黄浦区作为上海的城市原点,与虹口、静安、浦东、徐汇等中心城区相连,拥有便捷的立体交通网络,道路系统完善,公共交通发达。在市场环境方面,黄浦区文化投资者、文化消费者汇聚,对文化品质需求、艺术消费倾向的提高,为文化创意产业提供了广阔的市场空间。在经济发展方面,2020年,黄浦区全年实现地区生产总值2 616.94亿元,经济密度达到每平方千米127.53亿元,第三产业占比超过98%,高端服务业占比达到80%左右,传媒、旅游酒店、咨询、会展、教育、法律等高端服务业集聚。公共文化设施丰富,商业场所密集,金融环境完善,生活交通便利,创意人才汇聚,为创意产业发展提供了良好氛围,也为文创园区成长注入活力。

(二) 文化底蕴丰厚,"承旧传新"特色鲜明

黄浦区是海派文化的发源地、民族工业的发祥地、中国共产党的诞生地,文化底蕴深厚,对文创企业和创意人才极具吸引力。区内老建筑各具风采,也是文创园区的特色载体。黄浦区19家文创园区均依托老厂房、老仓库、老洋房等工业遗存和老建筑改造而成(见表12-3),既保留了老建筑的原始风貌,又带来时尚的新兴元素,蕴含着城市更新过程中独特的人文历史价值和艺术特色,如老码头创意园地块曾经是上海最早的码头——十六铺码头,后又在20世纪成为上海油脂厂;智造局一期前身为上海紫光机械厂,改造后保留了空间界面的老上海风情和ART-DECO风格,将经济资源和历史资源完美结合,是具有独特上海文化特色的空间载体。

表12-3 黄浦区文创园区前身

序号	园区名称	前身
1	8号桥一期	上海汽车制动器厂 上海新建齿轮厂的老厂房
2	8号桥二期	上海申贝机械厂 色织三厂上海电气集团
3	8号桥三期	上海电池汇明分厂
4	8号桥四期	上海色织三厂
5	智造局一期	上海紫光机械厂
6	智造局二期	上海互感器厂
7	龙之苑	—
8	红双喜	上海大名鞋城
9	SOHO丽园	上海制动器厂
10	宏欣科技园	上海色织三厂

续 表

序号	园区名称	前身
11	宏慧·盟智园	上海刃具厂、上海采矿机械厂
12	卓维700	上海织袜二厂
13	世博城市最佳实践区	世博园区
14	田子坊	里弄、工厂、仓库
15	经纬天地园	春雷电迅厂
16	老码头	上海油脂厂
17	南苏河	上海市纺织原料公司
18	德必外滩WE	上海华商证券交易所
19	衍庆里	衍庆里仓库

（三）吸引优质中小微企业，孵化培育功能显著

小而精是黄浦区文创园区的特点之一，成为了多数优质中小微企业的首选。黄浦区文创园区的普遍规模不大，平均建筑面积在2万平方米，低于全市平均（约5万平方米）水平，但通过精准的招商策略和优质的企业服务，园区汇集了大量新型小微企业（将近60%的企业从业人员数小于20人）和创意阶层，例如江南智造园区，依托黄浦区0.5平方千米的核心地带，包括8号桥二期三期四期、智造局一期二期、宏慧·盟智园、龙之苑、SOHO丽园、宏欣科技园、经纬天地园、红双喜等十一个文创园区，聚集中小微企业240余家，汇聚了众多国内外行业领军企业，如维迩森、洛可可、美橙互联等公司。

同时，黄浦区重视文创园区对企业的孵化功能，8号桥创意产业园、宏慧盟智园两家园区为经区人社部门认定的创业孵化示范基地。近年来，黄浦区文创园区孵化培育了一批文创类行业领军企业和文创品牌，为城市经济发展注入了活力。如8号桥早期引入了戴森、Under Armour、TikTok等一批知名企业，随着不断成长壮大，戴森由落户时的400多平方米租赁面积扩大到6 000平方米，税收也由30万元增长为2.2亿元。

（四）注重挖掘自身特色，形成特色发展品牌

黄浦区文创园区依托主导产业，结合自身区位和产业优势，聚焦重点领域，注重培育形成自身主导产业和园区特色，提升自身竞争力，如主打国际服务外包产业的越界智造局一期，主打时尚行业的衍庆里，以现代化纺织品制造为特色的龙之苑，以互联网金融为特色的宏慧·盟智园，以创意设计为主的8号桥一期，以艺术和旅游休闲为主导的田子坊，以影视动漫为主导的卓维700等。

同时，文创园区借助品牌优势向外辐射溢出，逐步探索"商、文、旅"融合的发展之路。由于文创企业对创意展示的独特需求，园区往往兼具商务办公和消费体验双重功能，一些知名的文创园区逐渐向街区和社区辐射发展。如老码头、新天地、田子坊等，将创意产业与商业、旅游业、文化、居民生活等有机结合，形成创意社区、创意生活和创意消费等三位一体的新模式，成为居民和游客休闲娱乐

的网红打卡地,大大提升了城市的活力。

四、黄浦区文创园区发展的问题与挑战

(一) 商务成本高昂,竞争压力大

黄浦区地处上海中心城区的核心区,文创企业生存成本较高。除田子坊外,黄浦区文创园区平均租金约为6.5元/平方米/天,平均物业费约为18元/平方米/月,在全市各区中属于最高租金水平(见表12-4)。此外,黄浦区文创企业往往需要用高于周边区域的薪酬来招聘高素质人才。部分由本区成功孵化出的优质小微企业为寻求更大的利益和发展空间而搬离。

表12-4 上海各区文创园区平均租金

行政区	租金(元/平方米/天)	行政区	租金(元/平方米/天)
黄浦区	6.5	浦东区	6.5
静安区	6	宝山区	2.5
徐汇区	5.5	嘉定区	2.3
长宁区	5	青浦区	3
普陀区	3.8	闵行区	3
虹口区	4.5	松江区	3
杨浦区	3.5		

同时,黄浦区文创园区发展面临巨大的竞争压力。在上海149家市级文创园区中,中心城区文创园区数量约占80%,多数园区以传媒、设计、咨询、服务外包等服务业为主要发展方向,园区之间存在一定的竞争关系。从未来增量空间上来看,黄浦区目前可供用于改造为文创园区的物业资源较为匮乏,在新建文创园区项目推进中也面临着改造难度大、改造成本高、改造周期长等阻力。从现有存量空间上来看,现有文创园区本身为老建筑改造,且其中的90%已经投入使用5年以上,设施逐渐老化。而嘉定区、闵行区、松江区、青浦区等上海周边城区文创园区在近些年快速发展,租金更优惠、环境更新颖、空间更广阔,使得黄浦区文创园区对大型文创企业的吸引力有所减弱。

(二) 发展空间受限,改造难度大

一方面,多数园区面临更新改造。黄浦区是上海最早发展文创园区的地区,超半数园区已经使用10年以上,其中8号桥一期和田子坊已使用15年以上。园区或楼宇内的道路、供电、供水、排水、排污、燃气、供热等基建设施陈旧,存在较大的消防安全问题,园区周边的道路等公共设施老旧、交通拥堵,种种问题制约园区发展,但改造工程大、成本高,园区更新维护硬件设施缺乏动力。

另一方面,历史建筑特质限制园区改造。受土地性质、房屋产权以及历史建筑保护等条件限制,园区改扩建维护需住建、消防、文物等多部门介入,审批过程繁琐。

(三) 文化科技融合不足,科技赋能待提高

黄浦区文创园区所依托的本区高端服务

业,主要在金融服务业、商贸流通业、专业服务业、休闲旅游业、航运物流业等领域拥有良好基础,但在大数据、区块链、人工智能等"硬科技"领域优势并不突出。面对数字化转型趋势,文创园区及企业在服务模式、设施配套、产业升级、跨界融合、消费服务等方面对数字化的认知和应用能力需进一步加强。

此外,文化科技融合政策支持体系的完善、专业高端文化科技复合型人才的引进和培养、文化科技金融支持体系的建设、文化科技融合发展公共服务平台的构建、文化科技品牌经营意识和宣传推广等方面是当前我国文化科技融合存在的难点和痛点,黄浦区尚需在上述领域进一步地探索与尝试,争取成为全国文化科技融合的先行区和示范区。

五、发展思路

(一) 发展目标

贯彻目标,打造文创产业核心区。贯彻《关于加快本市文化创意产业创新发展的若干意见》和《上海市社会主义国际文化大都市建设"十四五"规划》提出的上海"全面建成具有国际影响力的文化创意产业中心"围绕"两中心、两之都、两高地"提升园区发展能级;尤其应发挥本区文创"设计产业"优势,围绕上海建设"设计之都"目标,黄浦区聚力打造具有国际影响力的创意设计产业高地的"核心区",着力建设上海国际时尚之都、上海亚洲演艺之都核心区与上海国际黄金珠宝商贸功能区,将文创产业作为本区高端服务业的重点。

聚焦文创"大设计"和"演艺大世界"两大优势板块,打造全国样板。以"广告设计、工业设计、建筑设计、会展设计、时尚设计等"为核心,兼顾"文学、音乐、视觉和表演艺术等创意类艺术设计",打造专业性、国际性的节展和活动品牌,引进龙头企业和世界级演出,形成主导特色,实现辐射带动。

(二) 发展原则

1. 可持续发展原则

可持续发展原则包括两个方面:一是关注生态环境的可持续发展,文创园区应引入生态的理念,在文创园区设计中建立生态微系统,广泛运用太阳能,风能等新能源,减少能耗,保护环境,达到环保节能的目的;二是关注园区自身的可持续发展,改善旧工业园区所遗留的破损环境,避免对工业遗留设施或历史建筑进行大拆大建,对原有的景观进行系统的规划和多种维度的绿化,为园区未来的更新和发展留下无限可能。

2. 城市空间整体性原则

文创园区改造应延续建筑本身特征,契合于城市整体特色与发展更新。文创园区形象通过空间中建筑物外立面、地面等界面共同构成,其空间界面反映了城市旧工业园区和历史建筑的文化特征。文创园区的改造应确保城市空间的直观表达,向公众展示旧工业园区或历史建筑改造的园区的文化特色和魅力,使老旧厂房、历史建筑改造与促进城市更新和文化创新发展之间形成联动，成为延续城市肌理、提升城市品质的文化空间。

3. 历史文化保护与传承原则

历史文脉是城市历史发展的翔实史实，由历史建筑或工业遗存改造而来的文创园区承载着城市或街区特有的文化风貌以及历史文化的局部记忆，是历史文化通过建筑形式表达出来的文化语言。文创园区是对建筑文化的延续，应致力通过对建筑文化的概括提取，对空间中的景观小品或市政公共设施等进行建筑文化的延伸性设计，形成"传承""出新"的发展模式。

（三）经验借鉴

1. 产业群聚发展，提高创新效能

产业群聚是指称某类产业在某种特定区域内因地理邻近、相互关联且具有共同和互补性联结特征而集聚在一起的经济现象。通过产业群聚发展，园区内同行业企业往往可以实现人力、资源、信息共享并提高创新能力，有助于产业经济提升，同时，通过同行业企业集聚，文创园区在吸引客户、共享基础设施、营造创意创新文化氛围、获得政府政策支持等方面获得便利，成为产业群聚发展的内在动力。

注重文化创意产业的群聚成为世界各国热门的举措，通过在一地区产业群聚来吸引关键工作者促使创意激发，吸引游客带动消费，成为当地独一无二的资产。例如，台湾地区将产业集聚视为重点之一，产业群聚被纳入政府推动的项目，当地政府通过制订相关法规和文件，采取税收优惠措施，吸引厂商进驻园区投资，促进园区群聚化建设；此外，政府进行金融奖励、土地厂房优惠等，为园区产业群聚提供良好的环境条件。台湾松山文创园区作为典型代表，主要以视觉设计产业群聚为主，将从事绘画、雕塑及其他艺术品的创作、艺术品的展览及艺术品的修复等行业（文建会）集聚一起。又例如，长沙马栏山文化创意集聚区以数字视频产业为主，聚集一批集国际一流的影视创意、策划制作、动漫卡通、电商、智能硬件等于一体的文化创意企业。

2. 打造园区品牌，实现效益溢出

品牌塑造在经济效益上具有利润增值作用，在社会效益上具有产业集聚和示范作用，在文化效益上具有提升文化软实力的作用。园区品牌强化了文化创意服务者的专业形象和行业竞争力，进一步吸引了更多的企业入驻聚集，持续提高或稳定园区的吸引力和租金水平。

一方面，文创园区内企业多有强烈的文化形象和区域品牌需求，入驻企业需要借助园区文化形象，构建或改造自己的企业文化，同时向客户、员工等各利益相关方展示自身的市场定位。例如美国SOHO成为艺术家聚集，艺术氛围浓厚的世界知名文创区后，不仅成为了大量艺术展馆、画廊等艺术场地聚集地，众多代表着时尚前沿的高奢品牌纷纷随之入驻，更成为集前卫、艺术、时尚、购物、休闲于一体的商业区。

另一方面，园区发展也依托龙头品牌企

业入驻，提升园区的专业服务者形象。例如美国好莱坞影视制作基地，随着米高梅、派拉蒙、20世纪福克斯等七大影业公司的相继落户，这些企业相互合作、紧密关联，相互构成利益共同体，形成了今天庞大且世界闻名的好莱坞影视制作基地。

3. 工业遗产活化，助力城市更新

老旧厂房改造、城市更新、文创园区发展三者高效联动，通过工业遗存改造，将城市的历史文化特征与城市经济发展及都市复兴相融合，促使商业活动围绕工业遗产的特定文化特征展开，以商业价值带动工业遗产的时代价值，最大地利用商业发展对工业遗产保护的积极作用，使商业开发成为传统工业文化传承和延续的推动力，已达成广泛社会共识。在国外，德国鲁尔区的欧泊豪森气罐展览馆、英国伦敦的泰特现代美术馆、美国纽约的苏荷艺术区、日本横滨的红瓦仓库、新加坡的克拉码头等，将传统的工业区域升级为公共休憩空间、综合商业空间、文化艺术空间，并开展了工业旅游路线、工业研学路线，使一度破败的老旧厂房成为新的城市地标和城市名片。在国内，北京798艺术区、郎园文化创意产业园、上海M50创意产业园、成都东郊记忆、景德镇陶溪川文化创意园等，立足于城市记忆和文化，以老旧厂房的改建为切入点，对一定范围内的城市土地和城市建筑进行了再利用。

同时，加强老旧厂房的保护利用，盘活存量空间资源，让老旧厂房改造与促进城市更新和文化创新发展之间形成联动，成为提升城市品质的新型文化空间，是实现经济效益和社会效益统一的重要途径。北京地区引导文化产业园区积极履行社会责任，拓展公共服务功能，同步提升经济效益和社会效益，同时政府的公共文化资源也会向示范园区倾斜。例如郎园vintage依托虞舍演艺空间、兰境艺术中心、荟读空间等，每年举办超过500场文化活动，成为朝阳CBD文化最活跃的精神高地；751d·park北京时尚设计广场依托工业遗址打造丰富的公共文化空间，通过举办751国际设计节等品牌活动，逐步成为融合发展园区、开放活力展区和时尚慢行街区。

六、推进黄浦区文创园区创新发展的对策建议

（一）加大文化与科技融合力度，推动文创园区数字化转型

贯彻《上海市关于促进文化和科技深度融合的实施意见》中关于"实施文创产业数字化战略"的要求，持续提升文化科技创新力，加强关键技术研发，推动园区数字化转型。

1. 建设智慧园区，推动园区服务智能化

一是加快智慧园区建设，进行一体化管理。鼓励本区文创园区在空间允许条件下改造升级，在基础设施、网络平台、软件支撑平台、客户消费体验端等方面融入数字技术和数据管理，在行政后勤、物业管理、生活服务

等方面实现园区智慧管理运营。推广成功发展模式,如田子坊与华为公司合作打造一体化的线上管理平台,将消防、客流、财务税收等统一监管。锦和集团与腾讯等合作,将电子账单、客服报修、停车收费等线上化,提升管理效率。

二是注重园区数字化服务平台打造,为入驻企业提供一站式业务服务。以企业需求为导向,积极利用大数据、云计算、物联网等先进技术,整合各类专业服务资源,建成招商引资、招聘培训、产权交易、法律顾问、政策服务、金融投资、科技成果展示等服务于一体的线上产业公共服务平台,兼顾园区内企业的发展过程中的共性和独特性需求,切实掌握并解决小微文创企业的紧急状况,为企业提供服务精准服务,助力企业发展与成长。

2. 鼓励、辅助园内中小微文创企业数字化转型

园区运营方帮助中小微企业对接第三方数字化服务机构,与区内大型咨询服务业企业合作,在会计、人力资源管理、营销交易、网络安全等方面进行数字化升级,在节约生产成本的同时提高工作效率,提升企业竞争力。同时,鼓励园区内图书出版、广播电影电视、演艺、文博等传统企业拓展"云游""云展""云演""云直播"等在线业态和应用场景,根据发展需要和趋势不断调整自身产业链布局,利用好文化产业的融合性优势,重点推动文化科技深入融合。

(二)创新服务模式,激发文创园区发展活力

1. 探讨成立黄浦区工商联文创专业委员会

专委会作为主管部门与园区、企业间的桥梁,应及时传达园区和企业诉求,与各部门、行业沟通协调为园区和企业提供帮助,协助政府制定和实施区文创发展各类规划、政策、标准等,规范区域内文创行业园区和企业的经营行为。专委会通过提供信息服务、培训、咨询等服务,结合展览、座谈、会议等形式,促进园区和企业资源共享,交流合作。

2. 探索为园区提供一站式服务模式

在"黄浦区工商联民商事人民调解委员"的基础上,进一步建立一体化服务体系,在政策信息、解释代办、财税、创新创业、上市辅导、法律咨询、投融资等方面为园区和企业提供全方位、精准化服务。为中小微文创企业优化营商环境,帮助园区招商、安商、扩商、留商,推动注册、税收"双落地"。

3. 鼓励提升创意活动频次,提升园区社会效益

鼓励园区对公众开放,通过开展展览、表演、设计秀、创意市集等为园区企业提供产品/服务展示和交流的创意类活动,政府对活动给予一定奖励。鼓励世博城市最佳实践区、老码头创意园等具备场地优势的园区举办剧目预演、音乐会等公益或半公益演出,加大官方宣传力度,提高园区在社会上的知名度,发挥文创园区的社会文化价值。

（三）完善配套服务，加大文创园区发展扶持力度

1. 加强各类政策扶持

在政策制定和实施方面，一是结合文创产业的融合跨界广、更新迭代速度快的特征，探讨扩大对融合型文创园区和企业扶持范围，简化申报程序，明确申报标准，注重对小微企业的倾斜。二是加强政策宣贯力度，定期开展园区和企业政策辅导，让更多企业了解政策，运用政策，推动各类文创政策落地。

在人才政策方面，结合黄浦区文创发展主导方向，注重培养和引进高端原创人才、复合型人才、经营型人才。在文创园区人才引进方面，将文创园区运营管理人才纳入文创人才范围加以政策支持，提升园区运营团队专业度。在艺术文化创作人才方面，通过人才工作室建设等优惠政策，吸引高端原创人才入驻。重点引进跨界型高端人才，以大力推动文创产业和科创产业的深度融合发展。此外，畅通人才引进和沟通渠道，在园区设立人才服务窗口，为园区运营机构和园区内企业的人才引进提供便利。

2. 支持园区改造升级

建议针对历史建筑类园区的改造修缮加大指导，提供审批便利。针对开发为新建园区的老建筑，成立专项资金帮扶园区进行前期系统性的开发改造。对于面临二次、三次改造的老园区，通过给予一定补贴等鼓励更新设计，鼓励其采用新颖、提升园区知名度的方式获得改造方案（如发起设计挑战赛、网络设计众筹等）。

完善园区内外部环境。一是提升园区内部环境，鼓励园区利用屋顶、墙面等闲置空间，设计创意景观小品，增强艺术氛围，增加创意人群社交空间，如咖啡厅、餐饮、画廊等，对其中公益性质的空间运营机构给予租金的减免。二是外部环境配套改造，整体把控文创园区建筑外立面、店牌店招等的外观，提升街区绿化景观，在园区附近的主要道路、地铁站建立或完善指向园区的引导标识，通过政府统一规划并协调相关部门缓解交通拥堵、停车不便等难题。

（四）寻求差异化路径，实现多业态融合发展

黄浦区各文创园区结合自身特色、区位特征，进行文创园区品牌外溢，与金融、科技、旅游、商业等产业创新合作，促进产城融合。

苏河南岸片区可结合苏州河南岸滨河公共空间提升工程，打造水岸人文休闲创意带和亲水慢行岸线，并结合北京东路改造，发展沿街特色商业和文旅产业，形成城市人文休闲和消费带，推动文旅商融合。新天地片区可打造潮流特色街区，推动文创、体育、音乐、演艺、电玩等业态的跨界融合，打造新兴文娱业态的试验孵化田。外滩南滨片区可结合绿地外滩中心、融创上海董家渡等项目的推进，对滨水岸线进行综合改造，同时依托老码头景区和丰富的文化艺术活动吸引客流，打造主题性创意夜市集和夜秀场，发展夜经济。江南智造片区未来应放大核心区溢出效应，

应强化社区服务功能,发展文化引领的体验式商圈休闲游。世博最佳实践片区可凭借世博会纪念馆、TeamLab无界美术馆、滨江景观优势,大力发展科技文旅产业。

七、附录——上海各区政策着力点比较

(一)徐汇区政策对标借鉴分析

徐汇区近年来集中力量打造时尚创意核心承载区,在以下五方面做了大量工作。

(1)成立文创行业工会联合会,2018年,徐汇区进行非公企业工会改革试点,成立天平街道文创行业工会联合会,以提升职工群众的获得感和满意度为主线,以增强工会建设的规范性和实效性为目标,依托职工服务站、妈咪小屋等园区内各类服务站点,打造联系服务企业和职工的实体平台,并输入形式多样、内容丰富的特色活动项目,打造联系服务企业和职工的活动平台。

(2)强化文创品牌,徐汇区推出了"汇文艺 惠生活""住徐汇·品海派""西岸文化艺术季"等文旅消费系列品牌,打造了上海国际艺术品交易月、西岸艺术与设计博览会、世界人工智能大会·西岸峰会等一批具有国际权威性和影响力的品牌活动,奠定了"海派之源"文化品牌建设的坚实基础。

(3)支持重点企业集群发展,徐汇区依托西岸传媒港等载体资源,促进企业集聚,围绕电影和视听、演艺、游戏和电竞、创意设计、旅游业等重点发展领域,支持主业突出、核心竞争力强、行业带动性大、综合实力领先的优质企业和标杆性项目,培育了"西岸传媒港""衡复音乐街区""徐家汇产业融合发展区""漕河泾数字文娱产业集聚区"等一批充满活力的文化产业集群。

(4)完善公共服务体系建设,徐汇区发布《徐汇区文创园区公共服务体系建设方案》,通过文旅活动服务、文化金融服务、知识产权服务、人才培育服务、资金申报服务、创业孵化服务、品牌宣传服务、产业数据服务八大服务内容,推动各园区等运营主体加快公共服务升级,提升专业服务资源流转调度效率,提升公共服务效能。

(5)完善人才服务体系,加快文化和旅游人才队伍引进、培养和梯队建设。区内设立"上海文创高等进修学院",以培养创新型艺术和设计人才为目标,并与英国诺丁汉特伦特大学和意大利威尼斯美术学院、米兰布雷拉美术学院深度合作。

(二)闵行区政策对标借鉴分析

顶层设计方面,根据《闵行区加快推进文化创意产业发展若干意见》和《闵行区文化创意产业发展三年行动计划(2018—2020年)》,明确闵行区聚焦创意设计、网络信息、传媒娱乐、文化装备、文化艺术等五大文化创意产业重点领域。形成优势明显的重点领域,形成错位发展的空间布局,打造多元兼容的文创载体,健全文创产业体系和市场体系。随后,在《闵行区关于加快推进现代服务业高质量

发展的政策意见》中也强调,闵行区支持文创项目建设,推动市级文创载体建设,培育区级文创载体发展。闵行区顶层设计一贯而终,依托重点文创园区,来扩散和传递文创产业的溢出价值,从而提升整个闵行区文化创意产业的能级。

资金扶持方面,2019年,闵行区出台《闵行区促进文化创意产业发展财政扶持资金管理办法(试行)》,支持文创领军企业快速健康发展,支持文化创意产业公共服务平台(包括文化创意产业园区)建设和推广应用,支持具有国际化、系列化、品牌化、特色化的大型会议论坛、博览展览和体育赛事等文创活动,支持具有发展前景、导向意义、自主创新、拥有自主知识产权、优秀人才和人才团队的文化创意产业项目。在《闵行区关于加快推进现代服务业高质量发展的政策意见》中提出,对获得市级认定支持的项目,按市级相关政策给予配套支持,对区级优质项目进行不超过60万元补贴。对获得市级认定的文创示范楼宇,给予不超过60万元的补贴;对获得市级认定的文创示范空间,给予不超过40万元的补贴。对获得区级认定的文创园区、示范楼宇、示范空间,分别给予不超过100万元、30万元、20万元的补贴。同时,积极支持区内企业申报上海市服务业发展引导资金、上海市促进文化创意产业发展财政扶持资金和其他各类专项资金,给予中小企业担保费补贴、利息补贴或相关税收优惠政策以激发文化创意产业的活力。

人才政策方面,闵行区将文化创意人才纳入本区高层次人才评价体系,对获评的国内外高层次文创人才,落实工作证、永久居留证件和人才落户快速通道,鼓励街镇(工业区)、开发区、教育机构面向区级文创高端人才,开放教育、医疗等社会基础保障绿色通道。

重点工作任务方面,闵行区致力于全域提升载体能级,强调盘活存量资源,鼓励有序竞争,构建梯度发展模式的同时,强调高质量发展,引导有潜质、有特色的载体对标市级知名文创载体;指导载体建立健全公共服务平台,充分发挥文创载体产业集聚优势,逐步打破载体与周边街区、社区的边界壁垒,进一步发挥文创产业对区域产城融合发展的促进作用;引导载体打通主导产业上下游,注重产业链打造,帮助入驻企业做大做强,做出特色亮点,形成重量级企业的虹吸效应。打造重点板块,虹桥国际文娱板块、七宝文化艺术板块、紫竹网络信息板块、浦江传媒演艺板块等各板块差异化协调发展。全力打造文创品牌,统筹策划全年重点文创节展活动,鼓励全区各镇、街道、工业区结合"一镇一品",举办区域性特色活动,形成具有闵行标识的文创活动品牌,力争形成百花齐放的良好局面。

(供稿单位:黄浦区工商联)

专题十三

宝山区民营科创企业人才现状及政策建议

一、促进宝山区民营科创企业人才建设的重要性

(一) 宝山区正全力推进上海科创中心主阵地建设

当前,宝山区的发展正站在新的起点。为积极对接国家和上海市产业发展总体战略,服务上海市加快推进建设具有全球影响力的科技创新中心目标,实现市委为宝山绘就的"科创中心主阵地建设"蓝图,宝山区"十四五"规划《纲要》明确了发展目标:到2035年,宝山将基本建成有创新活力、科技实力和核心功能的上海科创中心主阵地,推动经济增长方式、城市发展模式实现根本性转变。

就目前宝山区经济发展情况来看,2020年,宝山区地区生产总值(GDP)完成1578.5亿元,较2019年增长1.6%,略低于上海市平均水平的1.7%。其中,第一产业实现增加值1.02亿元,同比下降6.5%,第二产业实现增加值557.86亿元,同比下降1.9%,第三产业实现增加值1019.60亿元,同比增长3.8%。

近年来,在传统行业逐渐衰落的大环境下,宝山区全区规模以上工业总产值持续有所下降,但聚焦到新兴产业方面,"十三五"期间,宝山区新兴制造业发展迅速。截至2020年末,全区已实现规模以上工业战略性新兴产业总产值504.64亿元,年均复合增速达15.1%,大幅领先上海市平均水平。不过从总量上看,目前其占全区工业总产值的比重较上海市40%的水平仍存在一定差距,将是未来持续提升方向(见表13-1)。

表13-1 2020年宝山区战略性新兴产业(制造业部分)生产总值情况表　　单位:亿元

指 标 名 称	2020年	2016年	年均复合增速
总计	504.64	249.89	15.1%
新能源	32.76	5.81	41.3%
高端装备	92.87	82.70	2.3%
生物	25.47	20.94	4.0%

续 表

指 标 名 称	2020 年	2016 年	年均复合增速
新一代信息技术	10.64	22.14	−13.6%
新材料	319.40	114.50	22.8%
新能源汽车	1.30	0.14	56.2%
节能环保	49.75	18.13	22.4%

数据来源：《2020年宝山区国民经济和社会发展统计公报》。

面向"十四五"，宝山围绕"打造上海科创中心主阵地"的主战略，已提出重点支持上海市"3+6"重点产业以及宝山区生物医药、先进材料、机器人及智能制造、新一代信息技术、邮轮经济等五大主导产业，争取提速发展，实现"换道超车"。未来五年，宝山区将建设科创之城、开放之城、生态之城、幸福之城。其中，科创之城的建设包括打响"科创宝山"品牌，实现高新技术企业数年均增长30%，战略性新兴产业加速发展，一批头部企业和产业集群具备世界级影响力等目标。不难看出，宝山当下正处于转型发展的关键期，"十四五"期间工作的一大重点，便是向科技创新要"动力"。

（二）民营经济是宝山经济科创转型重要力量

近年来，民营经济已然成为宝山区经济发展的"主力军"。根据我区经济所有制结构特征，多年来，民营企业数量占区内企业总量比重超过八成，吸纳新增就业人口超过九成，固定资产投资占比超过九成，税收贡献占比持续稳定在七成以上，远高于上海市平均水平。可以说，民营经济是宝山区经济发展的重要支撑、创业创新的主体力量、吸纳就业的主要渠道、社会财富的主要来源（见图13-1）。

聚焦到科技创新领域，高新技术企业是科创中心建设中不可缺少的"发动机"，尤其是"引擎式"企业，不仅能实现自身发展，更能带动创新生态，集聚一批上下游企业。从总数量上来看，2020年，宝山区新增高新技术企业334家，区内高新技术企业总数达848家，民营企业在其中占比超八成；同时，民营企业全年申报战略性新兴产业项目、产业创新能力建设项目、企业技术改造项目达146个；申报市企业技术中心认定7家，获批市中小企业专项11个项目；截至2020年底，已有十余家民营企业建立了院士专家工作站，同时，在新一代信息技术、生物医药、人工智能等新兴产业领域，也涌现了一大批正在快速成长的优秀民营企业，宝山民营经济整体显现出积极的创新活力。

另一方面，从"引擎式"企业来看，2020

图 13-1　2015—2019 年宝山民营企业税收收入及全区占比情况图

年,宝山区首次将民营企业和贸易型总部资金支持条款纳入产业支持政策,当年度新认定 9 家上海市民营企业总部,数量仅次于浦东新区,列全市第二,极大激励了总部型企业集聚宝山,有力推动了总部型和流量型经济发展。目前,宝山共有钢银电商、福然德、大华集团等 16 家民营企业被认定为上海市民营企业总部,有上海钢联、中天钢铁、东铭实业等 3 家民营企业认定为上海市贸易型总部。这些总部企业均为各自行业领域的头部企业和重点企业,具有行业带动强、区域贡献大、用工人数多等特点,未来,围绕宝山加快建设上海科创主阵地和大力发展"五型"经济工作主线,其或将成为推动宝山区产业转型升级的核心力量。

(三)民营经济的提质增效急需强化人才支撑

如今正是"十四五"开局之年,在建设科创之城的政策背景下,民营经济作为宝山经济发展的重要组成部分和科创转型的重要推动力,比过去任何一个历史阶段都更急需大量专业的人才荟聚,需要区内人才政策的支持,进而为产业可持续的高质量发展提供助力和保障。

回看近年来城市之间的"人才争夺战",可以发现,随着传统行业的逐渐衰落,各地方政府普遍面临着经济转型发展的压力,并已深刻意识到实施人才战略是推动科学发展的必然选择。尤其是 2018 年以来,各省市地区为了能够吸引人才、留住人才,纷纷推出大力度招引人才的政策,充分展现了各个城市吸引人才的"决心"与"迫切"。

而随着城市之间竞争加剧,"人才难得""人才易失"也成了制约我区企业,尤其是民营企业快速发展的瓶颈问题。2019 年,我区民营规模以上工业从业人数及总产值增速均大幅度下滑,分别为 3%、2%,较上一年降幅高达 30%、127%,民营经济想要维持之前的高速发展水平,急需人才作为构筑可持续竞争优势的关键支撑(见图 13-2)。

图 13-2 2015—2019 年民营规模以上工业总产值与从业人数情况图

为进一步激活民营经济发展活力，同时推动其在科技创新领域的投入与成果转化，我区不仅需要较多的高层次创新型人才作核心支撑，产业转型升级也需要大量的专业技术人才作为基本储备。然而，通过与周边城市进行人才政策比较发现，尽管近年来区委、区政府持续强调深入实施人才强区战略，并已推出一系列相关政策，但宝山区对民营经济的人才政策支持力度仍显不足。

例如，杭州持续提高对高层次人才的购房、生活及租房补贴，对顶尖人才最高给予800万元购房补贴，对应届大学生发放一次性生活补助及持续性租房补贴；又如，苏州全面放宽落户标准，对于本科以上、中级专业技术职称或国家职业资格二级的人员均可直接落户等，均一定程度上削减了上海对人才的相对吸引力。市内各区对人才工作也都高度重视，积极探索海聚英才的措施，展开对人才的争夺。在此情况下，宝山要将宏伟蓝图变成现实，如何发挥优势、补全短板，增强对高层次、创新型人才、优秀专业人才的吸引力，如何将人才引得进、留得住、用得好，不仅是民营企业长远发展的关键要素，更是宝山推进科创中心主阵地建设过程中面临的一大重要问题。

对于宝山来说，在建设上海科创中心主阵地背景下，若能进一步助力民营企业，尤其是科创企业做好人才队伍建设，推进人才与产业深度融合，在深入各领域发展需求及重点产业布局的基础上，实现与行业需求、创新驱动发展的有机结合，定能更好落实人才强区战略，为宝山的发展提供持续、强劲的人才支持和智力保障。

二、区内民营科创企业人才现状及存在问题

（一）宝山区人才建设概况

近年来，宝山不断完善人才政策体系，人才管理和综合服务水平不断提高，区内人才资源、规模、结构与区域功能及产业布局基本协调。但随着科创中心主阵地的建设实施，

要使宝山真正成为人才集聚之地,支撑科创产业发展,仍需要相关人才工作不断升级完善。

1. 政策支持现状

"十四五"开局之年,宝山区推出了《宝山区加快建设上海科创中心主阵地 促进产业高质量发展政策》十个方面30条新政(以下简称为"科创30条"),将每年拿出不少于10个亿,给予企业最优惠的政策支持,推动宝山产业高质量发展,扶持力度在上海市乃至长三角地区处于领先地位。

人才工作方面,在"科创30条"总体要求部署下,区内不断完善人才政策体系,一方面,宝山区出台了《关于鼓励海外人才来宝山参与上海科创中心主阵地建设的实施办法》和《宝山区人才公寓管理暂行办法》两项人才新政,聚焦加快高端人才引进、加强人才住房保障、优化创新创业环境,提升政策兑现度和人才服务舒适度。

另一方面,宝山区开展多项重点特色工作,包括启动宝山区海内外揽才工程,以云选会、直播带岗等形式定期向天下英才广发英雄帖,助力企业吸引全球英才荟聚宝山;与21所高校建立宝山高校人才工作联盟,落实高校人才工作联盟十大行动计划,并首开先河至清华、北大、浙大等全国名校开展"走进高校"校园专场招聘会,为区内机关事业单位和企业引进了一批素质高、能力强、业务硬的优秀人才;开展"三进三同步"活动,聚焦区内重点企业,开展"樱花讲堂"巡回服务、"樱花小课堂"上门送服务,发布"樱花微讲堂"线上实操攻略,发放数万份各类人才宣传品等。

人才激励措施上,在延续现有博士后创新基地建设、人才重点工作项目、优秀人才租房资助、大学生创新见习等政策措施之外,拟进一步加大对人才安居补贴、企业骨干人才专项激励的资助力度,并推进优秀人才樱花卡扩容升级,为创新创业人才提供更多切合需求的柔性化待遇,拓宽政策受益面,强化政策聚才效应。

近年来,为了保障人才政策顺利推行,宝山区人才专项资金持续扩大,为区内人才培养提供持续且稳定的资金支持。

2. 生活配套现状

为加快宝山人才高地建设,更好帮助企业引进人才、留住人才,宝山区近年来持续加强各类基础设施配套,通过不断完善居住、人才公寓、教育、医疗、文化、休闲等生活配套设施,力争为人才提供更好生活保障、更高生活品质,解除后顾之忧,助力人才更快更好地融入城市成长发展。

(1)住房配套。

引才聚才,"住"是基本保障。人才住房难、住房补助申请难等问题一直是区内各重点企业及人才反映的普遍问题,也是影响企业招才引智的重要因素之一。

截至2021年上半年,我区现有各类公共租赁住房10 000余套,已供应约6 000套,实际出租率超过85%。按照住户类型统计,区属公租房入住户中,高新技术、专精特新等重点企业职工占比超过六成。

同时,区人社局与区行政服务中心、区房管局等部门密切配合,大力筹措人才公寓房源,目前筹集的人才公寓房源已逾2 000套,其中首批推出的305套房源,主要分布在淞南镇、顾村镇、大场镇、杨行镇、罗店镇、罗泾镇、庙行镇等区域,周边交通相对便捷、公共设施配套齐全,基本生活设施和家电设备配备齐全,充分考虑到人才衣食住行等方面。

此外,通过开发人才公寓申请系统,依托"随申办"平台,实现全市首创区级人才公寓"无人干预自动办理",为区内符合条件的优秀人才提供免材料提交、免审核等待的快捷申请服务,最快2个工作日内即可实现拎包入住,并且可为人才提供最多3年,最高2 000元的月租金补贴。

未来,区人社局还将根据人才使用体验,进一步优化完善人才公寓申请系统,持续推进市场化房源征集工作,为人才提供更多更优质的房源,积极缓解人才阶段性住房困难,着力营造良好的人才安居环境。

(2) 教育配套。

子女就学问题是关系人才能否安心进驻、留住的重要因素之一,扩充优质教育资源,提高教育教学质量,将有利于高层次人才引留工作。

截至2020年,宝山区共有小学67家,中学75家,其中上海市示范性高中4家。从义务教育视角观测区内教育资源,平均每家学校承载584名青少年,与其他地区相比,宝山区教育资源较为充裕,但优质教育资源存在分布不均的问题(见表13-2)。

表13-2 2020年上海市、宝山区、浦东新区教育资源对比表

地 区	7~17岁(万)	学校数量(所)	平均每所学校承载学生数
上海市	106.4	1 613	659
宝山区	8.1	138	584
浦东新区	24.5	334	734

目前,区教育积极保障满积分、人才引进和随迁人员子女的受教育权利,特别是对市区认定的优秀人才,按照"同类优先"的原则给予照顾,联通街镇园区层面加强协商沟通,为重点企业核心人才解决子女就业问题。

(3) 医疗配套。

医疗配套虽然不直接作用于人才招引质效,但是有助于"安才稳才",利于从长远角度将优秀人才留在我区生活、发展。截至目前,全区共有二级医院5家,一级医院2家,社区卫生服务中心18家,专科医院3家,专业站所8家。全区卫生技术人员约8 800人,平均每1名卫生技术人员辐射254名居民,医疗卫生资源人均数量略低于全市平均水平。

未来,宝山区将加快医疗机构布局,引入一批以中山、仁济为代表的三甲医疗资源,同时迁建、改建、扩建一批医疗资源,推进现代化管理制度和互联网医疗建设,不断完善社会医疗保障,使辖区内的卫生资源配置更加均衡、高效。

3. 人才培养现状

(1) 主题培训。

目前,宝山区积极开展以"灯塔计划""双百计划"和"樱花讲堂"为代表的一系列具有较高含金量的企业人才培训活动,系列活动的主要目的有三:一是帮助新引进人才提高职业技能、明确职业定位、完善职业规划;二是帮助技能人才进一步提升技术技能水平、加快技术成果转化、加力实现技术新突破;三是帮助区内企业解读惠才政策、提升申请对口率、提升申请效率,切实保障人才应有权益。

2015—2021年,宝山区实施了三批次"双百计划"技能人才培养,涌现出105个优秀技能团队和优秀技能人才,共获得384项国家专利授权,产生直接经济效益19.9亿元,带动企业职工技能培训2.2万余人次。

截至2020年底,全区建成33家民办培训机构、9所中高职院校、3个高技能人才基地和6个职工教育基地,连续14年举办宝山区职业技能竞赛。2019年以来,全区职业技能培训人数共计26.68万人次,每年参赛人数均保持在1000人左右,为宝山重点发展领域的人才队伍蓄水池开源引水。

(2) 行业交流。

2020年,宝山区承办了多场涉及生物医药、新材料和机器人领域的系列行业峰会,包括2020年中国生物医药产业创新大会、2020年中国国际石墨烯创新大会等,为行业从业者提供了一个开放交流、分享经验的平台,不仅有机会能与业内专家、行业龙头进行沟通和观点碰撞,亦可接触了解行业最新发展趋势与前沿技术,从而提升视野、优化自身实践。此外,宝山区还面向大众开办了科普性的Robotex世界机器人大会,起到良好社会宣传的作用。

(二) 宝山区民营科创企业人才现状调研

2021年9—10月,宝山区工商业联合会联合上海钢联面向区内民营企业开展抽样调查,采取走访了解、召开座谈会、发放调查问卷等发放,了解我区民营企业人才供需情况,尤其是对科创企业人才现状及相关政策诉求进行摸底。

本次调研最终确定95份有效问卷,有效率97.9%,收取建议反馈69份,针对主要调研统计结果分析如下。

1. 调研企业的基本情况

本次调研的95家民营企业中,包含上市企业3家,高新技术企业21家,科技型中小企业15家,三类共计占比41.1%。其中,近六成企业规模在100人及以下,约30%为100~500人,约10%为500人及以上。从行业分布来看,属于上海市重点产业及宝山区战略性新兴产业的共35家(见图13-3和图13-4)。

2. 员工学历以本科为主

从调研企业员工学历情况来看,以本科及以上学历员工为主的企业占比约46.3%,以高中及以下学历员工为主的占比约27.4%,以专科学历员工为主的占比约26.3%。从目前企业招聘情况来看,约63.2%

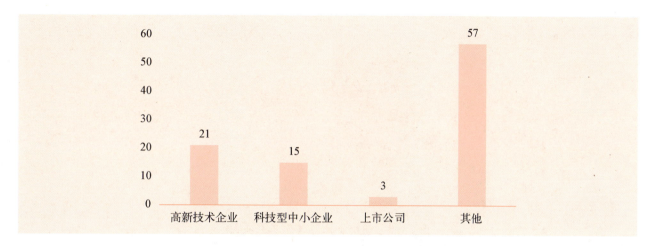

图13-3 调研企业科创类资质情况图(单位:家)

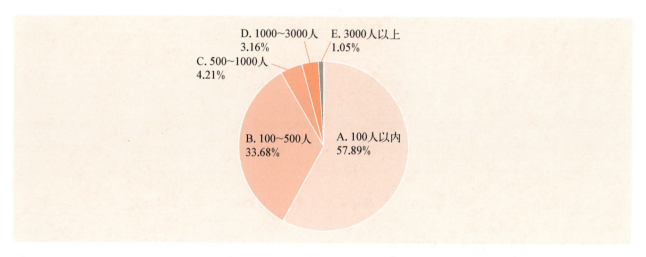

图13-4 调研企业用人规模情况图

的企业招聘人员学历要求本科及以上,其中约12.7%要求为硕士及以上,预计未来企业整体员工学历层次将进一步提升(见图13-5和图13-6)。

3. 企业发展最需要专业技术型人才和经营管理类人才,前者缺口较大

目前,宝山民营科创企业业务发展最需要专业技术型人才和经营管理类人才(见表13-3)。其中,专业技术型人才也是企业当前用人缺口最大的类别之一(见表13-4)。

在调研中,生物医药、先进材料等新兴行业企业更偏向需求研发方向的技术型人才;而不少传统制造企业共同反馈一线技术类岗位招工难,希望能通过政府、行业协会链接可能的资源,与职校或者专业培训机构建立长期的合作关系,保持稳定的人才输送,助力企业稳健发展。

4. 企业人才培育能力有限,希望政府搭建平台、提供多样化资源

多数调研企业认为目前在人才培养方面

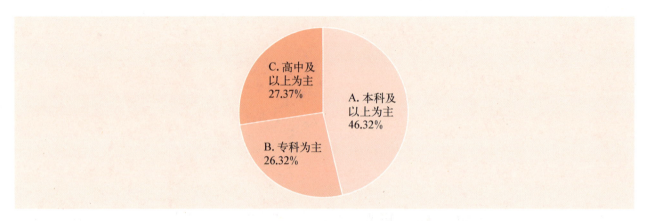

图 13-5 调研企业员工学历分布图

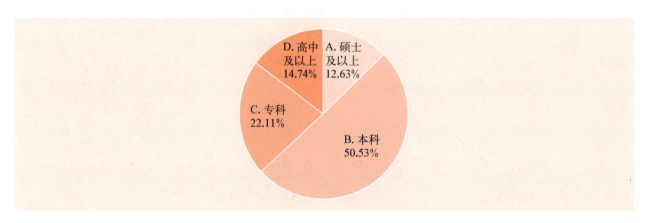

图 13-6 调研企业招聘的学历要求图

表 13-3 调研企业业务发展需求的人才类型表

选　项	平均综合得分
C. 专业技术型人才（如工程师、会计师）	3.53
A. 经营管理类人才	3.27
F. 业务拓展类人才	3.08
B. 创新研发型人才	2.71
D. 一线技能型人才（如电焊工、检验员）	2.3
D. 后勤支持类人才	1.04
G. 其他	0.55

表 13-4 调研企业缺口较大的人才类型表

选　项	平均综合得分
F. 业务拓展类人才	2.88
C. 专业技术型人才（如工程师、会计师）	2.7
B. 创新研发型人才	2.63
D. 一线技能型人才（如电焊工、检验员）	2.07
A. 经营管理类人才	2.02
D. 后勤支持类人才	0.47
G. 其他	0.35

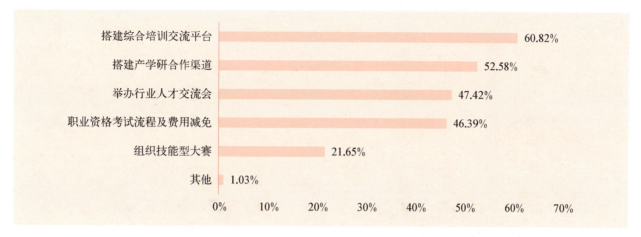

图13-7 调研企业希望在人才培育方面获得的支持类型图

存在时间、精力、经费不够的情况,且企业内部培训资源及渠道有限,希望获得政府相关支持,提供多样化的培训资源。

其中,约60.1%的企业希望政府能搭建综合培训交流平台,约52.6%的企业希望能举办行业人才交流会,47.4%的企业希望能搭建产学研合作渠道,46.4%的企业希望能获得职业资格考试流程及费用减免(见图13-7)。

5. 薪酬水平、晋升机会、生活保障,是企业留住人才的关键

调研企业中,22.7%的企业表示人才流失较严重,30.9%的企业人才流失率较小,46.4%的企业人才留用较稳定。而造成人才流失最主要的三项原因分别是:生活成本压力大(62%)、薪酬水平不理想(49%)、个人发展规划调整(48%)。其中,生活成本压力大主要源于住房及子女教育成本(见图13-8)。

多数企业认为提高薪酬水平之外,解决员工生活问题和完善福利保障体系对于企业留住人才颇为重要,如果政府能在人才公寓、购租房补贴、优质公共教育资源等配套措施予以提升,有利于减轻员工生活成本压力,减少后顾之忧。

(三)影响和制约民营科创人才发展的因素

1. 技能型人才规模总量不足,制约人才供给

根据调研数据并结合宝山区代表性民营科创企业与重点发展领域龙头企业的对标分析,可以发现,宝山区民营企业人员结构存在着较为严重的失衡现象,呈现出生产、销售人员多,技术人员少的特点。

以区内上市企业飞凯材料与克来机电为例,两家企业技术人员比重分别为24.8%和33.4%,分别落后行业领先企业近10.6%和9.7%。同时,本科及以上学历比重亦有差距(见图13-9)。

但从招聘情况看,两家企业3年内新招录人员中技术人员占比均不足30%,本科及以

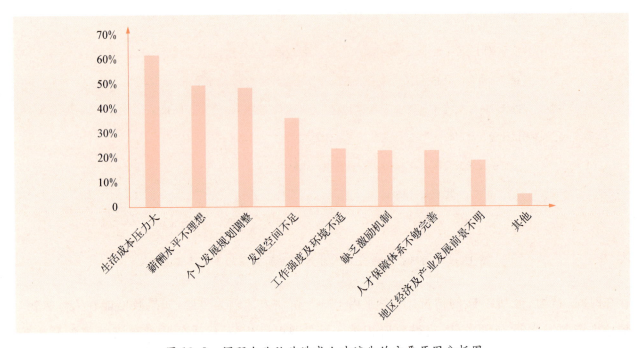

图13-8 调研企业认为造成人才流失的主要原因分析图

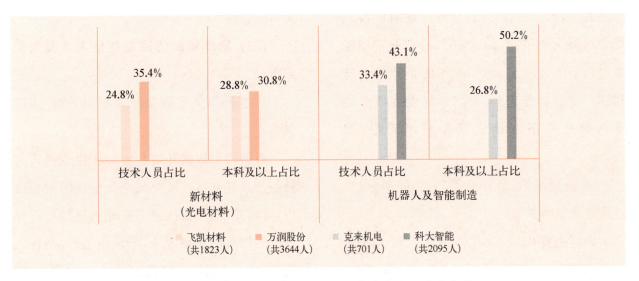

图13-9 2020年区内企业及行业龙头企业人才结构图

上人才占比亦落后对标企业15.2个百分点和41.7个百分点,预计未来短期内,企业专业技术型人才结构比例偏低的问题难以改善(见图13-10)。

根据调研反馈,当前技能型人才规模总量不足,尤其是中青年人才数量偏少,是导致企业技术人才缺口大的最主要原因。尤其对于传统行业,有企业提出由于吸引人才的能力有限,希望可以与相关学校建立稳固的人才培育、培训机制,由政府牵线,市场为引导,为传统企业打开一条人才渠道(见图13-11)。

产业研究

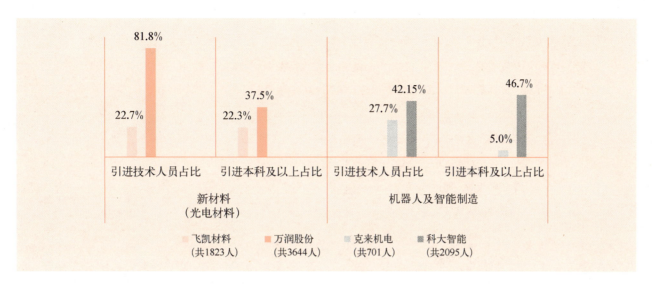

图 13-10　2017—2020 年区内企业及行业龙头企业人才招聘结构图

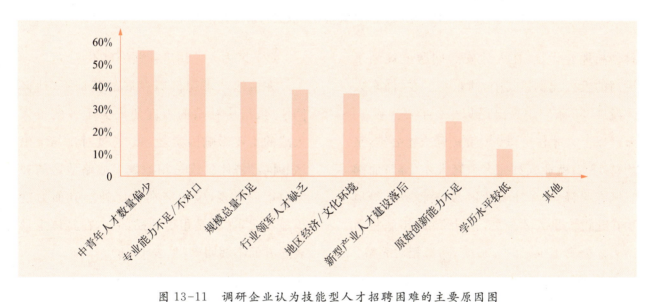

图 13-11　调研企业认为技能型人才招聘困难的主要原因图

针对这一方面,目前调研企业中不足三成与有关大学建立长期的联系或合作关系,且多数企业仅单方面为学生提供实习机会或实习基地,仅有 10 家企业参与到学校人才培养方案设计与实施,其中,6 家企业与学校联合实施订单培养(见图 13-12)。

此外,企业反馈应届毕业生专业能力不足或不对口的问题也普遍存在。

2. 生活配套保障力度不理想,影响人才引进

(1) 区内人才公寓规划体量相对较小。

宝山区当前平均约 70 名就业人员可拥有一套人才公寓,"十四五"期间,每年将筹集人才公寓不少于 2 000 套,预计到 2025 年可实现每 30 名就业人员拥有一套人才公寓。

但对比来看,闵行区、浦东新区同样作为

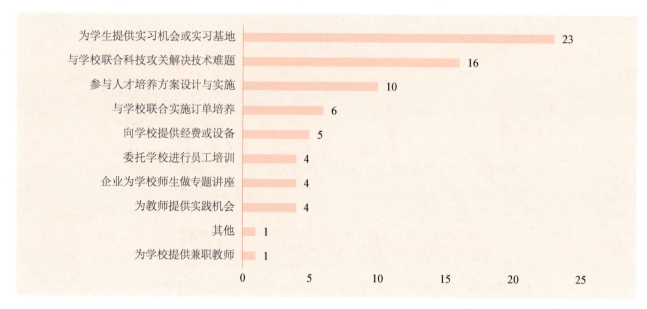

图 13-12　调研企业目前已与学校开展的合作形式图

科创高地建设区,在人才安居问题上规划了更高的投入比例。其中,浦东新区在《浦东人才发展"35 条"》中提出,到 2022 年要建设 15 万套以上人才住房,9 000 套国际人才公寓,平均每 18 名就业人员拥有一套人才公寓;而闵行区在吴泾镇、莘庄工业区、虹桥商务区等地均在建设大量人才公寓,预计 2022 年底将新增人才公寓不少于 12 000 套,房源相对充裕。

(2) 区内人才住房补贴仍显不足。

在房地产平稳健康发展的基调下,地区间住房、租房补贴的力度便成为了各区抢人大战的重要影响因素之一。通过对比与宝山区相同经济体量或是相似发展战略地区的补贴政策后发现,宝山区在住房补贴方面力度仍显不足,尤其是租房补贴部分,在具体定量表述方面不够明确(见表 13-5)。

表 13-5　宝山区与人才安居补贴相关政策表

类　　型		闵行区	宝山区	青浦区
房价均值		5.78 万/平方米	4.98 万/平方米	4.23 万/平方米
A 类人才	购房	150 万	200 万	500 万
	租房	5 000 元/月 * 3 年	—	—
B 类人才	购房	100 万	100 万	300 万
	租房	4 000 元/月 * 3 年	—	—

续 表

类 型		闵行区	宝山区	青浦区
C类人才	购房	50万	20万	100万
	租房	3 000元/月＊3年	100%租赁资助	－
D类人才	购房	－	10万	－
	租房	2 000元/月＊3年	50%资助	4 000元/月＊5年
E类人才	购房	－	－	－
	租房	1 000元/月＊3年	20%资助	3 000元/月＊5年
其他人才	租房	－	2 000元/月＊3年	2 000元/月＊5年

数据来源：各区政府公告及公开资料整理，"－"代表政策中无明确内容。

(3) 区内医疗资源配套有待提高。

目前，全国人口老龄化持续加重，城市生活节奏持续提速，居民对于医疗保健和紧急就医的需求进一步提升。相对充裕的医疗资源是人才稳定生活的重要保障，但目前宝山区的医疗资源仍显不足，卫生机构及卫生技术人员的平均负荷大幅高于上海市平均水平（见表13-6）。

表13-6 上海市及宝山区医疗水平整体情况表

2020年基本医疗情况	宝山区	上海市
常住人口（万人）	223.5	2 487.1
医疗卫生机构（所）	43	5 905
卫生技术人员（万人）	0.88	22.64
平均每家卫生机构辐射居民数量（万人）	5.2	0.42
平均每名卫生技术人员辐射居民数量（人）	253.9	109.9

数据来源：2020年上海市、宝山区国民经济和社会发展公报。

根据调研反馈，超半数企业认为，房屋购置、落户以及家庭（配偶就业、子女就学）问题是造成人才引进困难的主要原因。与之相对应的，生活成本压力大是造成企业人才流失的最重要因素（见图13-13）。

3. 人才发展培训力度待加强，影响人才留存

(1) 人才培养广度、深度待加强。

当前宝山区人才培养工作已取得诸多成

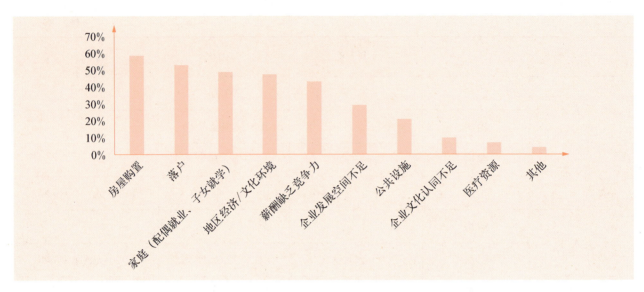

图 13-13　调研企业认为造成人才招聘困难的主要原因图

效,但在培养覆盖面上仍有进一步提升空间。例如,技能人才培训方面,浦东新区年均开展技术培训 28 万人次,占区从业人员的 2.7%,且培训对象里中、初级技术人才占比高于 80%,强调对后备人才的培养。此外,与浦东此前推出的 7 大人才工程相比,宝山区技术技能培训缺乏深度科研的实验平台、由行业专家领衔的专业项目较少,可加大对企业科研平台的扶持力度。

(2) 高层次交流渠道待开拓。

上海市每年承办会议占全国会议总数的 18.7%,而宝山区作为科创转型城市,虽具备一定承办大型产业会议的客观优势,但实际承办会议相对较少,以机器人及智能制造行业为例,公开资料显示,2019 年至今,宝山区仅承办过中国机器人产业发展专家研讨会,而上海市仅在 2020 年承办的国际性机器人会议便不少于 15 场,区内优质企业人才期待更多与行业精英的对话平台与对话机会。

4. 政策普及宣传力度待提升,影响人才汇聚

调研企业中,仅有 7% 表示对本地人才政策措施非常熟悉,并得到了相关扶持;另有 43% 的企业表示不太了解,希望能够学习一下,反映出企业对于政策的宣传普及仍存在一定需求。此外,上海市,杨浦区、普陀区、闵行区等均有公开发布紧缺人才开发目录,政策披露力度相对较大。而宝山区针对区内紧缺人才类型,公开渠道披露力度较弱。

当前,很多人才对宝山还不够了解,没有对宝山科创转型、产业结构调整发展等形成明确的印象和认知,不清楚区内正在对诸多新兴产业着力培育并需求相关人才,因此必要强化、持续宝山的对外宣传,扩大宝山"科创之城"建设影响面,从而吸引更多人才加入。

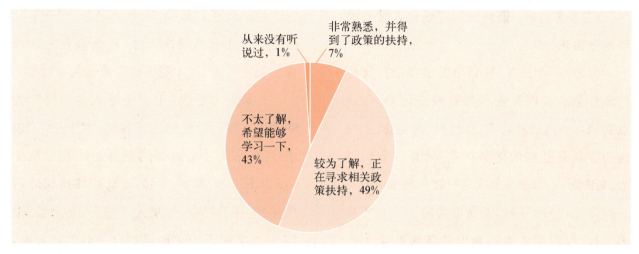

图 13-14　调研企业对于本地人才政策措施的了解程度

三、国内省市人才建设成功案例的经验借鉴

(一) 江苏省：专本"3+2"技术技能型人才联合培养

为建立高质量应用型人才培养的立交桥，培养高层次技术技能人才，江苏省教育厅在 2012 年正式颁布了《关于组织申报 2012 年江苏省现代职业教育体系建设试点项目的通知》(苏教高〔2012〕5 号)，并且首次实行"3+2"分段培养模式试点工作，试点范围主要为国家示范性高职院校(高职 211)，而本科则选择以教学应用型本科院校为主。

"3+2"分段培养即在高职阶段学习 3 年，再进入本科阶段学习 2 年，学习成绩合格可以获得本科院校颁发的学位证书与毕业证书。通过将职业教育体系与当地产业需求挂钩，促使院校密切联系行业企业，针对专业主要就业岗位的工作任务和职业能力要求，构建以职业岗位能力为核心，模块化、一体化的课程体系。学生学习期间，由对口试点的高职和本科院校共同制定对口专业分阶段的理论和实践培养目标，系统化培养本科层次高端技术技能人才。

在首批试点院校中，大部分院校都属于该省的职业教育创新发展区域，其中本科院校和高职院校数量分别为 8 个和 11 个，试点专业一共有 16 个，计划招生人数为 963 个。当年试点方案一经推出就受到学生和家长们的欢迎，毕业学生在就业市场也得到企业青睐，因此第二年即在江苏省域内迅速推广开来。到 2020 年，试点高职与应用本科贯通培养项目共 135 个，计划招生人数 6 059 人。另有中职与高职、中职与应用本科、高职与应用本科贯通项目总计划招生 29 455 人，持续为省内各城市包括机电、轨交、建筑、汽车、物流、智能家居等产业企业输送了大量的技术技能人才。

(二) 青岛市：因材施"政"强化人才资助和生活保障

青岛市"十三五"规划中提出要依托邮轮母港打造高端服务业和邮轮旅游试验区，重点发展新一代信息技术、新材料、新能源、生物医药等具有基础的优势产业，培育工业机器人、新能源汽车、航空航天等科技密集型产业。

为此，2018年起，青岛市实施百万人才集聚工程，提出聚焦青岛新旧动能转换重大工程提出的20大重点产业领域，利用5年时间，集聚100万优秀人才。大力完善人才引进政策、服务体系和发展环境，尤其是在引进人才的资助补贴和住房问题的解决上，力度空前。

一是对各类人才进行详细政策划分，切实做到因材施政且力度巨大。如对柔性引进的人才，顶尖人才和领军人才贡献奖励、对青年人才创业跟投"上不封顶"；对意向来青双一流高校在校生给予学费、生活费补贴，对留学研究生给予每人每年5万元补助；对引才"红娘"机构予以最高50万奖励等，实现了从高学历人才到高层次人才，从企事业人才到自主创业人才、人才服务机构的政策全覆盖。

二是大力推进"千万平米人才公寓"，为驻青人才提供稳定的生活保障。"十三五"以来，青岛市人才公寓年均新开工面积不低于100万平方米，2020年起，青岛市住房保障再次发力，开工建设、筹集人才住房10万套，平均每10名引进人才即可拥有一套人才公寓，同时提供高额度购房、住房补贴，使人才住房难题得到极大缓解。

至2020年，青岛市实现人才引进50万人次，应届毕业生留青率超过50%，达成200万人才总量的突破。青岛市战略性新兴产业增加值年均增长达到8%，与山东省的GDP增速差值从2011—2017年的平均0.3%，上升至2018—2019年的1%，世界工业互联网之都建设全面起势，国际航运贸易金融创新中心建设开启，物流业、商贸服务业增加值突破

图13-15 2011—2020年青岛市与山东省GDP增速差值图（单位：%）

千亿元。

(三)珠海市:搭建产学研一体的人才培育及交流平台

珠海市"十三五"规划提出要面向全球引进大量先进人才,实现高层次人才的倍增,以帮助珠海市提升高端制造业核心竞争力,做大做强高新技术产业,提升高端制造业核心竞争力。珠海市的成功与其优质的人才政策和地区政府积极搭建的人才交流平台密不可分,主要表现为以下两点。

一是搭建高频率、高级别的高层次人才交流大会,提供了与高层次人才直接对话的平台。珠海市年均举办各类大小会议4 000余场,尤其是承办了港珠澳国际人才交流大会、澳珠企业家峰会、博鳌亚洲论坛、海外人才交流大会等一系列国际性高层次人才信息交流会。其中,仅2018年首届海外人才交流会就吸引了电子信息、互联网、生物医药、新材料和智能制造等领域的世界顶尖人才200多名,知名企业、高校和风险投资公司80余家,并成功引进了40多名各类高端人才、12个团队和19个外资项目。

二是以格力为代表的一批优质企业通过与国内外创新型团队和高校合作,增加技术工人引进,大力发展技术型人才储备。如格力与德国达姆施塔特工业大学、珠海城市职业技术学院等合作,培养输送对口专业毕业生2 000余人,为培养企业人才提供了理论实践平台,并形成人才高地,最终服务于珠海市人才建设。

至2020年,珠海市五年间共引进人才逾20万人,人才净流入率居珠三角首位。截至2020年,珠海市先进制造业、高技术制造业增加值占规模以上工业的比重从2015年的49.6%、27.3%提升到2020年的58.2%和30.9%,在全国先进制造业城市榜单中3年跃升7位,拥有高新技术企业超2 100家,科创发展指数位列全国前十,每万人口发明专利拥有量93.9件,位列全省第二。珠海市整体科创能力大幅增强,大湾区科创高地基本形成(见图13-16)。

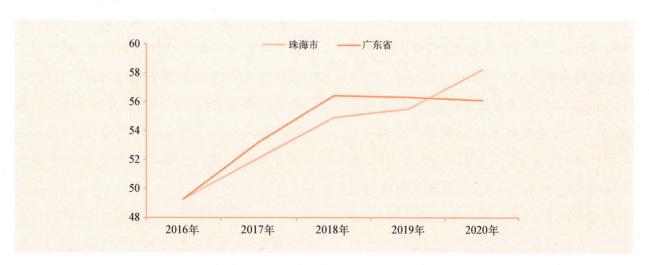

图13-16 2016—2020年珠海市与广东省先进制造业占规模以上工业比重(单位:%)

四、优化宝山区民营科创企业人才建设的政策建议

(一)打造人才供需平台,发展多元化人力资源服务

大力支持人才引进,是缓解宝山经济发展中紧缺型人才不足的重要手段之一。要吸引和集聚更多的人才来宝山定居、工作、创业,就需要建立一流的人才载体,发展多元化人力资源服务,为区内企业提供更为便捷的引才渠道,并从惠才、聚才、育才等方面,促进人才与产业的同频共振、共赢发展。

当前以宝山科创人才港建设为契机,正可着力强化人力资源服务产业集聚辐射效应,可设立区级专项扶持资金,加快培育、引进一批高质量人力资源服务机构,用于全球500强、全国100强等人力资源服务业知名机构和项目引进,并鼓励有条件的镇街(园区)建设人力资源服务产业园,通过贷款贴息、政府购买公共服务等优惠政策,吸引人力资源服务机构入驻。

建立"人力资源服务+产业需求"对接平台,结合区域重点产业布局,鼓励人力机构聚焦新材料、机器人及智能制造、生物医药、新一代信息技术等主导产业,引导其与区域重点企业形成常态化供需对接交流。同时,鼓励人力机构针对产业发展开展定制化人力资源服务,在做优做强传统招聘、培训、劳务派遣等项目基础上,发展猎头、高级人才寻访、人才测评、管理咨询等项目,加强信息共享、招才引智、技能人才培养等多元化服务,充分释放人力资源效能。

建设"新兴产业+海外引才"供需对接平台,积极配合宝山区海内外揽才工程,充分发挥人力资源中介机构对人才引进的带动作用,及时向海外发布人才需求信息,通过猎头引才等方式引进海外高层次人才,开展人才与企业、人才与项目对接活动。加大对宝山整体科创转型、产业发展的宣传推广力度,打响"科创宝山"品牌,加深对外的形象构建,吸引人才汇聚宝山。同时,呼吁制度设计上加强对科创主阵地建设的配套,如针对留学归国人员落户政策、海外人才居留许可、本市应届研究生毕业生留沪就业等,给予政策倾斜。

(二)打造人才培育平台,重视专业技能型人才培养

宝山当前正处于加快转型升级的关键阶段,不论是面临转型发展需求的传统工业,还是成长起步中的战略性新兴产业,都出现了高技能人才供给严重不足的局面。因此,有必要积极推进政府、企业、院校等多方合作的高技能人才队伍的体制机制建设,加快培养符合地区经济和企业发展所急需的专业性人才。

首先,利用好宝山区现有教育资源,由政府牵头,调节职业院校与行业之间的联系,与院校共同制定紧缺型高技能人才培养计划,

尤其鼓励震旦、济光、交职、邦德等职业院校以服务地方经济为目的，发挥学院特色专业优势，开设与企业合作共建的"双元制"人才培养项目。并在平台、政策和经费上给职业院校和企业提供必要的支持，加强对企业社会主体的鼓励，引导服务经济生产、满足社会需求，不断探索适应企业和产业需求的高端技术技能人才培养。

加大本地校企对接合作办学力度，针对我区重点企业及计划引进企业的主导产业链关键环节，制定"靶向培育计划"，通过校企共建模式，由对口学校负责理论知识、公共课等课程的教学，由企业培养学生的动手操作能力和实用技能、技术，让毕业生能够充分适应岗位需要，为企业发展储备专业技术人才，努力把高等职业院校建设成为贴近产业发展、企业真实需求的专业技术型人才培养基地。

同时，持续提升企业技能人才、技能团队培养力度，深化推广"双百计划"技能人才培养成功经验，由政府搭建平台、组织资源力量，带动企业加强职工职业能力提升，培养集聚一批高技能领军人才。引导企业突出对于高技能人才的业绩认定，建立"看技能不看文凭，看贡献不看资历"的评价原则，对专业技能精通、做出重大技术突破和贡献的高技能人才破格提升。引导行业协会设立一批具有专业针对性的荣誉认证，通过表彰大会、人物风采展示等形式，提升高技能人才在行业内的影响力和社会荣誉感、归属感。

（三）打造人才留存平台，满足人才美好生活的需要

当前，生活配套方面的不足是制约宝山高层次人才引进留用的一大痛点，因此有必要集中主要资源，解决人才相关后顾之忧，吸引更多人才来宝山发展、留宝山发展。

一方面，加快人才公寓项目的建设推进，持续加大市场化租赁房源和保障性租赁房源的筹措，适当优化提升人才安居资助方式、力度，对区内所打造的人才公寓品牌"愈见科创""无人干预自助受理"选房系统等安居工作加大宣传力度，多渠道提高政策辐射力，切实做好人才的安居工作。

同时，在其他生活配套和综合服务环境方面，对符合条件的战略性新兴产业高端人才给予政策倾斜，持续优化对于引进优秀人才在医疗、保险、子女入园入学、配偶就业以及居留、出入境等方面的便利化服务。持续加强人才政策宣传，拓展"樱花讲堂"系列等培训活动覆盖面，让用人单位和社会各界可见、可闻宝山各类惠及人才政策，营造尊重人才、支持人才、鼓励人才的城市氛围和形象。

此外，重视城市功能升级与产业发展配套，针对当代人群普遍对"美好生活"的需要，在城市开发和运营管理等方面加强软环境建设，推动"产城人"融合发展。提升产业园区周边的商业配套设施建设，例如供应白领工作午餐、商务聚餐的中高端餐饮场所，宜于约

会洽谈的咖啡店、茶室、酒吧等社交场所,面向年轻人群偏好的书店、文创、健身、会展等休闲消费中心等,满足人才多样化生活方式和对生活品质的追求,适应宝山人才结构转变趋势,更好吸纳更多的产业和人才集聚,形成良性循环。

(供稿单位:宝山区工商业联合会)

专题十四

关于进一步提升民营企业科技创新能力的研究

高新技术企业是指根据《高新技术企业认定管理办法》（国科发火〔2016〕32号）认定的在国家重点支持的高新技术领域内，持续进行研究开发和技术成果转化，形成企业核心自主知识产权，并以此为基础开展经营活动的企业。高新技术企业的数量和创新能力可以反映一个区域的经济发展质量。徐汇区高新技术企业中，民营企业占到近80%（包含私营企业、港澳投资企业、混改非国有控股企业）。为进一步发挥高新技术企业在促进民营经济高质量发展中的示范引领作用，全面了解徐汇区民营高新技术企业（以下简称"高企"）发展现状，提出推动徐汇区民营高企发展的对策和建议，在区委统战部指导和区科委支持下，区工商联对有效期内785家高企提交的年报数据进行了整理，形成了745份有效高企填报数据。报告从分布特征、经营状况、研发投入、创新产出、税收政策享受等维度进行分析，提出对策建议。

一、徐汇区民营高企总体情况分析

截至2021年6月，徐汇区有效期内高新技术企业共785家，整理2020年度高企统计数据，形成745份有效数据，对745份有效数据进行分析，形成此报告。

（一）企业分布特征

1. 企业登记注册类型以内资企业为主

企业登记注册类型是以工商行政管理部门对企业登记注册的类型为依据，将企业登记注册类型分为内资企业、港澳台商投资企业和外商投资企业三大类。对徐汇区高企登记注册类型进行分析，共获取734份有效数据，徐汇区高企内资企业、港澳台商投资企业和外商投资企业数量分别为671家、26家、37家，分别占91.42%、3.54%、5.04%。在37家外商投资企业中，有17家100%由外商投资；在671家内资企业中，有483家民营企业，占徐汇高企65.8%（见图14-1）。

2. 超六成企业为私人控股企业

对徐汇区高企的企业控股情况进行分析，共获取743个有效数据。其中，私人控股企业最多，有505家，占全部控股类型的67.97%；国有控股企业、集体控股企业、港澳台控股企业、外商控股企业分别占13.46%、0.54%、3.36%、3.23%（见图14-2）。

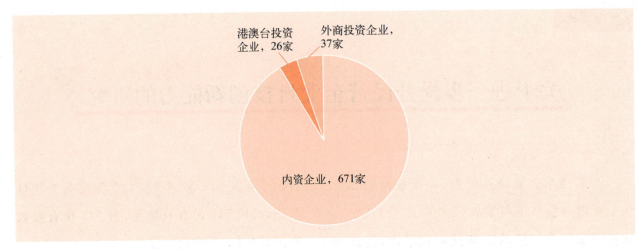

图14-1 徐汇区高新技术企业注册类型分布图

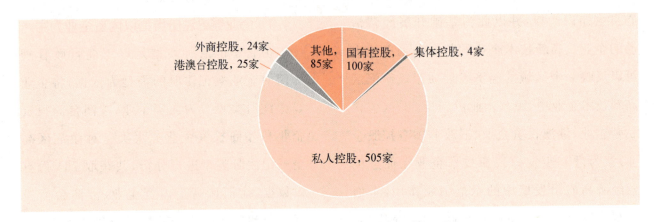

图14-2 徐汇区高新技术企业控股情况图

3. 漕河泾开发区是徐汇高企主要聚集区

对徐汇区高企通信地与注册地分析,共获取744份有效数据。由徐汇区高企注册地址与通信地址的热力图可见,漕河泾开发区是徐汇高企分布最密集的地区。有133家高企注册地在徐汇但通信地不在徐汇,其中上海精数信息科技有限公司通信地在北京,132家高企注册地在徐汇但通信地在上海其他地区(非徐汇区)。对这132家企业分析,闵行区、浦东新区、长宁区和静安区是通信地的主要所在处,其中闵行区高企数量最多,注册在长宁和静安两个中心城区的高企以电子信息技术企业常见(见表14-1)。此外,根据张江高新区漕河泾园和徐汇园分布图,徐汇区共有495家高企注册在分布图内,可见"大张江项目"的政策资助对于高企有一定吸引力。

表14-1 注册地在徐汇但通信地址非徐汇的高企分布情况表

辖　　区	数　　量	百分比
闵行区	44	33%
浦东新区	17	13%

产业研究

续 表

辖 区	数 量	百分比
长宁区	11	8%
静安区	11	8%
黄浦区	11	8%
松江区	9	7%
普陀区	7	5%
青浦区	5	4%
杨浦区	5	4%
虹口区	4	3%
嘉定区	3	2%
奉贤区	2	2%
宝山区	2	2%
闸北区	1	1%
非上海市	1	1%

对徐汇区高企注册地是否在国家高新区

内分析,共获取744份有效数据,其中536家企业注册在国家高新区内,但这536家企业中仅有223家企业主要生产经营活动在国家高新区内。可见徐汇区的地理位置与创新环境对于高企具有一定吸引力,但生产经营活动不在徐汇区的高企有一定更换注册地的风险。未来需要加大支持高企在徐汇区稳固发展的力度。

4. 近年来获认定的高企数量快速增长

对徐汇区高企注册成立时间分析,共有743份有效数据。最早注册的企业是中国航空无线电电子研究所,注册时间为1957年,自1992年开始,徐汇区高企注册数量进入快速增长期,2015年更是有69家企业注册,为历年之最。2010—2019年有425家企业注册并获高企认定,超过徐汇区高企总数的一半。上海尤比酷电气有限公司等15家企业虽2019年才注册成立,2020年便获得高企认定,这15家企业以电子信息技术行业为主(见图14-3和表14-2)。

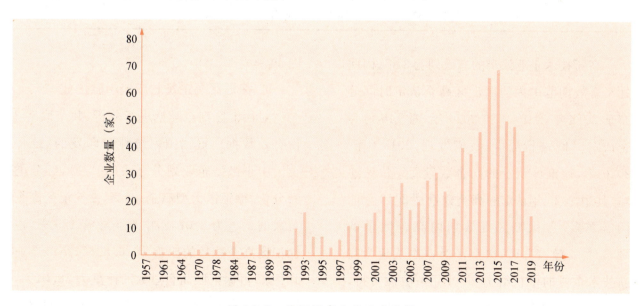

图14-3 徐汇区高企注册年份图

表14-2　2019年注册、2020年获批高企的企业统计表

序　号	企　　业	主　要　活　动　业　务
1	上海尤比酷电气有限公司	智慧用电采集系统,能源管理系统
2	上海旷通科技有限公司	5G路由器
3	上海近屿智能科技有限公司	AI视频面试服务
4	上海科聘软件技术有限公司	招聘系统
5	上海敖颉信息科技有限公司	计算机软硬件科技领域内的技术开发
6	上海游七网络科技有限公司	数字沙盘演示制作技术服务
7	上海谱智环境科技有限公司	大气净化材料
8	上海平可行智能科技有限公司	智能科技、计算机网络科技、机电科技、新能源科技专业领域内技术开发、技术转让、技术咨询、技术服务
9	上海慧神体育科技有限公司	慧神智能运动场软件平台服务
10	上海帕米尔信息科技有限公司	软件开发
11	上海魁芯微系统有限公司	芯片设计
12	上海谆龙智能科技有限公司	软件技术服务
13	上海漫芽文化发展有限公司	动漫设计
14	上海品埃信息科技有限公司	计算机信息科技
15	上海瑞慈医疗科技有限公司	体检对账应用软件技术服务

高新技术企业认定的有效期为3年,因此处于有效期范围内的徐汇区高企认定时间分布于2018年,2019年和2020年,对745份高企认定时间进行分析,我们发现,2018年到2020年,徐汇区认定的高企数量逐年快速递增,其中2020年认定的高企数量是2018年的两倍之多,占徐汇区有效期内高企数量的42.42%。政策方面,徐汇区对首次认定为高新技术企业的单位给予25万元一次性支持,可见徐汇区对高企培育和支持力度之大(见图14-4)。

5. 徐汇区高企超七成是小微企业

对徐汇区高企类型进行分析,共获取743份有效数据。根据国家统计局印发的《统计上大中小微型企业划分办法(2017)》,经分类和分析,徐汇区大型高企60家,占徐汇区高企总数的比重为8.07%,中型企业有125家,占徐汇区高企总数的比重为16.82%,小型企业431家,占徐汇区高企总数的比重为58.01%,微型企业有127家,占徐汇区高企总数的比重

产 业 研 究

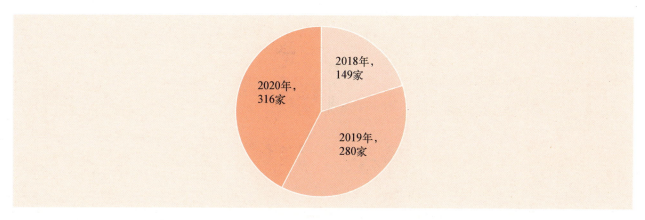

图 14-4　徐汇区高企认定时间分布图

为17.09%,小型和微型企业数量占徐汇区高企总数75.1%,表明徐汇区高企主要以小微型企业为主。相比于2019年,小微型企业比例提高了5.2个百分比(见图14-5)。

6. 集中在电子信息与高技术服务两大领域

根据《高新技术企业认定管理办法》(国科发火〔2016〕32号),国家重点支持的高新技术领域共包括电子信息、生物与新医药、航空航天、新材料、高技术服务、新能源与节能、资源与环境、先进制造与自动化8个大类,按企业核心技术所属国家重点支持的高新技术领域代码对745份高企类别进行分类和分析,共获取743份有效数据。根据分析,徐汇区高企主要集中电子信息与高技术服务两大领域,其中电子信息领域企业数量为427家,位列第一,占57.47%;高技术服务领域企业数量为154家,位列第二,占20.73%,而在高技术服务领域,信息技术服务企业数量居多。可见徐汇区电子信息和信息技术营商环境相对较好,对相关企业具有一定吸引力(见图14-6)。

从国民经济行业分类来看,根据《国民经济行业分类(GBT 4754-2017)》,对745份数据的行业代码进行分析,获取743份有效数据。徐汇区共有473家企业围绕信息传输、软件和信息技术服务业开展业务,占高企总数

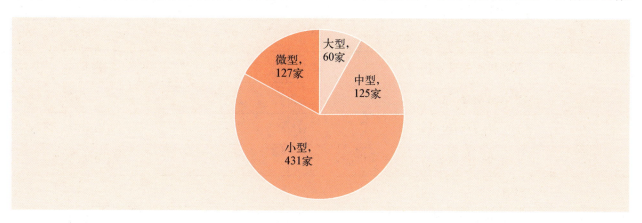

图 14-5　徐汇区高新技术企业规模分布图

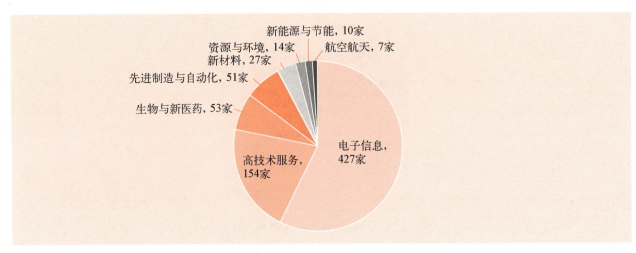

图 14-6　徐汇区高新技术企业高新技术领域分布图

的 60.6%；其次是制造业 129 家，占高企总数的 17.36%；科学研究和技术服务业有 87 家，占高企总数的 11.71%。国民经济行业分类分析的结果基本与高新技术领域分布类似，电子信息是徐汇高企最主要所处的行业领域（见表 14-3）。

表 14-3　徐汇区高新技术企业国民经济行业分类分布表

序　号	国民经济分类	企业数量（家）	占比（%）
1	信息传输、软件和信息技术服务业	473	63.66%
2	制造业	129	17.36%
3	科学研究和技术服务业	87	11.71%
4	批发和零售业	12	1.62%
5	建筑业	10	1.35%
6	水利、环境和公共设施管理业	8	1.08%
7	租赁和商务服务业	6	0.81%
8	卫生和社会工作	3	0.40%
9	文化、体育和娱乐业	3	0.40%
10	电力、热力、燃气及水生产和供应业	3	0.40%
11	教育	3	0.40%
12	金融业	3	0.40%

续 表

序 号	国民经济分类	企业数量(家)	占比(%)
13	居民服务、修理和其他服务业	2	0.27%
14	农、林、牧、渔业	1	0.13%

7. 自2017年开始每年孵化高企超过10家

对徐汇区高企与孵化器关系进行分析，共获取743个有效数据。其中有116家企业从孵化器已毕业，56家企业在孵，571家企业与孵化器无关。对已从孵化器毕业的116家企业进行分析，上海空间推进研究所最早孵化，孵化毕业时间为1996年。从2017年开始，每年孵化毕业的企业数量超过10家（见图14-7）。这与徐汇区自2016年就颁布《徐汇区关于发展众创空间推进大众创新创业的扶持办法（试行）》政策密切相关，可见徐汇区为推进高企入孵投入了一定的支持力度。

8. 现已有50家企业已挂牌或上市

对徐汇区高企挂牌或者上市情况进行分析，共获得743家有效数据。徐汇区高企中已上市或挂牌的企业共50家，相比2019年已挂牌或上市的55家企业，2019年的上海麦广互娱文化传媒股份有限公司、莱博药妆技术（上海）股份有限公司、上海穗农信息科技股份有限公司、上海东硕环保科技股份有限公司、上海卓繁信息技术股份有限公司、上海建科建筑节能技术股份有限公司、上海昂立教育科技集团有限公司、上海营邑城市规划设计股份有限公司、上海敬众科技股份有限公司、上海陆道智城文化创意产业集团股份有限公司

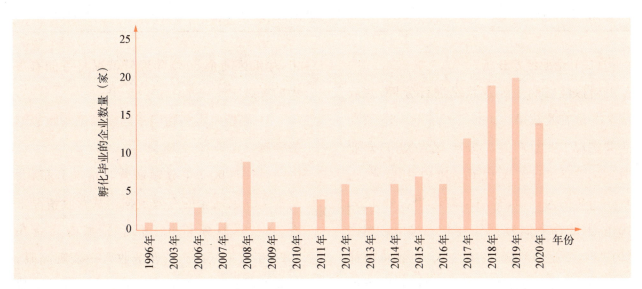

图14-7 徐汇区高新技术企业从孵化器毕业的情况图

等10家企业在2020年的高企录入中未获取数据或未录入上市或者挂牌的信息，2020年上海海希工业通信股份有限公司、上海易同科技股份有限公司、金弗康生物科技（上海）股份有限公司、上海工业自动化仪表研究院有限公司、上海复博农业科技股份有限公司等5家企业新录入上市或者挂牌信息。

在2020年50家挂牌或者上市信息企业中，在新三板、四板挂牌的企业为35家，占比70%；在上海证券交易所、深证证券交易所、香港交易所上市的企业为15家，占比30%。在上海证券交易所上市的8家企业，6家在主板上市，1家在科创板上市，1家在新三板上市（见表14-4）。

表14-4 徐汇区高新技术企业上市或挂牌情况表

交易所	板块	数量
全国中小企业股份转让系统	新三板	29
上海证券交易所	主板	6
上海股权托管交易中心	地方四板	6
深圳证券交易所	创业板	3
香港交易所	主板或者创业板	2
深圳证券交易所	中小板	2
上海证券交易所	科创板	1
上海证券交易所	新三板	1

（二）企业经营分析

对徐汇区高企经营状况进行分析，共获取745份有效数据。2020年徐汇区745家高企共实现工业总产值339.76亿人民币，营业收入1983.76亿人民币，其中主营收入1966.59亿人民币；利润总额达255.46亿人民币，其中净利润为229.71亿人民币。相比2019年，工业总产值、营业收入、利润总额都有所增长，利润总额更是增长了近两倍，可见徐汇区高企经营情况良好。如没有疫情的冲击，徐汇区高企2020年经营情况将可能有更大的突破。

1. 高技术服务和电子信息高企营收领跑各领域

对徐汇区高企分领域营收情况分析，共获得745家高企的有效数据。从营收情况来看，高技术服务和电子信息领域的高企在2020年徐汇区高企的营业收入中表现亮眼，二者营收总和占徐汇高企的79.19%。从盈利情况来看，电子信息领域在2020年徐汇区高企的利润总额、净利润位居各领域第一，我们知道，电子信息行业相比其他七大领域具有一定的低成本运营优势，可见预见电子信息领域的盈利能力比较优秀。但是电子信息行业的工业总产值均值、营业收入均值、利润总额均值、净利润均值没有表现出明显优势，表明徐汇区电子信息行业的企业规模偏小。航空航天领域的高企在工业总产值均值、营业收入均值、利润总额均值、净利润均值指标中表现突出。2020年生物与新医药技术领域徐汇高企的利润总额和净利润出现负值，根据统计数据，53家徐汇区生物与新医药技术的高企有29家企业利润总额为负值，其中上海复宏汉霖生物制药有限公司利润总额负值达到2.65亿元，科济生物医药（上海）有限公司利润总额负值达到1.17亿元，随着2020年复宏汉霖新药陆续获批上市，科济生物港股上市，可以预见，两家企业盈利情况将出现好转（见表14-5和表14-6）。

表14-5 徐汇区高企分领域营收情况表

领　　域	工业总产值（亿元人民币）	工业总产值均值（亿元人民币）	营业收入（亿元人民币）	营业收入均值（亿元人民币）
电子信息	138.32	0.32	729.21	1.71
航空航天	70.33	10.05	140.50	20.07
先进制造与自动化	46.35	0.91	72.55	1.43
新材料	43.45	1.61	44.64	1.65
生物与新医药	29.38	0.55	37.15	0.70
资源与环境	9.05	0.65	14.69	1.05
高技术服务	2.73	0.02	841.70	5.47
新能源与节能	0.17	0.02	103.33	10.33

表14-6 徐汇区高区分领域盈利情况表

领　　域	利润总额（亿元人民币）	利润总额均值（亿元人民币）	净利润（亿元人民币）	净利润均值（亿元人民币）
电子信息	174.22	0.41	154.79	0.36
高技术服务	41.51	0.27	37.49	0.24

续　表

领　域	利润总额（亿元人民币）	利润总额均值（亿元人民币）	净利润（亿元人民币）	净利润均值（亿元人民币）
航空航天	25.43	3.63	25.16	3.59
先进制造与自动化	10.74	0.21	9.47	0.19
新材料	4.18	0.15	3.73	0.14
新能源与节能	3.33	0.33	3.29	0.33
资源与环境	0.12	0.01	0.11	0.007 9
生物与新医药	−4.08	−0.08	−4.34	−0.08

2. 超八成税费由电子信息与高技术服务企业上缴

对徐汇区高企上缴税费情况分析，共获得745家高企的有效数据。电子信息与高技术服务领域高企上缴税费最多，分别为34.76亿元与23.52亿元，占徐汇区高企上缴税费总额的比例超过80%。电子信息与高技术服务领域减免税费总额分别为19.23亿元、7.52亿元，合计占徐汇区高企减免税费总额的比例为63.89%。其中新能源与节能、航空航天与高技术服务是上缴税费均值最多的3个领域（见表14-7）。

表14-7　徐汇区高新技术企业分领域缴税情况表

领　域	实际上缴税费总额（亿元）	实际上缴税费均值（亿元）	减免税费总额（亿元）	减免税费均值（亿元）
电子信息	34.76	0.08	19.23	0.05
高技术服务	23.52	0.15	7.52	0.05
航空航天	1.09	0.16	4.92	0.70
先进制造与自动化	2.75	0.05	0.89	0.02
新材料	1.68	0.06	8.12	0.30
新能源与节能	2.30	0.23	0.49	0.05
资源与环境	0.50	0.04	0.08	0.01
生物与新医药	2.30	0.04	0.62	0.01

产业研究

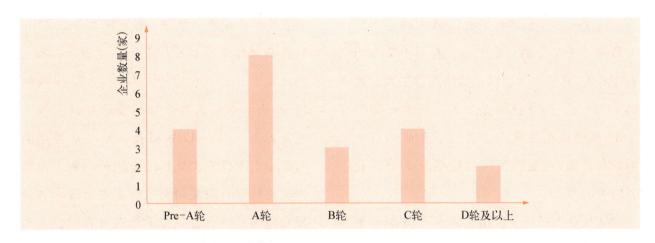

图14-8　2020年徐汇高企风险投资轮次分布图

3. 21家企业获风险投资，仅占徐汇区高企2.8%

对徐汇区高企获风险投资情况分析，共获得743家高企的有效数据，电子信息、生物与新医药技术、高技术服务的三个领域共21家企业获得投资，表明徐汇区这三个领域资本市场相对认可，具有一定活跃度。但获投资企业仅占徐汇区高企总数的2.8%，未来徐汇区在资本市场和金融环境营造上仍需加大力度。2020年获风险投资金额共计18.77亿元。与2019年相比，徐汇高企获得风险投资的规模有所下降，投资企业数量和投资总额均有所减少，推测可能与疫情影响相关（见图14-8）。

4. 从业人员超七成为本科及以上学历

对徐汇区高企人员进行分析，共获得743份有效数据。2020年徐汇区高企从业人员共122 766人，其中当年新增就业人员24 458人，引进外籍专家的企业共23家，引进外籍71人；拥有外籍常驻人员的企业共80家，吸引外籍常驻人员266人；拥有留学归国人员的企业共227家，吸引留学归国人员2 734人。可见徐汇区高企对于海外人才具有较强的吸引力（见表14-8）。

表14-8　徐汇区高企人员投入情况表

评 价 指 标	数 量	评 价 指 标	数 量
从业人员期末人数（人）	122 766	从业人员期末人数均值（人）	165
当年新增从业人员（人）	24 458	当年新增从业人员（人）	32
留学归国人员（人）	2 734	拥有留学归国人员企业数量（家）	227
外籍常驻人员（人）	266	拥有外籍常驻人员企业数量（家）	80
引进外籍专家（人）	71	引进外籍专家企业数量（家）	23

从法人的学历结构来看,743家高企中法人具有博士学位的有86人,具有硕士学位的有246人,研究生学历以上的法人占法人总数的44.68%。高新技术企业多为技术密集型企业,高学历的专业人才有助于企业的长久创新与发展,可见徐汇区对这些高学历创业者的吸引力。

从从业人员的学历结构来看,743家高企中具有大学本科学历的有68 435人,占比55.74%;具有研究生学历的有19 034人,占比15.50%,其中博士1 252人,硕士17 687人。本科学历和研究生学历人数相比2019年都有所提升,反映出大批高素质的人才更加向高企聚集,为徐汇区高企的快速健康发展提供了有力保障。

5. 科技活动人员投入比重远高于认定标准

2020年徐汇高企科技活动人员为48 409人,占从业人员期末人数的比重为39.43%,根据高企认定标准的规定,企业从事研发和相关技术创新活动的科技人员占企业当年职工总数的比例不低于10%,表明徐汇区高企科技活动人员投入比重远高于认定标准。

从徐汇区高企的岗位类别来看,中层及以上管理人员有11 917人,占从业人员比重为9.71%,专业技术人员72 278人,占从业人员比重为58.87%,其中具有国家职业资格一级的有359人。

6. 企业科技活动投入较2019年增加

对徐汇区高企科技活动费用进行分析,共获得745份有效数据。徐汇区高企2020年科技活动经费为188.1亿元,占主营业务收入的比重为9.6%,相比于2019年的8.4%有所提升,表明徐汇区高企的科技研究开发投入越来越多。但有12家科技活动经费费用为0,其中上海狮安文化传播有限公司和上海狮安文化传播有限公司两家企业主营收入和研发费用为0,未来还需加大研究开发的投入和业务的经营。

7. 超六成高企已拥有有效的专利保护

对徐汇区高企的专利申请情况进行分析,共获得745家高企的有效数据。441家高企拥有有效专利,占徐汇区高企总数的59.2%,其中已有180家高企的发明专利被实施。共有有效专利14 359件,其中发明专利6 700件,已被实施的发明专利数量为4 155件,占发明专利的62.01%。从专利总数、拥有专利的企业数量、被实施的专利数量,相比2019年,2020年徐汇区高企都有所增加。

截至2020年,徐汇区共有29家企业拥有境外专利,授权专利数为225件,其中境外授权的发明专利为217件,占境外授权专利总量的96.4%。有17家企业发生专利所有权转让及许可,占徐汇高企数的2.3%,专利所有权转让及许可数为288件,专利所有权转让及许可收入为6.7亿。由此可知,虽然超过六成的企业已拥有有效的专利保护,但拥有境外授权专利与开展专利所有权转让及许可的企业仍然较少,多数企业仅仅将专利作为自我的技术实施支撑。

2020年，徐汇区有310家高企申请了专利，专利数为4 968件，其中发明专利3 303件，占2020年申请专利数量的66.5%。3 303件专利中，超过9成为国内发明专利，为3 190件；申请欧美日和PCT专利件数为105件。2020年，徐汇区有295家高企专利获授权，授权专利数为2 798件，其中发明专利992件，占2020年授权专利数量的35.5%。

8. 科技论文、软件及集成电路布图取得丰硕成果

对徐汇区高企科技论文、注册商标、软件著作和集成电路布图进行分析，共获取745份有效数据。

截至2020年，在科技论文方面，徐汇区有56家高企发表1 833篇科技论文，其中以上海市建筑科学研究院有限公司为最，发表163篇科技论文；在注册商标方面，徐汇区有329家高企申请注册8 851个商标，其中上海米哈游网络科技股份有限公司为最，商标数达1 625个；在软件著作权方面，徐汇区有663家高企拥有21 572个软件著作权，其中万达信息股份有限公司，软件著作达1 208个；在集成电路布图方面，徐汇区有19家高企拥有521个集成电路布图；徐汇高企中尚未有高企拥有植物新品种。

从年度情况来看，2020年科技论文较2019年增加了212篇；2019年度软件著作数量较2019年有轻微下滑；2020年集成电路布图较2019年增加了14件（见表14-9）。

表14-9 2019年和2020年徐汇区高企科技论文、软件著作和集成电路布图情况表

维　　度	2019年	2020年
科技论文	1 621（截至2019年）	1 833（截至2020年）
发表科技论文的企业	63（截至2019年）	56（截至2020年）
当年拥有软件著作权	3 475	3 424
当年拥有软件著作权企业	338	429
当年拥有集成电路布图	53	67
当年获得集成电路企业	11	14

9. 签订技术合同的企业和金额同比减少

对徐汇区高企的技术合作情况进行分析，共获得745份有效数据。2020年，共有83家徐汇区高企签订了技术合同，认定登记的技术合同项数量为2 706个，认定登记的技术合同成交金额105.39亿元，来自政府部门的科技活动经费总额为25.59亿元。相比于2019年，签订技术合同的企业数量、签订技

合同的数量和成交金额都有大幅减少,分别减少了7家企业、5 397项和26.91亿元,但是政府部门的科技活动经费增加了12.29亿。可见疫情对于高企的技术合作影响较大,政府推动高企技术合作的力度越来越大。

从徐汇区高企认定登记的技术合同成交金额分布情况来看,83家签订技术合同的企业中,有24家企业认定登记的技术合同成交金额超过1 000万元,呈现出具有较强的技术合同承接能力与服务能力(见图14-9)。

10. 国际、国家和行业标准数量同比有所提升

对徐汇区高企的标准制定情况进行分析,共获得745份有效数据。截至2020年,徐汇区共有6家高企参与国际标准制定,共形成93项国际标准,其中2020年当年,形成国际标准6个。共有42家徐汇区高企参与了国家或行业标准的制定,累计形成国家或行业标准1 408个,其中2020年当年形成国家或行业标准122个。相比于2019年,累积国际标准的数量、累积国家或行业标注的数量都有所提升,表明2020年徐汇区高企持续推动了国际、国内标准的制定。

二、徐汇区民营高企发展现状总结

(一) 高企数量持续增多,登记类型以内资企业为主

2018—2020年,徐汇区认定的高企数量逐年快速递增,其中2020年认定的高企数量是2018年的两倍之多,伴随着我国进入经济高质量发展阶段,以及国家对高新技术产业发展的大力扶持,徐汇区更是出台了具体的指导政策支持高企认定与发展,可以预见的是将会有越来越多的企业加入徐汇区高新技术企业行列当中。其中以内资企业最多,数量为671家,占徐汇区高企认定总数的91.42%;在671家内资企业中,有483家民营企业,占徐汇高企65.8%。

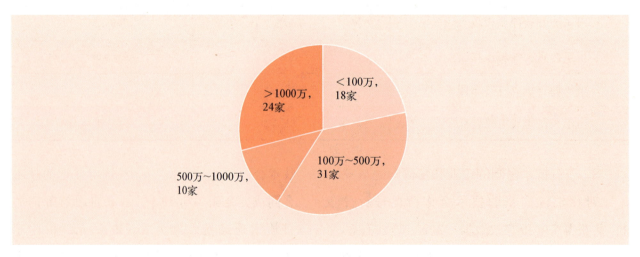

图14-9 徐汇区高企认定登记的技术合同成交金额分布情况图

(二) 从业人员以高层次人才为主，海外人才同比增长

从法人的学历结构来看，徐汇高企中法人具有研究生学历的有332人，占法人总数的44.68%；从从业人员的学历结构来看，具有大学本科及以上学历的占徐汇从业人员超七成，同比增长2.84%。可见徐汇区高企从业人员以高层次人才为主。

海外人才方面，2020年共有23家高企引进外籍专家，引进外籍71人，同比增长56.41%；拥有外籍常驻人员的企业共80家，吸引外籍常驻人员266人，同比增长19.28%；拥有留学归国人员的企业共227家，吸引留学归国人员2 734人，同比增长达到74.25%。可见徐汇区高企对于海外人才具有较强的吸引力。

(三) 生产经营情况良好，但部分企业未享受到所得税优惠政策

从营收角度来看，集聚现象凸显。745家高企2020年营业收入1 983.76亿人民币，平均收入为2.60亿元，营收中位数为2 430.047万元。其中营收低于营收中位数的企业共有376家，占据公布财务数据企业的50.47%；营收介于营收中位数及营收均值的企业共有281家，占据全部企业的37.72%；营收大于营收均值的共有88家企业，占比11.81%，即这11.81%企业集聚了整个徐汇高企一半营收，集聚效应明显。从领域来看，高技术服务和电子信息领域的高企在2020年徐汇区高企的营业收入中表现亮眼，二者营收总和达到1 570.91亿元，占徐汇高企的79.19%，也反映出徐汇高企的营收集聚现象凸显。

从盈利水平来看，徐汇高企有待进一步提升。整体来看，徐汇高企平均盈利金额为3 428.86万，其中盈利企业459家，占比61.61%；亏损企业数为286家，占比为38.39%；分行业来看，仅生物与新医药技术领域的利润总额为负，负值为4.08亿元，占徐汇区高企利润总额的1.60%。

从税收贡献来看，徐汇高企各行业均存在正向贡献。电子信息领域企业共计贡献34.76亿元税收，新能源与节能平均税收2 300万。生物医药虽未实现盈利，但税收贡献了2.3亿元，也表明侧面表明生物医药企业运营成本较高。

从专利布局角度，截至2020年，徐汇区共441家高企拥有有效专利，占徐汇区高企总数的59.2%，其中已有180家高企的发明专利被实施。共有有效专利14 359件，其中发明专利6 700件，已被实施的发明专利数量为4 155件，占发明专利的62.01%。从专利总数、拥有专利的企业数量、被实施的专利数量，相比2019年，2020年徐汇区高企都有所增加。

从科技论文，软件著作和集成电路布图角度，截至2020年，在科技论文方面，徐汇区有56家高企发表1 833篇科技论文，在软件著作权方面，徐汇区有663家高企拥有21 572个软件著作权，在集成电路布图方面，徐汇区有19家高企拥有521个集成电路布图。从年

度情况来看,2020年科技论文较2019年增加了212篇;2019年度软件著作数量较2019年有轻微下滑;2020年集成电路布图较2019年增加了14件。

从标准制定角度,截至2020年,徐汇区共有6家高企参与国际标准制定,共形成93项国际标准,其中2020年当年,形成国际标准6个。共有42家徐汇区高企参与了国家或行业标准的制定,累计形成国家或行业标准1 408个,其中2020年当年形成国家或行业标准122个。累积国际标准的数量、累积国家或行业标准的数量都有所提升。

综合以上因素,徐汇区高企生产经营情况和创新产出总体向好,但2020年徐汇区高企中有230家高企享受到高企享受高新技术企业所得税减免,减免总额为9.39亿元,虽然减免企业数量和金额较2019年有所增加,但仍有很多企业未享受到减免,表明仍有大部分企业需要在科技成果转化、自主知识产权部署、生产经营等方面付出努力。

(四)小微企业占大头,行业集中度和龙头企业数量有待提升

从企业规模来看,徐汇区高企主要以小微类型企业为主,行业集中度有待加强,行业集中度有待进一步提升。

具体来看,徐汇区小型企业431家,占徐汇区高企总数的比重为58.01%,微型企业有127家,占徐汇区高企总数的比重为17.09%,小型和微型企业数量占徐汇区高企总数75.1%,相比于2019年,徐汇区小微型企业数量越来越多,增加了120家,比例提高了5.2个百分点。

以电子信息与信息技术服务产业为例,该领域共有355家小微型企业,占比超过该领域徐汇区高企的70%,占徐汇区高企的47.78%,表明虽然该领域2020年营收情况良好,但主要靠以量取胜,企业规模较小,每家企业的竞争力仍有待加强,龙头企业培育也有待扎实推进。

(五)部分企业运营他区,营商环境和区域用地布局急需提升

在744家注册地在徐汇的有效期范围内的高企中,有133家高企注册地在徐汇但通信地(实际运营地)不在徐汇,占徐汇高企的17.88%,闵行区是通信地的最主要所在处。徐汇作为中心城区,运营成本和用地成本相对较高,有限的空间较难满足企业扩张的需求,这133家企业甚至更多企业有外迁至他区的可能。因此徐汇区未来在营造安商、稳商、富商大环境上需多下功夫,以稳健推进区域内高企的可持续发展。

此外,漕河泾开发区是徐汇高企最密集的地区,漕河泾开发区的产业规模效应已经显现,以电子信息与信息技术服务产业和生物医药产业为例,漕河泾开发区是主要的分布地。为平衡区内发展,未来徐汇区需进一步合理进行区域布局,如加大枫林和漕河泾的联动布局引导,助力关港区域高水平开发和布局。

三、促进徐汇区民营高企发展的对策与建议

(一) 吸引人才流入徐汇,加强民营高企专家型人才统战工作

人才是高企发展的源泉和活水,尤其在疫情影响之下,越来越多海外归国人才选择回国,积极吸引人才流入徐汇民营高企,引导民营企业助推人才环境优化,是近年的工作重点。近年,徐汇区对高校和科研院所专家型、高技术人才统战工作效果显著,越来越多的海内外高技术人才回国就业、创业,但在民营高企专家型、高技术人才工作建设上还有所薄弱,未来仍需加强民营高企专家型人才统战工作;此外,徐汇高企吸引人才数量较往年大幅增加,尤其是留学归国人员同比增长更是达到74.25%,但以航空航天、新材料、生物医药对人才的需求还很大,未来工商联仍需发挥桥梁纽带作用,积极营造和形成尊重人才、吸引人才、用好人才的良好氛围和舆论环境,持续引进优秀民营企业家、高层次人才、外籍专家等各类急需紧缺人才。

(二) 完善政策供给与高企扶持方向,保障企业切实获益

对于高新技术企业来说,其发展离不开政府的政策扶持,而徐汇区中小型企业占比逐年攀高,更加需要加大政策的投入和保障。在国家和上海政策支持的条件下以及在徐汇的整体产业规划上,深入挖掘企业政策短板和盲点,继续提出相适宜的企业激励机制尤其是税收减免政策,深入推进类似"大张江项目"等的一次性经费资助以及人才补贴、高培补贴、研发补贴等政策,继续完善政策供给与高企扶持方向,保障企业切实获益。

同时,可以设立专项资金,将高新技术企业缴纳的税收收入形成徐汇财力的部分给予补贴,并在中小高新技术企业在用地和用工方面给予一定的倾斜。此外,在知识产权方面,健全专利奖励、专业代理及知识产权质押、孵化、成长、加速发展的产业化支持体系。进一步加强技术标准体系建设,充分发挥高企在技术标准研制中的重要作用,积极参与地方标准、行业标准、国家标准乃至国际标准的制定、修订,形成具有自主知识产权的技术标准。

(三) 以高标准引领民企提质升级,支持民营经济高质量发展

党的十八大以来,以习近平同志为核心的党中央指导和推动民营经济统战工作取得了显著成绩,近年徐汇区民营高企数量持续增多、经营情况整体良好、上市民企越来越多,部分企业更是进入高速发展快车道,民营高企和经济人士的价值观念和利益诉求日趋多样。因此,践行民营高企高质量发展新理念,以高标准助力高技术创新、引领民营高企提质升级,支持民营经济高质量发展仍是未来工作重点。工商联要积极联系协调相关政府部门,主动深入民营企业加强服务,及时反映并帮助民营高企解决困难和问题。加快支

持龙头高企建设，充分发挥市场作用和政府宏观引导，激励大型企业加大研发投入，加快发展具有高成长性与特色优势的创新型中小企业。建立健全民营企业引进、支持和服务体系，努力培育壮大一批具有较强国际竞争力的高企，以进一步增加龙头企业数量，提升产业集中度。

（四）开辟多渠道投资来源，营造安商、稳商、富商大环境

与2019年相比，2020年徐汇高企获得风险投资的规模有所下降，投资企业数量和投资总额均有所减少，如在生物医药领域，2020年，上海生物医药产业累计发生198起融资事件，投资高达494.5亿人民币，但徐汇区高企仅有2家企业获得1.65亿元的投资，投资额不到上海2020年投资额的1%。因此，充分发挥工商联和商会的优势作用，进一步做好民营企业金融服务，为民企引"金融活水"开辟多渠道投资来源，有效推进财政拨款、金融机构贷款、银行信贷、融资担保、科技保险和市场资本流向民营高企，积极营造安商、稳商、富商大环境。

（供稿单位：徐汇区工商业联合会）

2022

政策理论

上海民营经济

专题十五

推动民营企业敢闯的政策和制度环境建设研究

党的十八大以来,党中央高度重视民营企业工作。2018年11月1日习近平总书记主持召开民营企业座谈会并发表重要讲话,强调要"大力支持民营企业发展壮大"。2022年7月28日中共中央政治局召开会议,进一步明确提出了"营造好的政策和制度环境,让国企敢干、民企敢闯、外企敢投"的部署要求。

民营经济是我国经济制度的内在要素,是推动社会主义市场经济发展的重要力量。上海是中国近代民族工商业的重要发祥地,新时代上海作为中国特色社会主义建设的排头兵和先行者,要率先贯彻党中央决策部署,进一步加强和完善新时代民营企业政策和制度环境建设,充分激发和发挥民营企业的积极性、能动性和创造力,更好地服务新时代上海乃至全国的经济高质量发展和新发展格局构建,具有重大的理论意义和实践价值。

围绕这一目标任务,上海市民营经济研究会专门成立课题组,历时一个多月,对当前推动"民营企业敢闯"的政策与制度环境的现状及短板,尤其是新的历史条件和国内外环境下,如何建立健全和发展完善推动民营企业敢闯的政策和制度环境建设,进行了专题研究。希望本调研报告对于新时代上海乃至全国民营企业发展再上台阶、民营经济在新发展格局构建中再建新功,起到一定的决策参考价值。

一、民营企业敢闯的政策和制度环境的现状

(一)民营企业敢闯的政策和制度环境的总体情况

党的十八大以来,党中央高度重视民营经济和民营企业发展问题,对推动民营企业健康发展作出了一系列重大部署。

一是从基本经济制度层面进一步明确民营经济的重要地位和作用。党的十九届四中全会提出,坚持"公有制为主体、多种所有制经济共同发展,按劳分配为主体、多种分配方式并存,社会主义市场经济体制等社会主义基本经济制度"。习近平总书记在2018年11月1日召开的民营企业座谈会上指出,民营经济是我国经济制度的内在要素,民营企业和民营企业家是我们自己人。民营经济也是社会主义市场经济发展的重要成果,是推动社会主义市场经济发展的重要力量,是推进供给侧结构性改革、推动高质量发展、建设现代

化经济体系的重要主体,也是我们党长期执政、团结带领全国人民实现"两个一百年"奋斗目标和中华民族伟大复兴中国梦的重要力量。

二是多次重申和强调毫不动摇地鼓励、支持、引导非公有制经济发展。党的十八大提出要毫不动摇地鼓励、支持、引导非公有制经济发展,保证各种所有制经济依法平等使用生产要素、公平参与市场竞争、同等受到法律保护。党的十八届三中全会进一步提出:"必须毫不动摇鼓励、支持、引导非公有制经济发展,激发非公有制经济活力和创造力。"党的十九大重申坚持"两个毫不动摇";其后党的十九届四中、五中、六中全会都对此进行了再次强调。2022年4月29日,习近平总书记主持中共中央政治局第三十八次集体学习,再次强调"坚持毫不动摇巩固和发展公有制经济,毫不动摇鼓励、支持、引导非公有制经济发展"。

三是进一步鼓励引导民营企业深化改革、完善现代企业制度。《关于营造更好发展环境支持民营企业改革发展的意见》提出,鼓励有条件的民营企业加快建立治理结构合理、股东行为规范、内部约束有效、运行高效灵活的现代企业制度;鼓励民营企业完善内部激励约束机制,规范优化业务流程和组织结构。《关于支持民营企业加快改革发展与转型升级的实施意见》提出,鼓励有条件的民营企业优化产权结构,鼓励民营企业参与混合所有制改革,引导民营企业建立规范的法人治理结构。《关于加强新时代民营经济统战工作的意见》提出,引导民营企业完善法人治理结构,探索建立中国特色现代企业制度。

四是对进一步为民营企业高质量发展营造公平竞争的市场环境作出部署。2016年11月印发的《关于完善产权保护制度依法保护产权的意见》提出,要进一步完善现代产权制度,推进产权保护法治化,健全以公平为核心原则的产权保护制度,加强各种所有制经济产权保护。2019年12月印发的《关于营造更好发展环境支持民营企业改革发展的意见》提出,要优化公平竞争的市场环境,重点是要进一步放开民营企业市场准入,实施公平统一的市场监管制度。2020年5月11日发布实施的《关于新时代加快完善社会主义市场经济体制的意见》明确提出,要全面完善产权、市场准入、公平竞争等制度,筑牢社会主义市场经济有效运行的体制基础。

五是进一步对支持推动民营企业加快转型升级作出部署。《关于营造更好发展环境支持民营企业改革发展的意见》提出,鼓励民营企业因地制宜聚焦主业加快转型升级;引导中小民营企业走"专精特新"发展之路。《关于支持民营企业加快改革发展与转型升级的实施意见》指出,引导民营企业扩大转型升级投资。2021年4月印发的《全国工商联关于推动民营企业加快数字化转型发展的意见》提出推动民营企业加快数字化转型。

六是进一步对支持民营企业加强科技创新作出部署。2015年3月印发的《关于深化体制机制改革加快实施创新驱动发展战略的若干意见》、2016年5月印发的《国家创新驱动发展战略纲要》等文件对增强企业创新能力作出顶层设计。《关于营造更好发展环境支持民营企业改革发展的意见》专门要求支持民营企业加强创新,从多个方面提出相应的举措。2018年5月科技部和全国工商联联合印发《关于推动民营企业创新发展的指导意见》,提出大力支持民营企业创新发展的11项重点任务。《关于支持民营企业加快改革发展与转型升级的实施意见》强调要强化对民营企业科技创新的支撑。

七是进一步对民营企业减负降本等支持保障作出部署。国务院办公厅2014年6月印发的《关于进一步加强涉企收费管理减轻企业负担的通知》和国务院2016年8月印发的《关于印发降低实体经济企业成本工作方案的通知》,提出对包括民营企业在内的企业减负降本。2020年10月印发的《关于支持民营企业加快改革发展与转型升级的实施意见》进一步提出,贯彻实施好阶段性减免社会保险费和降低社保费率政策等。对受疫情影响严重的中小企业,依法核准其延期缴纳税款申请。切实加强转供电价格监管,确保民营企业及时足额享受降价红利。

八是对进一步完善支持民营经济发展的法治环境作出部署。党的十八届三中全会提出:"国家保护各种所有制经济产权和合法利益,保证各种所有制经济依法平等使用生产要素、公开公平公正参与市场竞争、同等受到法律保护。"党的十九届四中全会强调要"健全支持民营经济、外商投资企业发展的法治环境"。党的十九届五中全会进一步提出要"优化民营经济发展环境""依法平等保护民营企业产权和企业家权益,破除制约民营企业发展的各种壁垒"。习近平总书记在企业家座谈会上特别强调,要"依法平等保护国有、民营、外资等各种所有制企业产权和自主经营权,完善各类市场主体公平竞争的法治环境"。

九是对进一步营造依法保护企业家合法权益的法治环境作出部署。2017年9月印发的《关于营造企业家健康成长环境弘扬优秀企业家精神更好发挥企业家作用的意见》提出,要营造依法保护企业家合法权益的法治环境,依法保护企业家财产权、创新权益、自主经营权,强化企业家公平竞争权益保障。2019年12月印发的《关于营造更好发展环境支持民营企业改革发展的意见》提出,要健全执法司法对民营企业的平等保护机制,保护民营企业和企业家合法财产,构建亲清政商关系。

(二)民营企业敢闯的政策和制度环境的问题短板

近年来,世界百年未有之大变局进入加速演变期,国际环境日趋错综复杂,不稳定性不确定性明显增加;同时疫情大流行影响广泛深远,经济全球化遭遇逆流,国际经济、科技、文化、安全、政治等格局都在发生深刻复杂变化。我国经济正处于由高速增长转向高质量发展的新发展格局转型构建阶段。在这一背景下,客观上会导致民营企业遇到发展和转型的一系列困难和挑战。支持民营企业在新时代实现更好更快发展,需要及时调研发现并研究解决阻碍发展的问题短板。经过调研,广大民营企业和民营企业家最为关心,也是影响和制约民营企业敢闯再发展的问题短板主要集中在以下五个方面。

1. 民营企业地位作用的制度化落实与保障问题

党的十八大以来,党中央高度重视民营企业的重要地位,明确提出民营经济是我国经济制度的内在要素,民营企业和民营企业家是我们自己人;民营经济是社会主义市场经济发展的重要成果,是推动社会主义市场经济发展的重要力量,是我们党长期执政、团结带领全国人民实现"两个一百年"奋斗目标和中华民族伟大复兴中国梦的重要力量。

调研发现,在这一方面,广大民营企业和民营企业家对于十八大以来党中央关于民营企业重要地位作用等政策是基本了解的。但是,在企业实际的生产、经营和管理过程中,由于对上述政策缺乏切实、直接、落地的相关具体政策和措施,导致民营企业对于党中央关于民营企业重要地位作用等政策的感受度还不高,获得感还不强。尤其是在全面依法治国、依法行政大背景下,新时代党中央民营企业地位作用、发展支持政策的法律化、制度化还存在缺位、滞后情况。发挥法治"固根本、稳预期、利长远"的重要作用,把党中央关于民营企业地位作用等政策通过立法转化为法律法规和制度举措,有待进一步加强和完善。

2. 民营企业经济政策的系统化协调与提升问题

当前,在推进国民经济发展升级过程中,针对民营企业发展中遇到的一些难点堵点问题,党和国家制定、出台了一系列的相关政策。但是,这些政策在宣传、实施等过程中,一定程度上存在系统性、协调性不足的问题,一定程度影响了民营企业敢闯敢试和大力发展。

调研发现,民营企业政策制定和工作推进的协调性、系统性问题,主要表现在三个方面:一是一些方面存在"上准下偏"问题。例如,防止资本无序扩张,目的是要资本有序发展,关键词是"发展"和"有序"。但是有些政策宣传不到位、模糊,甚至社会上出现了民营资本"离场论"等似是而非,甚至非常错误的观点与论调。二是部分环节领域存在"上热下冷"问题。例如,有些民营政策顶层设计在实施层面设置了很多限制条件和复杂的审批流程,民营企业要素获得政策成本较大,导致企业对政策没有积极性。三是部分领域存在"上实下虚"问题。例如,有些政策的落实实施缺乏协调管理机制,各项政策不能相互衔接、相互协同,与企业实际情况不对标,缺乏可操作性。

3. 民营企业营商权利的平等化维护与实现问题

习近平总书记在2020年7月21日召开

的企业家座谈会上强调,要"依法平等保护国有、民营、外资等各种所有制企业产权和自主经营权,完善各类市场主体公平竞争的法治环境"。这是本次调研中民营企业和民营企业家呼吁和期望的一个重点问题。

调研发现,民营企业普遍反映的公平竞争方面存在的问题主要表现在以下三个方面:一是民营企业与国有企业以及外资企业等的平等竞争的问题。近年来各种所有制公平竞争的市场环境建设有了长足进展,但是招投标等一定领域、一定环节还是存在"隐形门""玻璃门""旋转门""弹簧门",以及外资企业的超国民待遇等不平等竞争情况。二是中小微企业与大中型企业的共同支持问题。现实中,通常大企业、税收大户享有重点服务,对中小民营企业的服务相对不足。特别是对中小民营企业而言,一些惠企政策设置较高准入门槛,使中小民营企业难以享受到政策红利。三是对于各种不公平竞争甚至违法违规行为的严格依法监管问题。"放管服"政策下,一些地区、部门存在对于各种不公平竞争甚至违法违规行为"管"得偏软、偏弱情况,一定程度导致出现劣币驱逐良币等问题,影响合法规范经营的民营企业的投资和发展。

4. 民营企业社会价值的专门化确认与激励问题

习近平总书记高度肯定民营企业的重要社会价值和社会贡献。民营经济是社会主义市场经济发展的重要成果,是推动社会主义市场经济发展的重要力量,是创业就业的主要领域、技术创新的重要主体、国家税收的重要来源,是推进供给侧结构性改革、推动高质量发展、建设现代化经济体系的重要主体。

但是,调研发现,民营企业社会价值的专门化、具体化的确认与激励,还存在缺位和不足。一是党中央关于民营企业社会价值的政策,在政策宣传、政策落地落实方面有待进一步系统加强。二是对于民营企业在精神层面的表彰奖励,是党中央"鼓励、支持、引导"民营政策的重要落实举措。一段时期以来,对于企业家的表彰中央和部分省市有,但相对于广大民营企业的覆盖面、数量而言,尤其是省市下一层级,重视程度和力度存在不足。三是当前对民营企业的社会价值认知偏见仍然存在,对于民营企业进入部分领域,有人担心会引发国有资产流失、无法有效承担产业功能,实践中民营企业还面临着各种"标准""条件""资质"等各种门槛限制,暴露出对于民营企业重要价值的认识和保障存在不足。

5. 民营企业法治环境的专业化优化与改善问题

在调研中,一个突出的感受就是民营企业经营者对法治环境,尤其是刑事责任问题高度关注、比较担心。这一方面存在的一些情况和问题,一定程度上制约了民营企业敢闯敢试的创业精神和发展积极性。

以民营企业刑事法治环境为例,经调查,企业在生产经营中面临的刑事法律风险,涉及生产经营、管理、交往、融资等方面170多个刑事罪名。客观而言,作为法定犯的经济犯不同于自然犯,对经济犯来说,刑罚过于积极,则会带来经济犯罪打击扩张现象,进而会影响经济发展的活力,可能出现"案子办了,市场丢了,企业垮了、职工失业了"的风险。从实践来看,部分刑事罪名在立法、司法理念、技术上要进一步发展、进一步完善。比方说,企业实际提供应税产品或劳务代开发票等问题,严格按法条规定就涉嫌虚开增值税专用发票罪。超过一万,就是数额较大,处3年以下有期徒刑。由于法律意识知识不足、特定历史发展阶段等原因,许多民营企业家和经营人员都面临刑事法律风险问题。

二、民营企业敢闯的政策和制度环境建设对策建议

(一)进一步加强民营企业重要地位作用的制度化落实与保障

如何将党中央关于民营企业重要地位作用的决策部署、政策导向,传递到广大民营企业、民营企业家,让他们实实在在、全面准确地感受到我们党对民营企业重要政策的温度、力度、广度,需要各个地方、各相关部门通过制定实施具体、精准、有效的政策、举措,进一步加强制度化的落实与保障。

重点而言,当前重要工作一是贯彻全面依法治国方略,发挥法治"固根本、稳预期、利长远"的重要作用,把党中央关于民营企业重要政策通过立法转化为法律法规和制度举措。上海作为近代中国民族工商业的发祥地,建议聚焦、深入贯彻新时代党中央关于民营企业一系列重要政策部署,尽快研究出台党中央民营企业政策相应配套措施和实施细则,进一步加强制度化落实与保障。在准确把握中央部署基础上,结合上海实际,走出促进上海民营企业"敢闯"的再发展的"上海方案"。二是进一步唱响支持民营企业发展壮大的"主旋律"。加大政治引领和思想引导,持续加大对中央决策部署的宣传,正面传递党中央支持民营经济发展的大政方针、理念主张,从思想上廓清对民营经济模糊认识,厚植民营经济健康高质量发展思想政治基础。三是把牢鼓励、支持、引导民营企业发展的"主导权"。主动讲好民营企业和企业家的中国故事、上海故事,在全社会形成关心、鼓励、支持民营企业发展的浓厚氛围,彻底改变一定领域一定程度还存在的"避私症"甚至"恐私症"等心态。积极引领网络舆论,主动及时深度引导,坚决抵制、批驳澄清质疑社会主义基本经济制度、否定民营经济错误言论,全面提振民营企业家发展信心与精气神。

(二)进一步加强民营企业经济政策的系统化协调与提升

一是进一步发挥相关机构机制的重要作用。建议进一步发挥新时代上海市民营经济发展联席会议及其成员单位的重要积极作用,重点专项负责推进新时代全市民营经济政治地位等发展政策的细化落地及其实施的统筹、监管、协调、服务工作,为进一步加强民营企业经济政策的系统化协调与提升、持续

推进民营经济发展提供有力保障。二是坚持大局意识和全局思维,加强政府部门之间沟通交流,各部门尤其是发改、科技、工信、人社、财政、金融、税务等涉企部门要加强协同,针对民营企业的助企惠企政策在部门间要统一标准,做到统一谋划、一体部署、相互协作、共同实施,全面提升新时代民营企业对于中央助企惠企政策的感受度和获得感。三是做好政策的解读和细化落实的衔接。建议支持民营企业发展专业咨询智库设立发展,做好政策研究、解读和方案建议工作,协助民营企业更好全面、准确了解和把握中央和各级党委政府政策,进一步做好政策协调落实工作衔接,帮助民营企业获得更好的政策服务。四是加强调查评估。建议针对大型、中型、小微民营企业分类制定助企惠企政策,对于特殊类型的小微民营企业甚至可以"量身定制"政策,全面评估针对民营企业的助企惠企政策落实情况,通过精准直达企业主体、优化政策落地程序等多种方式,全面提高政策供给的精准性,切实让不同类型民营企业能够最大限度地享受到政策红利。五是建立督察机制。进一步强化民营经济管理相关部门职责,对出台政策的实施效果、时效性进行追踪,建立督察制度,真正把新时代党中央民营政策落到实处。

(三)进一步加强民营企业营商权利的平等化维护与实现

建议把进一步加强民营企业平等保护、完善竞争中性作为专项工作予以推进。一是要推进民营企业、国有企业、外资企业在市场准入、公平竞争方面的政策落实与制度保障,重点制度化解决涉及招投标、投融资等方面一定程度对于民营企业不够公平的问题。二是严格落实和全面执行市场准入负面清单制度,进一步清理废除妨碍统一市场和公平竞争的各种规定和做法。加大力度破解隐性壁垒、较高准入门槛的问题。进一步破除行政垄断,打破市场垄断,拓宽民营资本投资领域,在已经放开的行业领域公平、公正、透明地对待民营企业进入。三是"放管服"三者都要抓、都要硬。在加强服务的同时,对于具有外部性的金融、类金融领域企业、业务,对于违法违规经营的企业,政府相关部门还是要强化监管职责履职。否则,就会出现劣币驱逐良币的情况,会影响一大批正常合法投资经营的企业的正常投资、发展。建议在这方面作为一项重点工作专项推进,让广大民营企业更加定心做守法经营、创业、发展。

(四)进一步加强民营企业社会价值的专门化确认与激励

一是提高政治站位,增强服务意识。要贯彻落实习近平总书记关于民营企业重要社会价值的定位的重要论述,牢固树立为民营企业服务就是为发展大局服务的工作理念,主动作为、靠前服务、破解难题。二是建立健全表彰激励制度,制定出台优秀企业家奖励办法,加大并制度化对于先进民营企业、民营企业家的表彰、激励。同时,在符合政策和各方面规定的前提下,探索完善优秀企业家的政治安排,推荐其中的优秀代表作为人大代表、政协委员、劳动模范的候选人等,营造"民营企业家光荣"的浓厚氛围,全方位激发民营企业家干事创业和创新发展的热情和行动。三是加大财政金融支持。扩大财政预算扶持中小民营企业发展的专项资金规模,重点支持中小民营企业技术创新、结构调整、节能减排、开拓市场、扩大就业,以及改善对中小民营企业的公共服务。发挥政会银企协同联动优势,鼓励有意愿且具有较强金融服务基础和风控能力的在沪银行业金融机构积极参与民营企业发展金融支持工作,解决或缓解民营企业融资难、融资贵问题。

(五)进一步优化民营企业敢闯政策和制度环境的法治保障

一是建立健全民营企业发展地方性法规体系。贯彻落实好中央支持民营企业发展政策,在《上海市关于促进本市小企业发展的若干政策意见》、促进民营经济发展"27条"等文件基础上,建议出台《关于支持民营企业"敢闯"的改革发展的意见》《上海市促进民营企业健康发展条例》《上海市营造企业家健康成长环境弘扬优秀企业家精神更好发挥企业家作用的实施意见》(建议名)等地方性法规、规范性文件,引导民营企业坚定信心,明确和完善民营企业管理服务、扶持奖励等措施,不断完善支持民营企业敢闯的政策和制度环境。二是进一步提升刑事法治科学性、规范性。各地方在党中央和最高院、最高检近期已经明确出台的民营企业刑事法治优化政策法规基础上,应进一步加强宣传、做好实施;并在此基础上可以探索涉企刑事立法、司法国家上位法基础上的地方立法保障。具体而言,在制度化防止刑事部门违规插手、干预民事和经济纠纷问题基础上,探索建立企业刑事犯罪规制处罚新制度,企业家犯罪一般是为了经济利益,如果在经济利益上加大规制和处罚力度,比起单纯判几年徒刑更能起到规制作用。三是推动提高依法行政水平和企业守法经营水平。引导民营企业自觉遵守法律规定,在法律许可的范围内开展生产经营活动,通过法律手段解决经济纠纷,运用法律武器维护自身合法权益。同时,坚决打击非法吸收公众存款、集资诈骗、偷税漏税、制假售假等扰乱市场经济秩序、违法犯罪的行为,保障和促进绝大多数守法、规范经营的民营企业能够健康顺利发展。

(供稿单位:上海市工商业联合会、上海市民营经济研究会,主要完成人:赵福禧、施登定、李建伟、王倩、李琳)

专题十六

以推进企业文化建设为抓手助力民营经济领域思想引领路径的研究

助推广大民营经济人士以特别坚定的理想信念破除因全球疫情蔓延,世界经济下行风险加大、地缘政治冲突外溢,全球气候变暖,俄乌冲突持续等诸多原因对民营经济发展带来的不良影响,助力实现2022年中国经济稳中求进的目标,是做好民营经济领域统战工作的重要任务。企业文化是企业自发的一种道德规范,是企业目标的指引,同时,先进的企业文化也是企业家精神的体现,与做好民营经济人士思想引领的目标方向具有一致性。本文通过开展专题调研,总结当前上海民营企业文化建设的现状与特征,发现民营企业文化建设的相关诉求与问题,发挥工商联"桥梁""纽带"作用,提出有效引导民营企业文化建设的路径,全面推动帮助民营企业建设更加先进的企业文化,由下至上助力工商联更好地实现对民营经济领域的思想引领。

一、上海民营企业文化建设调研情况及现状

2022年6月以来,上海市工商业联合会联合上海交通大学中国企业发展研究院成立联合课题组,对上海民营企业展开文化建设专题调研。联合课题组分别在虹口区、静安区召开了小型和中型企业座谈会,对分属浦东、徐汇、长宁、普陀、宝山等区的8家大型民营企业企业家或高管进行了专题访谈,随机对253家民营企业进行了问卷调研。同时,还调阅了市工商联近10年来推动和开展民营企业文化相关资料,参阅了2022年以来市工商联各调研小组对100余家民营企业走访调研资料。

对会员企业网上自由问卷调研显示,企业的营收规模分布较为分散,在年营收1000万元以下到年营收1亿元~10亿元的区间中分布较广,年营收10亿元以上的被调研企业相对占比较小,占比7.11%;企业的员工规模主要分布在100人以下与100~500人区间,分别占比51.78%和35.57%;企业的行业分布覆盖面较广,制造业、批发/零售业、IT业、建筑业等占比相对较高(见图16-1、图16-2、图16-3)。

上海民营企业文化建设工作普遍较为活跃,同时随着企业经营规模的增长企业文化

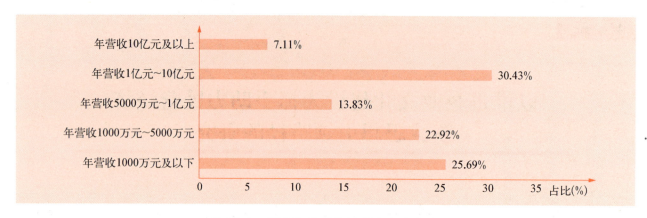

图 16-1 调研企业营收规模大小分布图

图 16-2 调研企业员工人数规模大小分布图

建设工作开展得更加充分。在调研结果中，51.78%的企业文化建设较为成熟，5.14%的企业文化建设比较扎实，两者总计占比在半数以上；37.15%的企业文化建设相对薄弱、5.93%的企业文化建设十分匮乏。同时，根据不同企业经营规模的交叉分析来看，企业文化建设的充分度与经营规模正向相关，年收入1亿元以上的民营企业六成以上文化建设机制较为完善，年收入1000万元以下的民营企业中有12.31%的文化建设仍然十分欠缺。

企业的管理诉求是上海民营企业推动文化建设的核心原因。在关于上海民营企业文化建设的初衷和原因的调查结果中，81.03%的企业选择"企业的管理需求"是文化建设的主要原因，这也表明绝大部分企业将企业文化作为提升企业管理、规范内部队伍的有效工具。其次分别是老板的推动意愿（39.13%）、行业的统一规范（26.09%）、主管部门的要求（10.67%）、其他（2.37%）。其中，年营收1000万以下的企业文化建设动力受到更多外部推力的影响，行业的统一规范与主管部门的要求分别占到35%与15%，相对高于其他规模企业整体占比（见图16-4和图16-5）。

政策理论

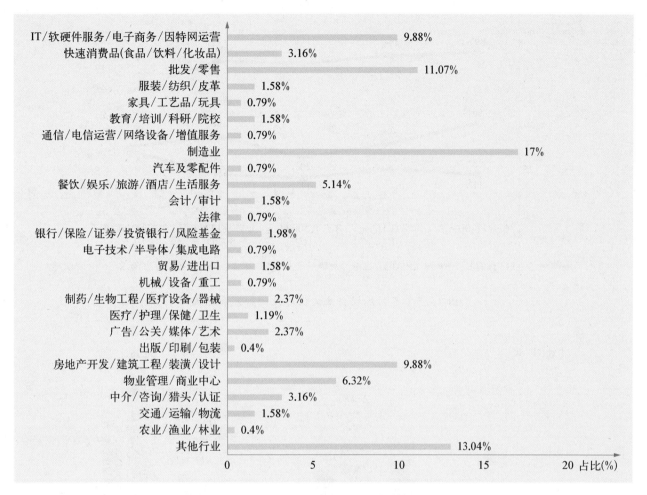

图 16-3 调研企业行业分布

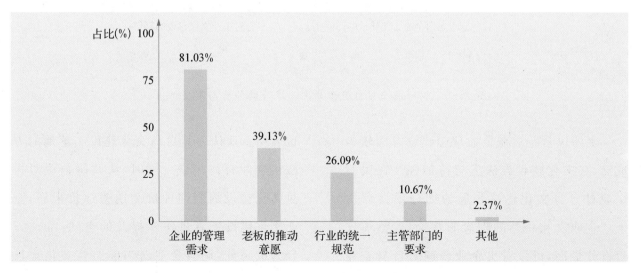

图 16-4 调研企业文化建设的初衷和原因

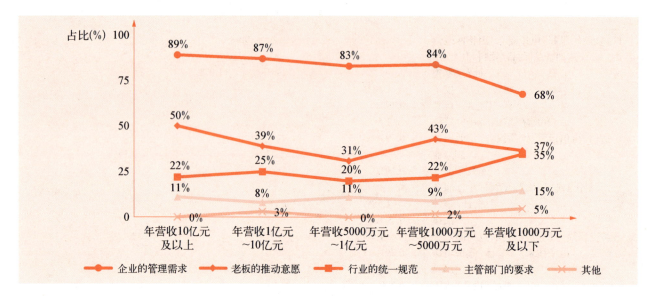

图16-5 不同规模企业文化建设的初衷和原因

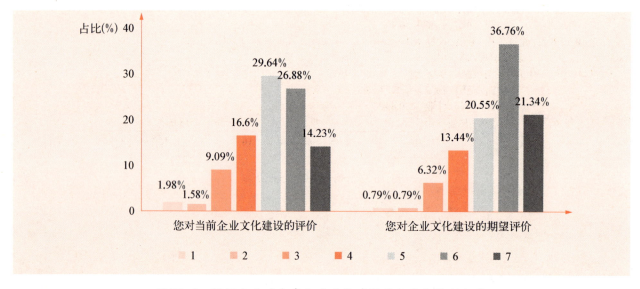

图16-6 调研企业对自身企业文化建设的评价与期望评价

上海民营企业在企业理念建设方面较为成熟,在文化建设方法上有待加强。在民营企业对自身文化建设开展的细分项目评价上,"企业文化传达的理念非常恰当"整体评价得分最高,可以看出企业普遍对自身企业文化理念的内涵与表达较为满意;"企业文化建设的方法非常科学"整体评价得分最低,这也表明企业认为其自身文化建设与落地的方法科学性有待欠缺。同时,从调研企业对自身文化建设的当前评价和期望评价来看,企业文化建设还有进一步提升的空间:问卷7分为最高分,调研企业对当前整体文化建设评价打分集中在5分(29.64%)、对期望评价打分集中在6分(36.76%),如图16-6和图

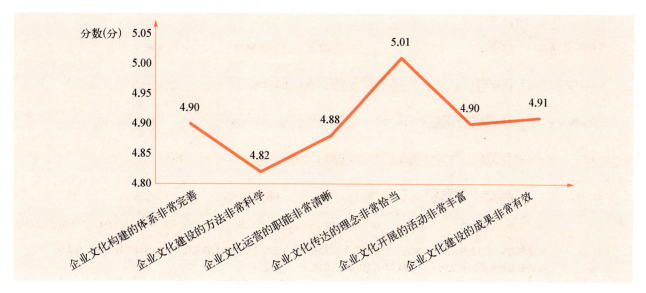

图 16-7 调研企业文化开展的情况

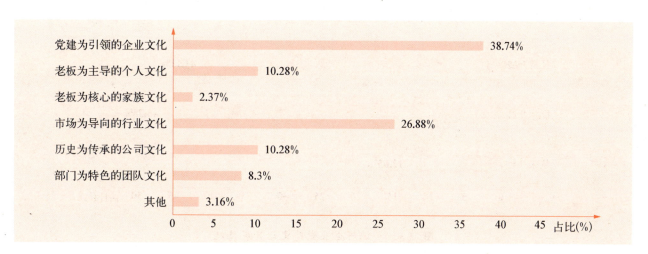

图 16-8 调研企业主导的文化类型

16-7 所示。

党建为引领的企业文化是上海民营企业主导的文化类型。在对企业内部主导文化的类型调研结果中,"党建为引领的企业文化"占比 38.74%,其次"市场为导向的行业文化"占比 26.88%。根据企业不同经营规模的交叉分析来看,党建为引领的企业文化占比与企业规模无直接影响,即上海民营企业对党建文化的认知与认可普遍较高。与经营规模关系较明显的主要为"历史为传承的公司文化""老板为主导的个人文化"以及"部门为特色的团队文化",其中经营规模较大的企业中"历史为传承的公司文化"占比提高明显,规模较小的企业中"老板为主导的个人文化"和"部门为特色的团队文化"具有一定的文化影响力(见图 16-8 和图 16-9)。

随着企业经营规模的提高,党建文化的开展更加频繁。从调研结果趋势可以明显发现,

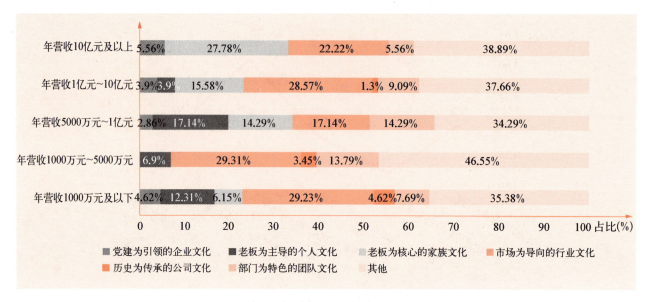

图 16-9　不同规模调研企业主导的文化类型

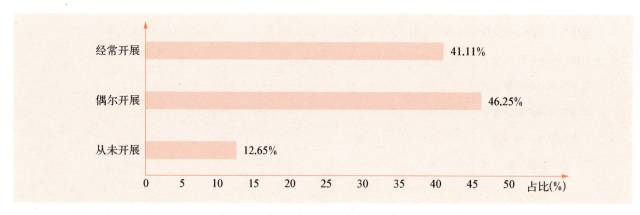

图 16-10　调研企业党建文化开展情况

随着企业经营规模逐步提高,在党建文化开展方面"从未开展"的比例越来越低,"经常开展"与"偶尔开展"的占比越来越高。结合前文对不同经营规模企业整体文化建设情况来看,主要原因是小规模企业本身在企业文化建设与开展上较为欠缺,因此党建文化建设相比于中大型企业同样相对不足(见图16-10和图16-11)。

党支部层面的文化建设是当前最主要的建设层级,随着企业规模增加,集团层面的党建文化发挥更多影响。在整体调研结果中,党建文化建设在"党支部分层面自主开展"占比48.62%,是最主要的建设形式;随着企业经营规模的提高,党建文化建设在"集团层面统一开展"由"年营收1 000万元以下"企业组的12.31%提高到"年营收10亿元及以上"企业组的55.56%(见图16-12和图16-13)。

上海民营企业员工党员占比大部分不足5%,但对党建文化建设的必要性认识非常充分。在调研结果中,上海民营企业员工党员占比"5%及以下"占到52.57%,"5%~10%"

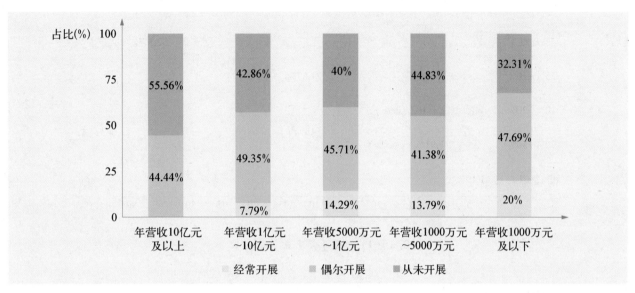

图 16-11　不同规模调研企业党建文化开展情况

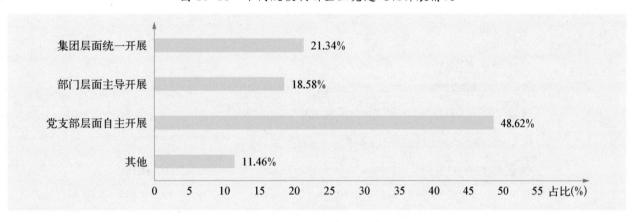

图 16-12　调研企业开展党建文化建设的主要层级

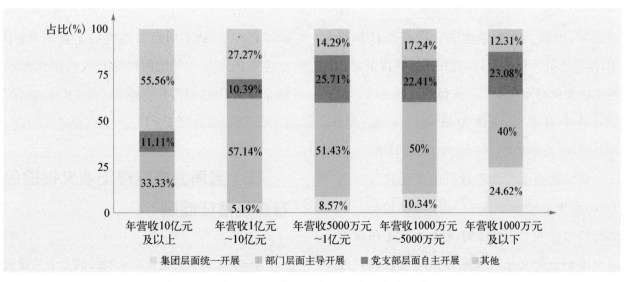

图 16-13　不同规模调研企业开展党建文化建设的主要层级

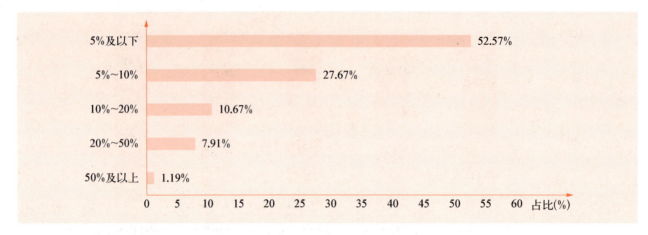

图 16-14　调研企业党员的占比

图 16-15　调研企业认为党建文化对于企业文化建设的必要性

占到27.67%。在对党建文化的必要性调研中,问卷7分为最高分,接近九成的民营企业认可党建文化对于企业文化建设的必要性(5、6、7分),其中对必要性认为最高的企业占比41.11%(7分),如图16-14和图16-15所示。

在民营企业与党和政府的文化建设互动方面,大型企业的认知度与参与度最高。从调研结果中可以发现,调研企业与党和政府组织推动企业文化建设整体参与度较高,"经常参与"占到48.62%、"偶尔参与"占到40.71%。但从不同经营规模的企业来看,中小企业仍然有一定比例对党和政府组织推动的企业文化建设"不清楚"以及"从未参与"(见图16-16和图16-17)。

二、当前上海民营企业文化建设特点及存在问题

(一) 上海民营企业文化特征的七个关键词

上海民营企业的文化特征体现为七个关

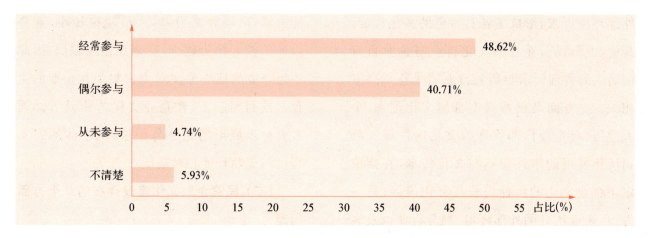

图 16-16　调研企业参与党和政府组织推动企业文化建设的情况

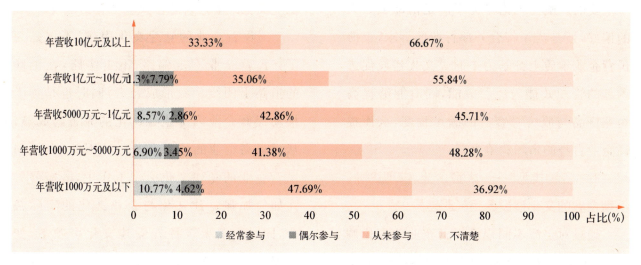

图 16-17　不同规模调研企业参与党和政府组织推动企业文化建设的情况

键词:"多元、包容、开放、创新、诚信、担当、大气",与"海纳百川、追求卓越、开明睿智、大气谦和"的城市精神相辅相成,主要呈现以下特点。

1. "一条主线"——以党的思想引领为指导主线

上海民营企业对党的引领具有较高的认识与认同,在企业文化建设中,党的思想引领成为重要组成部分。具体而言,一方面上海民营企业对党建文化建设具有较高的重视度,尤其是对大中型企业而言,通常具备成熟、完备的党建文化建设体系;另一方面,不同企业结合自身的发展实践,建立的企业文化内核、精神理念、文化表达等虽然特色各异,但其中的精神内核与党建引领与倡导的文化内核一脉相承。

2. "两大基因"——创始人的管理诉求、所处行业需求决定了公司的文化底色

上海不同民营企业的文化内涵与建设从自身实际出发,结合客观的内部文化需求与

外部环境诉求,形成了各具特色的文化特征。其中,上海民营企业的文化特点与企业自身创始人的管理诉求与所处行业需求特点高度相关。一方面是创始人本身的文化理念、个人经历、对企业内部管理的文化偏好以及公司历年发展的事件影响与文化传承,直接决定了企业文化的精神内核与文化内涵;另一方面,企业所处的外部环境、细分行业以及客户的关注重点,对企业文化的内涵选择也产生重要的影响。无论是为了满足内部创始人的偏好,还是为了符合外部行业的诉求,上海民营企业本质上都是为了通过文化建设促进内部的管理效能与经营效能,同时能够提高企业产品与服务对客户的满足程度,从而提高企业自身的市场竞争力。

3. "三种类型"——大型企业、中型企业、小型企业的文化建设具有鲜明差异

通过对上海不同规模民营企业的文化调研,发现企业文化建设的力度、成熟度、完备度与企业规模具有显著的相关性。大型企业通常盈利能力强、发展节奏稳、企业员工多,在企业文化建设方面既有足够的重视程度,又有充裕的人员支持,还有充足的资金保障,因此在企业文化建设上更加系统化、成熟化与常态化。中型企业通常盈利能力较强,发展速度较快,员工规模逐步增加,对企业文化建设的重视程度处于逐步提高的阶段、实施程度处于摸索建设阶段,因此中型企业在企业文化建设上动力最强,成型的需求最高,建设情况的差异性也最大。小型企业通常盈利能力弱,抗风险能力差,人员规模较小,业务以外的投入精力较少,资金充裕度较低,因此小型企业的核心关注点主要集中在企业的生存与盈利问题上,在企业文化的建设方面通常有初步成形的想法与做法,但整体的完备程度与成熟程度相对较低。

(二)民营企业文化建设存在的八个方面问题

1. 如何有效实现党建文化引领下,民营企业文化既能方针融合又能百花齐放

对民营企业的党建文化引领,不仅是为了让民营企业不走偏路、不走错路,在正确的道路上团结一致形成合力,同时也是为了推动民营企业内部企业文化的完善与成熟,从而提高企业的核心竞争力。因此,在推动民营企业的党建文化引领工作中,既需要关注如何加强党建文化与企业文化的实际融合,同时也需要关注在党建文化引领下,如何保障不同民营企业的文化多样性与丰富性。

2. 如何通过民营企业的文化促进,提振经济变局下企业经营信心与发展活力

当前由于国际局势与经济环境的变化,上海民营企业尤其是中小型企业生存难度加大、发展信心不足。因此如何通过民营企业文化建设的促进,加强民营企业家的凝聚力、向心力,提振企业经营发展的信心与决心,并且通过文化促进与经营促进的结合,转化为民营企业的发展新活力,是推进民营企业文化建设工作中的一大重点。

3. 如何提升民营企业的文化自觉,促进民营企业更加主动积极参与文化建设

企业自身是企业文化建设的核心主体,企业文化也只有在企业与企业家真心实意、主动积极的建设态度中才能够真正形成有价值的企业文化。而企业与企业家只有在认识到企业文化的重要性、必要性与效用性,才能真正激发其内心的文化建设动力。因此,如何进一步提升民营企业对文化建设的重视,激活企业自身的文化建设动能,是推进民营企业文化建设工作的核心点。

4. 如何有效地赋能企业文化,让企业文化力有效转化为生产力

真正有价值的企业文化不仅能对内部的组织管理、工作态度、团结作风、奋进精神等产生积极正面的效用,同时也能对企业的经营能力、交付能力、客户满意程度产生有效的影响。要让民营企业的文化建设结合实际、落到实处,从文化力转化为企业的竞争力与经济的生产力,是推进民营企业文化建设工作的着力点。

5. 如何构建科学的企业文化建设载体,建立政府引领民营企业文化建设的着力点

文化是理念、是精神、是品行、是形而上的意识形态,而文化的落地与建设同样离不开有效的载体。无论是企业自主建设企业文化的过程,还是外部引领民营企业文化建设的过程,都需要通过有效的载体与形式将文化内涵得以有力展现。在推进民营企业文化建设工作中,选择怎样的载体、构建怎样的抓手,是需要重点关注的文化落脚点。

6. 如何抓实企业文化主体,通过重点单位和企业打开文化建设切入口

上海民营企业数量众多、分布广泛、文化建设的程度与需求各有不一。因此,在推进民营企业文化建设工作中,应有重点、有主次地通过关键群体的建设促进,从而带动上海民营企业的跨越发展。各级商会、企业,与知名企业家是推进民营企业文化建设工作的切入口和突破口。

7. 如何确保民营企业的党建文化走实走心,防止形式主义

在推进民营企业党建文化建设工作中,应积极发扬党员在企业的带头模范作用,党支部在企业发展中攻坚克难的堡垒作用,避免党建文化与企业发展的"两张皮"现象,避免文化促进工作变相成为企业的文化建设形式考核,从而使得民营企业为考核而建设文化、为达标而注重形式,从而偏离了企业文化的实际价值。

8. 如何避免推进文化促进对民营企业经营管理增加负担,心生排斥

在推进民营企业文化建设工作中,应因企制宜、因人制宜,充分考虑不同民营企业的实际经营情况与实际发展诉求,避免因文化促进造成对企业不必要的经营干扰,从而产生不必要的逆反心理。

三、推进上海民营企业文化建设的路径探索

围绕加强我市民营经济人士思想引领的

建设目标、遵循企业文化建设与发展的内生规律、结合上海民营企业文化建设的客观情况、考虑上海民营企业文化建设的关键问题，建议从以下七个方面进行民营企业文化的推进和促进。

1. 文化方向：提升民营企业全球竞争意识站位，强化围绕党中央文化建设的向心力

构建团结群体思维最有效的方式便是提高共同的外部威胁意识。对于上海的民营企业来说，应充分认识当下乃至未来几年不可避免地会面对来自西方经济体的经济压制。在这样的背景与趋势下，本土企业更应该紧密围绕党的方针建设，团结一心、互帮互助，构建上海民营企业强大的向心力与凝聚力，提高本土企业在全球化市场的整体竞争力。因此，在文化方向引领方面，建议工商联可重点关注以下方式：（1）党政方针的经常性宣讲。分析解读党和国家重要政策、经济方针与战略方向，为民营企业的向心力归集提供与经营战略直接相关的方向性抓手。（2）经常性市场经济形势交流。组织区域内民营企业参与不定期的市场经济形势交流，通过信息传递、局势分析、市场判断，强化民营企业之间的凝聚力；通过政府参与、信息反馈、方向建议，提高民营企业群体的向心力。

2. 文化理念：发挥党建文化理念的"百宝箱"功能，因企制宜呈现百花齐放的文化形态

党建文化内涵丰富，在引领、融合企业文化的过程中，应发挥其"百宝箱"的功能，民营企业要能够结合自身企业的实际发展、文化需求、团队特征、管理特色，因企制宜地择而用之。因此，在文化理念融合方面，建议工商联可重点关注以下方式：（1）找准结合点。对党建文化的理念内容进行全面梳理与盘点，供企业选择适配企业自身实际需求的文化内涵。助力企业形成党建文化理念与企业文化理念融合契合的文化池。（2）教会怎么办。对党建文化与企业文化的落地方式步骤拆解，不同落地方法均结合具有代表性的民营企业文化实施案例，助力企业党建文化理念与企业文化理念实施落地。

3. 文化主体：强化典型企业与重点人群的促进，通过企业的文化示范形成全域辐射

上海民营企业数量众多、分布广泛、企业文化建设程度与建设需求差异较大，因此针对不同的企业主体进行文化引领与促进的方式也应该具有差异化。大型企业文化建设成熟，应发挥模范表率作用；中型企业文化建设迅速，应重点关注文化建设方法；小型企业文化建设零散，应重点关注文化理念建设。（1）大型企业作表率。应积极邀请大型企业参与工商联组织的各类文化活动，分享文化建设理念、文化建设方法与文化建设经验。（2）中型企业学方法。应积极组织中型企业向大型企业的文化建设方法学习、组织对中型企业文化实施体系培训。（3）小型企业学理念。应积极组织小型企业向中大型企业的文化理念学习、创业精神学习，促进其形成自身完整的文化理念体系。

4. 文化感知：文化促进与企业帮扶相辅相成，促使民营企业文化感知脱虚向实

由于企业文化并非能够完全解决企业在经营过程中的实际问题与难题，因此当企业在经营上遇到困难之时，往往很难有精力、有资源、有心境来参与企业文化建设。因此文化促进应与企业帮扶相互融合，发挥文化效能与经营效能的齐头并进，以文化促进为政企连接的桥梁与纽带，强化政府部门对上海民营企业实际经营难题的认知，综合协调在一定程度内给予实际的帮扶与支持。文化促进与企业帮扶的结合，能够更加实际、落地、有效地让民营企业感受到政府促进文化工作的实际效能。（1）文化调研与经营调研融合。以文化促进为抓手，强化对民营企业的走访调研，通过文化建设调研过程客观了解民营企业内部管理、经营运营等实际状况，收集梳理上海民营企业当下实际难题，归纳总结形成定期的调研报告，形成对上海民营企业的动态关注。（2）文化促进与经营帮扶结合。结合实际调研结果，可牵头联合政府其他相关部门，对企业共同帮扶与指导，通过资源、人员、信息、政策的多维度对接，尽可能帮助民营企业能够解决众多共性的实际问题。（3）文化互动与企业互助结合。在强化上海民营企业之间文化互动与沟通过程中，进一步促进企业间业务、合作、帮扶等企业间行为。让文化互动也能成为企业互助的重要沟通桥梁，尤其为中小企业能够跳出小圈子参与更广泛的企业间互动提供良好的平台。

5. 文化政策：文化引领与政策引领相互结合，推动文化与战略方向的深度融合

民营企业对国家发展战略与政策的关注与遵循，本质上也是民营企业对党和国家向心力的体现。因此，如果能将文化引领与政策引领相互结合，不仅能够使得企业自身参与的主动性得到极大的提升，同时也能让文化建设脱实向虚为民营企业提供更有价值的经营赋能。因此，在文化与政策结合引领方面，与文化方向引领的抓手类似，建议可重点关注以下方式：（1）牵头举办"上海民营企业重大政策解读大会"。以年度大会的形式，邀请上海民营企业家代表、政策发布机关、国内政策专家、资深产业专家、高校学者等人士向上海民营企业家分析阶段国内重点政策、明确未来发展重点，助力上海民营企业建立长期主义的战略远见与战略方向。（2）组织日常"上海民营企业重大政策解读交流会"。作为年度大会的常态化补充，以各区工商联、商会为主体抓手，组织区域内民营企业参与不定期的政策交流。通过交流中的政策解读、方向研判、趋势分析、重点关注，为民营企业提供更加清晰与正确的路径选择，同时也提高民营企业对党和国家政策的认识与认可，构建强大的文化向心力。（3）利用新传媒做好政策分享。在网站、公众号等新媒体开辟对国家重大政策解读分享专栏，将国家发展战略与政策更加便捷地推送到企业中去。

6. 文化活动：通过文化交流增进民企间协作，搭建党建文化互通的桥梁型平台

围绕文化引领与党建引领的目标，通过不同形式的活动，将文化工作落到实处，发挥价值导向、效能导向，产生较强的文化建设影响力。在具体的活动载体方面，综合前文不同的策略选择，建议可以关注年度大会、交流会议、文化结对、文化辅导等四个层面的内容。（1）年度大会。可开展上海民营企业家全球经济形势大会、上海民营企业重大政策解读大会等会议活动，一方面通过全球经济形势的研究提高上海民营企业的全球化竞争意识与外部威胁意识；另一方面通过国内重点政策解读为上海民营企业提供正确的路径导向，提升围绕党和国家建设的团结力、凝聚力与向心力。（2）交流会议。不定期组织上海民营企业家市场经济形势交流会、上海民营企业重大政策解读交流会以及常规文化建设交流会，增进上海民营企业日常的互动与沟通，促进文化建设的相互交流、外部信息的共享同步、企业经营的多边合作，从文化效能与经济效能两个方面同时促进。（3）文化结对。通过文化结对强化民企间帮扶，通过文化共享打破企业文化孤立。促进上海民营企业之间的文化结对与文化学习，让大型企业发挥文化建设表率作用、中型企业向大企业学习文化建设方法、小型企业向大中型企业学习文化建设理念。（4）文化辅导。倡导专业人员兼职、退休企事业人员定点帮扶建设，参与民营企业文化建设志愿指导。按照志愿主动、双向自愿的基本原则，倡导退休企事业人员以及退休政府干部以企业文化顾问的形式帮扶参与企业文化建设。

7. 文化评价：以是否抓牢"一个主线"、突出"四信"重点、做好保障工作为依据，做好企业文化的评分定档工作

（1）抓牢"一个主线"。以学习宣传贯彻二十大精神为主线，充分运用学习会、大讲堂、培训班等载体，以各类重要会议培训为平台，及时准确传递党中央对经济形势的判断和重大政策精神，进一步深化民营经济人士对中国共产党和中国特色社会主义的政治认同、思想认同、理论认同和情感认同，进一步提升广大民营经济人士的责任意识、道德水准、文明素养，不断提振发展信心。可采取问卷调研的形式，每年进行1~2次上海民营企业文化建设问卷调研。选择的问卷内容可保持一致，通过评估各项细分指标的比例与评分变化综合评价文化建设情况，对象的诉求，亦步亦趋不断促进企业建设成果的提升。

（2）突出"四信"重点。全面深化开展以增强民营经济人士对中国特色社会主义的信念、对党和政府的信任、对企业发展的信心、对社会的信誉（简称"四信"）为主要内容的民营经济人士理想信念教育活动，全面提升民营企业家素质、优化民营经济发展环境。引导民营经济人士将"四信"提炼为"事业成功靠什么，人生出彩为什么，历史责任是什么，我为上海干什么"，将"守法诚信"具体化为"红线划在哪里、底线守在哪里、作为体现在

哪里",组织开展大讨论,把活动转化为非公有制经济人士提升境界、树立信仰、多做贡献的过程。

(3)做好多方面保障工作。① 强化政治引导。经常性组织开展提升民营企业家信誉宣言或信誉倡议书活动,举办民营企业家履行社会责任先进事迹报告会,引导广大企业家积极参与各类公益慈善事业。② 推进企业文化建设。积极做好企业家精神培育、传承工作,不断弘扬上海文化,引导企业家自觉践行社会主义核心价值观,为企业可持续发展注入持久活力。③ 强化问题解决。逐步深入开展人才、科技、银企、法律等对接活动,着力破解民营企业发展瓶颈。④ 强化建章立制。积极推动建立工商联与发改、工信、政法、金融等系统和部门服务促进民营企业发展的工作机制,促进民营经济发展环境优化。⑤ 树立品牌理念。培育、深化、创新工作品牌,增强服务实效性,提高工作知名度和影响力。协同市委、市政府抓好有关重要会议及重大活动的组织实施,协调推进民营经济发展有关政策的落实。⑥ 着重树立一批先进典型。外树形象,内练真功。联系主流新闻单位,利用自媒体开设类似"天下沪商""商道""沪商"等专栏,大力宣传典型,用身边人、身边事感染人、激励人,不断扩大影响,促进上海民营经济领域形成正确舆论导向和良好社会氛围。

(供稿单位:上海市工商业联合会,主要完成人:汪剑明、余明阳、殷小跃、薛可、姜广旺、陈治任、许左、李亦飞)

专题十七

发挥党建引领作用 助推民营企业廉洁生态建设

一、课题研究的背景、意义和研究方法

改革开放至今,民营经济已经成为推动我国发展不可或缺的力量。民营企业在迅速发展的同时,内部滋生腐败以及工作人员涉嫌侵害企业利益的现象和案件时有发生,职务类犯罪呈现上升态势,直接影响到企业的健康发展和法治化营商环境建设。为此,上海市工商联与上海市浙江商会以"发挥党建引领作用,助推民营企业廉洁生态建设"为题联合开展课题研究,试图从源头和机制上寻找民营企业廉政风险点和防控漏洞,帮助企业树牢廉政风险防控意识,建立拒腐防变的"防火墙",进一步助力推动我市民营企业健康成长。

课题组根据研究的计划和需要,进行了关于民营企业廉洁生态建设专题文献检索,通过定性与定量的调查方式召开5场座谈会和专题访谈,座谈对象涵盖民营企业家和党组织负责人共25人。设计调查问卷,使用分层、随机抽样的调查方法,在11家上海市工商联直属商会和上海市32家大、中、小、微民营企业内,按统一的抽样原则和方法,通过随机抽样的方式开展问卷调查。调查样本总数1 150个,最后回收的有效问卷为1 074份,有效率为99.74%。

根据个别访谈和回收的问卷,使用国际通用的SPSS11.0技术进行数据分析,较为科学地反映了本次调查的各项指标和情况,形成了本报告。

二、问题现状

(一)对问卷调查统计结果的几点想法

课题组设计问卷之初,认为民营企业内部的中、高层管理人员和普通员工会对民营企业内部开展廉洁生态建设存在一些疑虑;他们可能会强调民营企业和国有企业在反腐倡廉问题上所具有的特殊性;他们对一些问题的认识和判断可能会有一些模糊性。但是统计结果与课题组的事先假设还是有相当大的差距。具体来说,有以下几个方面值得我们注意。

(1)超过一半的受访者对"中央八项规定精神"表示了解(58.6%);多数受访者认为"中央八项规定精神"同样适用于民营企业

(67.1%);大多数的受访者认为,党的十九大报告提出"要坚持无禁区、全覆盖、零容忍,坚持重遏制、强高压、长震慑,坚持受贿行贿一起查,坚决防止党内形成利益集团",同样适合国有企业和民营企业(81.4%)。

(2)绝大多数被调查者认同"在民营企业内部要搞好廉洁生态建设必须大力加强党的领导"这一说法,赞同度高达89.6%。

(3)多数人对在民营企业内部开展廉洁生态建设工作持积极的态度。有78.5%的受访者不赞同"企业内部廉洁生态建设主要是针对国营企业,和民营企业关系不大"这一说法。有69.4%的受访者不赞同"民营企业不应该提'内部廉洁生态建设'问题,否则会影响企业声誉,断了企业发展之路"这句话;有51.0%的受访者不赞同民营企业"高薪养廉"的说法。

(4)多数人对民营企业的腐败犯罪案例有比较正确的认识。如对案例一,明确表示"这是一种挪用资金的犯罪行为"的,占比高达84.5%;对案例二,同样有85.8%的受访者表示"该大型民营企业对腐败'零容忍',铁腕整肃风气,值得民营企业学习和仿效"。

(5)关于当前民营企业廉政风险面临的问题,高达72.6%的受访者认为是"缺乏强有力内部控制和审计机制";"企业管理的家族制",占比为64.7%;"任人唯亲"占比为57.8%。这三个位列前三的问题基本符合民营企业廉洁生态建设的实际和现状。

(6)关于当前"民营企业内部廉洁生态建设"最应采取的三个措施,被受访者列为前三项的分别为"在企业内部定期开展廉洁生态建设培训,通过案例警示,让全体员工清晰地了解到哪些事情是不可触碰的红线和高压线",占比为60.8%;"尽快建立完善的企业反腐机制",占比为54.1%;"调查民营企业腐败案件时能够采取与国企一样的方式,加大查办力度,纵向深挖和横向关联相结合,杜绝发生'断头案'",占比为50.7%。受访者勾选的比例均超过一半。这也同样符合民营企业内部廉洁生态建设的实际要求。

(7)受访者对目前上海市民营企业内部廉洁生态建设的总体估计偏于乐观,大多数受访者认为当前民营企业内部廉洁生态建设问题不那么突出,认为当前民营企业内部廉洁生态建设问题"不是很严重""不那么突出"和"控制得比较好",占比高达73.0%。而表示"已经很严重"的,只占比9.5%。

(8)总体上看,目前在民营企业内部对廉洁生态建设问题的宣传、教育、警示工作还不够全面和深入。受访者中,对在民营企业内部已经被查处的腐败案知晓度不高。

(二)对座谈会和个别访谈纪要的看法

总体上看,受访的民营企业负责人在思想上认同并重视在企业内部开展廉洁生态建设工作,然而,对内部廉洁生态建设问题的重视一般都有一个过程。企业在其发展前期,主要考虑的是生产经营和企业生存,将经济利益放在首位。随着企业的逐步发展壮大,经营管理中的问题凸显,才会认真考虑自身内部的廉洁生态建设工作。

民营企业在廉洁生态建设方面存在的主要问题,除了企业领导和员工在思想认识方面存在的局限以外,具体主要表现在企业内部的管理和企业外部的营商环境两个方面。

1. 企业内部的管理方面

(1)民营企业内部人员流动性大,腐败现象不容易被发现。民营企业采取优胜劣汰制度,个别企业员工认为自己待在公司时间短,能够在案发前逃离公司。(2)民营企业内部收受礼品的问题。(3)企业采购部门内外勾结"拿回扣"的问题。根据企业家座谈会反映,关于"拿回扣"的问题还是很严重。有一大型互联网企业,采购部门在采购额几千万元的情况下拿15%~20%回扣;市场部门市场额两年几亿元的情况下拿3 000万元~4 000万元回扣。有的企业采购量很大,一年约几十亿元,因此企业相关部门的员工在企业实际运营过程中很容易出现贪腐的问题。(4)"家族化"现象严重,企业内部腐败问题出现和暴露之后容易被包庇掩盖。(5)"吃空饷"问题严重,签字领钱的时候就凭空多出人。(6)各种违规"打招呼"现象频发,增加了企业在廉政方面的风险。(7)发现问题查出以后又难以定罪,难以量刑,犯罪成本低。年轻员工不在乎是否被量刑,2~3年有期徒刑的处罚力度不够。(8)由于民营企业没有足够精力和经验处理廉政方面出现的问题,企业即使发现问题却难以处理,违纪者就存有侥幸心理。(9)有些民营企业在研发产品系统拥有知识产权,个别企业员工离职后将知识产权带走变现,形成企业廉洁生态建设新的风险点。(10)在民营企业内部开展廉洁生态建设工作,党建引领很重要。但目前主要面临四大挑战,包括"有组织、没岗位",组织结构不完善;"有书记、没队伍",缺乏专职或兼职党务干部队伍;"有责任、没考核",形式主义严重,并且容易工作流于表面;"有职务、没描述",缺少岗位责任具体描述。

2. 企业外部面临的问题方面

既有政府层面的,也有企业原材料供应、上下游经营销售链、银行融资贷款方面等遇到的种种问题。(1)民营企业在银行贷款时遭遇"不公平待遇"。尽管相比于国有企业,有些民营企业规模更大、效益更好,但贷款利率始终比国有企业高出两三个百分点。(2)政府主管部门存在索贿现象。主管相关项目的个别干部、科员,职小权大,利用手中掌握的权力,用各种方法暗示企业需要"给好处"。如某家从事房屋、广告牌、桥梁第三方检测工作的民营企业反映,在对大型电厂开展结构或光伏检测和排查的过程中,隐性的廉政风险问题不时冒出,客户会从技术角度设置重重关卡达到索贿的目的。另有一家从事造价咨询工作的民营企业表示,作为中介方,企业不可避免地与施工单位有一定冲突,在定额标准下可进可出的利益点,是贪腐的高危点。(3)执法时取证难。民营企业经营活动中存在一些执法的灰色地带,最大的难点就是取证难,因此许多人抱有"打擦边球"

的侥幸心理。如某网络科技有限公司的一名总监借出差名义,使用公司系统订购私人机票。企业发现后,怀疑该总监在负责的关键板块里可能还存在其他廉政风险,但因取证困难,只能用"私了"方式将其劝退,避免对企业造成进一步影响。(4)民营企业在廉洁生态建设方面已有的预防和处置举措。

三、经验借鉴

近些年,民营企业领导层在思想上普遍对内部廉洁生态建设问题加大了重视力度,并且在思想教育、制度规范、监察惩处等方面采取了一系列的举措。

(一)党建引领,大力加强企业廉洁生态建设

以党建引领促进民营企业加强内部廉洁生态建设,是民营企业已经采取的最有效也是最成功的举措。各个企业在党建引领方面的具体做法大致有以下几点。

1. 在企业内部建立党的组织,选好配强党组织领导

有的党员企业家亲自担任党组织负责人,企业业务和党建齐抓并进,将廉洁生态建设潜移默化地贯彻到各项工作中;有的企业向社会公开招聘党委专职副书记,把党的思想教育、理论体系融入企业管理建设;有的企业成立党组织时选择精通业务、德高望重的元老级领导担任党组织主要领导;有的企业规定财务总监、副总裁等重要部门和核心岗位需由党员担任;更多企业秉持"把骨干发展为党员,把党员发展为骨干"的理念,内部不断进行专题学习、评先评优,在考核员工业绩时主要考虑综合素质。

2. 党组织主动参与廉洁生态建设的监管

上海豫园旅游商城(集团)股份有限公司吸纳了转制前国有企业抓党建和党风廉政建设的好做法,员工入职时就需要亮明党员身份并签署反腐倡廉责任书、遵守守则,在企业内部建立严格的采购制度、数量管理制度、违纪制度,建立党组织主动参与企业廉洁生态建设监管制度。调研中还有一些企业在党组织中专设纪委书记岗位,由副总级别的企业高管兼任。

3. 企业在党组织的领导下大力加强思想建设和组织建设

有的企业在内部开展党课教育、红色文化教育、廉政教育,并重视将民营企业党建工作与企业的特色相结合。如万丰锦源控股集团有限公司在以党建引领促进企业内部廉政建设方面进行了很好的实践与探索。着力建设党建网站、微信、内部办公报等宣传阵地,定期召开"三会一课"听取基层意见,为企业加强廉政生态建设夯实基础。

(二)在企业内部制定一系列廉洁协议和规章制度

在企业内部,大多数企业都制定了一系列有关廉洁生态建设的协议和规章制度。浙江莎普爱思药业股份有限公司高度重视企业内控建设,2014年公司上市时就从源头进行

内控审计,每年严格贯彻执行上市公司合规治理要求。2020年8月,公司建立二维码匿名举报机制,推行统一集中采购制度,由于流程明晰、操作简单,收到很好的效果。寰泰能源重视在企业内部注重营造上下一致廉洁的氛围,树立廉洁意识,对腐败零容忍,违背规则会被开除。对于关键岗位进行候选人"背调",如果调查未通过则员工无法入职。入职员工都要签订《廉洁从业协议》,对员工手册中廉洁相关内容进行签字确认;其中,员工培训有8个课时关于廉洁从业方面的培训。企业设督察室,设置举报热线,通过官网或者邮件匿名方式都能够进行内部保密的举报。企业不断提升员工廉洁从业认同感,自觉树立"不能做、不敢做、不愿做"的意识。还有更多民营企业均在建章立制方面有所作为,如每半年召开一次廉洁会议开展员工警示教育,树立底线意识和防风险意识。细化操作手册,如在正常商务交往中收到的不包含公司标识的礼品,统一存放在公司专门的"礼品角"。

(三)建立企业反腐败联盟

从历史唯物主义角度而言,民营企业内部有诱惑,出现贪腐等问题是必然的,关键在于防治力度。新城控股集团(上海)与阿里巴巴、碧桂园等近1 000家地产、科技、互联网类型的大型企业共同成立了民营企业反舞弊联盟,分享企业内部审计监察、反舞弊经验。企业内部建立审计监察中心,主要职责是接受员工投诉举报,进行反舞弊调查,进行内部管理与经济责任层面的审计工作,配合移送司法机关等。

(四)积极推进ISO37001体系的认证

ISO37001——国际反贿赂管理体系标准是ISO组织项目委员会于2016年10月15日正式制定发布的第一个国际反贿赂管理体系标准,旨在帮助各组织在其自身业务及其整个全球价值链中打击贿赂风险。该体系涵盖企业经营、反贿赂等方方面面的内容,通过认证后可以在国际招投标过程中获得廉政方面的检查豁免,助力企业在国际贸易中更好、更快地"走出去"。目前,寰泰能源等少数几家民营企业已通过ISO37001体系认证。

四、意见建议

基于此次调查研究中收集的广大民营企业的问题、困惑和诉求,结合工作实践,提出以下意见和建议。

(一)大力加强民营企业内部的党建工作,引领民营企业深入、健康、有效地开展内部廉洁生态建设工作

做好新形势下民营经济领域的党建工作,是民营企业内部廉洁生态建设题中应有之义。非公有制企业的数量和作用决定了非公有制企业党建工作在整个党建工作中越来越重要,必须以更大的工作力度扎扎实实抓好。民营企业内部的廉洁生态建设能不能做好,党建工作是前提保证。

目前,有不少企业已根据企业本身的规

模,建立了相应的党组织,为企业内部廉洁生态建设、引领企业健康发展发挥着无可替代的作用。然而,我市民营企业在党建方面依然存在不少问题和薄弱环节。这些问题和薄弱环节既有思想认识方面的问题,也有企业面临的实际问题,如企业编制、岗位专职/兼职、经营成本、党建流于表面形式没有真正发挥实际作用等。这些问题在民营企业内部客观存在,要搞好民营企业党建工作就必须去直面和解决。

(1) 引导民营企业内部领导层开展"加强民营企业党建,促进企业经营发展"主题大讨论,凝聚企业各级管理层的思想共识和情感认同。

(2) 注重从调研案例中总结典型、宣传典型、学习典型,在广大民营企业中形成互学互促、推动党建促企建的良好氛围。

(3) 由各商(协)会牵头,开展企业党建的标准化建设。如均瑶集团制定了《党建工作标准手册》,明确了企业党建工作的职责内容,各级党组织的具体目标、任务,值得推广借鉴。据悉上海市浙江商会也正在大力推行企业与党建标准化建设,助力民营企业加强党建工作规范化建设,提升党组织在企业中的作用发挥。

(4) 大力加强对企业党员出资人的教育引导工作,要求党员企业家亲力亲为抓党建,带头参与组织活动,发挥模范带头作用。

(5) 建议、引导民营企业将党组织意见纳入公司的决策机制,发挥把方向、管大局、促落实的领导作用。推动相关党内法规制度有效贯彻落实,逐步推进民营企业廉洁生态建设。

(二) 完善我国法律体系,对有关法律法规条款作必要的修订

建议梳理现有法律及相关司法解释,将民营企业内部廉洁生态建设问题纳入我国预防腐败的法律体系中。

建立健全民营企业内部反腐的制度法规,包括明确民营经济相关保护条款,尽量将民营经济纳入相关犯罪条款的主体范畴。

我国的预防及惩治腐败的刑事法律体系已经初步形成,但目前主要侧重于国家机关和国有企业等公共部门,现有法律体系在民营企业预防腐败方面的约束力稍显不足。我国现有法律并未明确将民营企业的腐败现象作为重要内容纳入腐败治理体系,这导致现有法律与民营企业反腐工作不配套,所制定的标准相对较高。如单位行贿罪立案标准为20万元以上,民营企业贪腐案需同时满足涉案金额6万元以上且证据翔实才予以立案,相较于民营企业中实际易发腐败的金额,立案门槛明显偏高。建议修改制定同民营企业内部廉洁生态建设相匹配的法律法规,降低行贿罪和贪腐案的立案门槛。

民营企业与国有企业实行同罪同查同罚。我国正处于深化市场经济改革的关键时期,对于民营企业既要给予同等保护,同时也要给予同等的规制,这对于高质量市场经济的构建至关重要。建议有关部门应当在处理民营企业腐败问题上统一认识,既要慎重使用刑事手段、防止民事问题刑事化,又要平衡目前的量刑政策,对于任何腐败问题都给予一视同仁的处理,真正发挥刑法的威慑力和犯罪预防作用。目前从总体上看,和公职人员、国企人员相比,在司法实践上对民营企业的犯罪嫌疑人在刑事量刑上较轻。建议对相关法律法规进行修订,做到民营企业与国营企业实行同罪同查同罚。

(三)政府机关大力优化营商环境,加大监督执纪力度、深化政企沟通

进一步加强各级干部和工作人员的廉政教育,增强为民营企业服务的意识,严禁严查政府部门在和民营企业服务中的各种形式的索贿要求。如建立区、街镇和同级商会对相关部门相关岗位干部提拔方面的沟通协商机制。将干部的提拔任用与对民营企业的保护和支持的态度与表现挂钩。

围绕难点强化执法。坚持受贿行贿一起查,探索建立行贿人"黑名单"制度,建立联合惩戒机制和企业诚信评价体系,压缩行贿者生存空间,营造公平的市场竞争环境。

整合监督力量资源。以党内监督为主导,积极加强与司法、审计、财会、统计、舆论等方面的贯通协调,健全信息沟通、线索移交、措施使用、成果共享等工作机制,促进监督成果在各监督主体之间有效转化运用,真正促使亲与清成为政企双方共同的自觉行动。

深化完善政企互动平台建设。完善健全政府部门和民营企业的多层次沟通协调机制,推动各级干部坦荡真诚同民营企业接触交往,靠前服务,纾困解难;民营企业积极主动同各级党委和政府及部门多沟通多交流,讲真话,说实情,谏诤言。

基层相关岗位的干部选拔任用工作,可多听取服务对象意见建议。在城市管理、经济服务等直面企业的相关岗位上任职的干部,建议将服务企业情况与个人考核、晋升等挂钩,组织选人用人可多倾听服务对象的意见建议。

(四)大力加强民营企业内部法制教育,普及法律知识,确保民营企业内部廉洁生态建设有法可依,推进民营企业全面合规体系的建立、健全

(1)商(协)会组织积极与司法机关沟通联系,取得支持,帮助企业制定避免腐败风险的"企业合规"计划,让企业结合自身工作业务,作分析梳理,有针对性地制定合规方案和规则。

(2)建立持续量化合规风险评估机制,通过评估岗位、人员、业务分值确定风险程度。

(3)在民营企业内部确定申报体制和合规负责人,设置"合规官"职位并成立合规组织。

(4)在民营企业内部搭建便捷内部举报机制和管理机构,通过举报热线等进行在廉洁生态建设方面的查处。

(5)根据"民营企业走出去要遵法守法、

合规经营,塑造良好形象"的要求,应推动民营企业守法合规经营,民营企业要筑牢守法合规经营底线,依法经营、依法治企。

(6) 企业廉洁生态建设是民营企业合规建设的重要一环,结合最新一版的《中央企业合规管理办法》相关规定,为了更好地推动廉洁生态建设,民营企业也应当有效开展包括建立合规制度、完善运行机制、培育合规文化、强化监督问责等有组织、有计划的管理活动。定期自查自纠,做好内部审计、巡视巡察、监督追责等工作,在职权范围内对企业廉洁生态建设落实情况进行监督,对违规行为进行调查,按照规定开展自查自纠以及责任追究等。

(五)大力开展民营企业内部廉洁生态建设警示教育

从本次调查研究的结果来看,民营企业内部对腐败案例的警示教育处在短板阶段,受访者对民营企业内部已经查处的贪腐案知晓率不高。有关方面应协助民营企业制定内部廉洁生态建设警示教育的规划,并且有相应的督查手段和措施。针对民营企业廉政风险问题开展定期宣传教育工作、文化月活动、知识竞赛等。

(六)商会层面构建民营企业内部廉洁生态建设预警体系团体标准

目前民营企业在廉洁生态建设方面还处于"被动"阶段,"主动"的观念还非常薄弱。社会组织应尝试出台企业廉政风险团体标准,或有专业机构帮助民营企业建立风险预警体系。

(1) 倡导制定团体标准。商(协)会等社团组织可根据会员企业关于廉洁生态建设最广泛的需求,发起并制定民企廉洁建设的团体标准,引领广大民营企业在更大范围内形成思想认同、情感认同,以实际行动推动民企廉洁建设。

(2) 倡导组建行业诚信联盟。通过联盟的方式建立员工诚信档案,对有腐败历史的员工实施行业从业禁止,不断提高员工腐败的机会成本,将腐败苗头扼杀在摇篮里。设立失信名单系统,与联盟企业一起通过共享失信名单、交流反舞弊经验、联合异地协查等机制共同推进内部反腐工作。

(供稿单位:上海市工商业联合会,主要完成人:施登定、吴仲春、胡申生、李娟、嵇一蔚、夏佩磊、俞秋琴、张哲、石辰青)

图书在版编目(CIP)数据

2022 上海民营经济/上海市工商业联合会等著. —上海：复旦大学出版社，2023.8
ISBN 978-7-309-16874-7

Ⅰ.①2… Ⅱ.①上… Ⅲ.①民营经济-经济发展-研究报告-上海-2022 Ⅳ.①F127.51

中国国家版本馆 CIP 数据核字(2023)第 098410 号

2022 上海民营经济
2022 SHANGHAI MINYING JINGJI
上海市工商业联合会 等 著
责任编辑/于 佳

复旦大学出版社有限公司出版发行
上海市国权路 579 号　邮编：200433
网址：fupnet@ fudanpress.com　　http://www.fudanpress.com
门市零售：86-21-65102580　　团体订购：86-21-65104505
出版部电话：86-21-65642845
上海华业装潢印刷厂有限公司

开本 890×1240　1/16　印张 18.5　字数 337 千
2023 年 8 月第 1 版
2023 年 8 月第 1 版第 1 次印刷

ISBN 978-7-309-16874-7/F·2979
定价：88.00 元

如有印装质量问题,请向复旦大学出版社有限公司出版部调换。
版权所有　　侵权必究